रुकना नहीं राधिका

रुकना नहीं राधिका

रमेश चंद्र

प्रभात प्रकाशन

प्रकाशक
प्रभात प्रकाशन प्रा. लि.
4/19 आसफ अली रोड, नई दिल्ली–110002
फोन : 011–23289777 • हेल्पलाइन नं. : 7827007777
इ–मेल : prabhatbooks@gmail.com ❖ वेब ठिकाना : www.prabhatbooks.com

संस्करण
प्रथम, 2024

आवरण
विरेंद्र कुमार नागर

RUKNA NAHIN RADHIKA
Stories by Shri Ramesh Chandra

Published by **PRABHAT PRAKASHAN PVT. LTD.**
4/19 Asaf Ali Road, New Delhi-110002

ISBN 978-93-5521-577-2

समर्पण

माँ और बाबूजी

बाबूजी से छिपाकर मुझे अपनी हँसुली (तब औरतों के गले में पहना जानेवाला चाँदी का आभूषण) देते हुए माँ बोली—जा, अपनी जिंदगी जी ले। इससे मिले पैसों से मैंने मुंबई की ट्रेन पकड़ ली। बहुतों की तरह मैं भी हीरो बनने गया था। स्वीकारता हूँ, मैं सफल न हो सका। अरसा बाद जब लौटा तो घर क्या, गाँव में भी पैर रखने की हिम्मत न हो रही थी। जिंदगी के कई साल रेत की तरह मुट्ठी से फिसल चुके थे। बेस्ट सेलर बुक की शीर्षक कथा 'भिखना पहाड़ी' में जिस बहरे बाबूजी का जिक्र मैंने किया है, ठीक उसी तरह मेरे साथ भी हुआ। मैं बाबूजी को पकड़ देर तक रोता रहा।

मैं हारकर लौटा था, लेकिन बाबूजी ने हार नहीं मानी। उन्होंने मुझे नए सिरे से सोचने और जीवन जीने के लिए तैयार किया।

—रमेश चंद्र

दो शब्द

रमेश चंद्र के पहले कथा-संग्रह 'भिखना पहाड़ी' की कहानियों को दृष्टिपथ में रखकर प्रतिक्रियास्वरूप शब्द-शब्द संवेदनाओं से गुजरते हुए मुझे पूर्ण विश्वास था कि यह संग्रह निश्चित ही अपने वक्त की सशक्त आवाज साबित होगा। मैं इसे मात्र संयोग नहीं मानता कि 'भिखना पहाड़ी' ने ऐसी लोकप्रियता हासिल कर ली है और इतनी लंबी लकीर भी स्थापित हो गई है, जहाँ से आगे निकलना पत्थर तराशने जैसा है। जीवंत प्रमाण यही है कि अब इसी श्रृंखला में एक और कथा-संग्रह 'रुकना नहीं राधिका' 'भिखना पहाड़ी' की लंबी लकीर से संबद्ध होने जा रहा है। इसमें कुल बीस कहानियाँ शामिल हैं। इसी विस्तार को महसूस करते हुए मैंने कहा था कि रमेश चंद्र ने वक्त की नब्ज को पहचानने की कोशिश की है, इसलिए उनकी कहानियाँ कभी खत्म नहीं हुआ करतीं। ऐसे मोड़ पर अवश्य ठहरती हैं, जहाँ हमें कई रास्ते नजर आते हैं—संभावनाओं के, विकल्पों के, चिंतन के, मुक्ति के। जाहिर है, मनुष्यों में व्याप्त इंद्रियों में कुछ ऐसी छुपी हुई संभावनाएँ हैं, जिनकी तलाश या पहचान एक छोटी सी जिंदगी में मुकम्मल तौर पर मुमकिन ही नहीं है।

इसलिए रमेश चंद्र का कथा-संसार अपार संभावनाओं से भरा है। उनके किरदारों में आदमी प्रतीक मात्र है, जो एक दुनिया, एक देश, एक शहर, एक गाँव, एक घर में हर जगह मौजूद है। तभी तो अपने कथा-परिवेश को रमेश चंद्र ने व्यापक बना दिया है।

'रुकना नहीं राधिका' मात्र एक कहानी नहीं है, जिससे गुजर कर कोई भी संवेदनशील शख्स खामोश रह सके, क्योंकि कहानी एक यात्रा से शुरू होकर दूसरी अनंत यात्रा में विलीन हो जाती है। गाँव के अत्यंत सर्वहारा वर्ग से संबद्ध एक दीन-हीन परिवार से आने वाली राधिका की माँ छोटी सी दुनिया में बड़े ख्वाब देखने की रिवायत को निभाने के लिए बाध्य है। अजीब बेबसी है। कोई छोटी-सी खुशी चाहे

अथक मेहनत के बाद ही क्यों न मिली हो, एक अंजाना-सा डर भी साथ लेकर आती है। अंत तक ऐसी कोई भी खुशी उल्लास से कभी भावविभोर नहीं करती। बस कदम-कदम पर बहुत सारी किरचियाँ पाँव में चुभती रहती हैं। कहानी पूरी एकाग्रता और शिद्दत अख्तियार कर हमें सीधे ऐसे जोड़ लेती है, जैसे हम भी उसकी यात्रा के शुभेच्छु हों। कथाकार ने हाशिए पर बसी आबादियों के दर्द की बखूबी व्याख्या की है। 'रुकना नहीं राधिका' के रचनाकार की इस कहानी पर चर्चा का औचित्य मात्र यह है कि कई स्तरों पर यह कृति एक मिशन के तौर पर भी याद की जाएगी। विषम परिस्थितियों में लक्ष्य हासिल करने का मिशन, हाशिए को तोड़कर मुख्यधारा में शामिल होने का मिशन, जागती आँख के ख्वाब को साकार करने का मिशन, जटिल कुंठाओं को तोड़ने का मिशन, कर्म पर आस्था का मिशन, जातीय संघर्ष से निकलने का मिशन और आत्मविश्वास को प्रबल करने का मिशन। संग्रह की अन्य कहानियाँ, यथा—'वह कौन थी?', 'लछमिनिया', 'हिंदुस्तान बैंड', 'ये दिन भी बदलेंगे', 'शगुन के सौ रुपए', 'सोने का सौदा', 'रहिमन पानी राखिए' और 'बाबूराम का बाईस्कोप' में भी ऐसे ही मनोयोग से कथाकार अपनी अद्‍भुत शैली और रचनात्मकता के साथ समाज के विभिन्न पहलुओं पर बहुत ही कुशलता से अपना पक्ष रखते हुए नजर आते हैं। रमेश चंद्र का रचना-संसार इसलिए भी व्यापक हुआ है कि विषय को बरतने के क्रम में ये कभी विचलित नहीं हुए और सबसे बड़ी बात यह भी है कि वे कभी भी अपने बयान में आत्मीयता का दामन नहीं छोड़े। इसीलिए पाठक का विश्वास इतना बढ़ा कि वह कथा प्रारंभ करने के बाद जुड़ता ही चला गया और एक ऐसी जंजीर बनती चली गई, जिसे तोड़ पाना असंभव है। इसीलिए रचनात्मकता मिशन का रूप लेने में कहीं नहीं ठहरती। यात्रा ही जीवन का प्रमाण है, इसलिए सिर्फ राधिका ही नहीं, बल्कि समस्त जीवंत आबादी अपने लक्ष्य, अपने मिशन के लिए हमेशा सफर में रहती है।

'इस सफर में नींद ऐसी खो गई,
हम न सोए रात थक कर सो गई।'

—डॉ. कासिम खुर्शीद
अंतर्राष्ट्रीय शायर, अदीब, शिक्षाविद्
मोबाइल : 9334979876

लेखकीय

लीजिए, ‘रुकना नहीं राधिका’ अब आपके हाथों में है। ऐसी प्रेरक पुस्तक, जो जीवन-शैली बदल सकती है। नई नस्ल, जो कुछ करने का जज्बा रखती है, उसके जेहन को जोर से झकझोर सकती है, अलसाई आँखों में चमक, सुस्त शरीर में स्फूर्ति और नाउम्मीदी में नई उम्मीद की किरण ला सकती है। कथा के किरदार कोरी कल्पना से पनपे पौधे नहीं होंगे, बल्कि सच की सरजमीं पर सीधे खड़े दरख्त-सा दिखेंगे। मेहनत की मिट्‍टी में जड़ जमाए इन दरख्तों से बहती बसंती बयार बड़ी ताजगी दे जाएगी। आइए, इनके साये तले तनिक सुस्ताइए। कभी अतीत के आईने में खुद को निहारते पाएँगे तो कभी मुस्तकबिल की मौजों में गोते लगाते महसूस करेंगे। सच कहता हूँ, आपको सुकून भरा सुखद एहसास होगा।

लेखन-यात्रा के इस दूसरे पड़ाव पर उन तमाम पाठक मित्रों का शुक्रिया अदा करना जरूरी समझता हूँ, जिन्होंने मेरे प्रथम कथा-संग्रह ‘भिखना पहाड़ी’ को खूब पढ़ा और भरपूर प्यार लुटाया। दिल्ली में दस्तक देकर बिहार, बंगाल, उत्तर प्रदेश, मध्य प्रदेश, आंध्र प्रदेश, झारखंड, छत्तीसगढ़ और गुजरात से निकल मुंबई फिल्म इंडस्ट्री के गलियारों तक इसे खूब पढ़ा और सराहा गया। नामचीन अभिनेता श्री मनोज वाजपेयी, पंकज त्रिपाठी, यशपाल शर्मा और कई दक्षिण भारतीय फिल्मों के लेखक-निर्देशक श्री नितिन गावड़े ने भी दामन भर दुआएँ दीं। सिलसिला यहीं समाप्त नहीं हुआ। पुस्तक मुल्क की सीमा पार कर कतर, सऊदी अरब और नेपाल तक पहुँची और सिलसिला आज भी मुसलसल कायम है। ‘कौन बनेगा करोड़पति, के प्रथम विजेता श्री सुशील कुमारजी, प्लेबैक सिंगर इंदु सोनालीजी और महान् कथाशिल्पी फणीश्वरनाथ रेणुजी के परिवार तक पहुँची इस पुस्तक ने ढेरों आशीर्वाद हासिल किए। पुस्तक पर हजारों पाठकों ने अपनी प्रतिक्रिया लिखी। दैनिक भास्कर और प्रभात खबर जैसे लोकप्रिय अखबारों ने बेहतरीन समीक्षाएँ छापीं। दूरदराज के शहर और गाँव-गलियारों के आम जन तक पुस्तक पहुँचाने में अमेजन, किंडल

और सोशल मीडिया की बड़ी भूमिका रही। इन सबका बहुत आभार।

आज कहने को बहुत कुछ है, लेकिन प्रारंभ उन तमाम प्यारे पाठक मित्रों से किया, जो इसे 'बेस्ट सेलर बुक' बनाने में मील के पत्थर साबित हुए। अपने प्रिय मित्र पद्मश्री आंनद कुमार (सुपर-30) का खास तौर से ऋणी हूँ, जिन्होंने मेरे मार्ग को आसान बनाया और देश के पाठकों से परिचय कराया। चर्चित कथाकार व उपन्यासकार श्री अवधेश प्रीतजी और जनाब काशिम खुर्शीद साहब जैसे अंतर्राष्ट्रीय शायर, लेखक और शिक्षाविद् ने पुस्तक के संदर्भ में जो कुछ लिखा, वे मेरे दामन में आए हीरे-मोती सरीखे थे। उस्ताद नूर आलम साहब और आवरण चित्रकार श्री विरेंद्र कुमार नागरजी का बहुत शुक्रिया। आप सब ने कथा-संग्रह को बेहतरीन शक्ल व स्वरूप प्रदान किया।

अब 'रुकना नहीं राधिका' आपको सौंपते हुए पूरी तरह आशान्वित हूँ कि इसे भी आपका वही प्यार मिलेगा जो 'भिखना पहाड़ी' को मिला था। प्रस्तुत संग्रह की सारी कहानियाँ आपको पसंद आएँगी, ऐसा मेरा विश्वास है। जिंदगी के अँधेरों के पीछे छुपे उजालों की तलाश करती कहानियाँ वक्त की नब्ज को कहाँ तक पकड़ पाई हैं, यह आप बताएँगे। आम आदमी का कहानीकार होना आसान नहीं होता। गाँव और कस्बों की बात करते कहानियों के किरदार जब शहर पहुँचते हैं तो उनकी उनींदी आँखों में सुनहले सपने होते हैं। प्रस्तुत परिवेश को कहाँ तक प्रमाणित कर पाया हूँ, यह बताने की बारी अब आपकी है। गरीबी, सुविधाओं का अभाव और भूखे पेट संघर्ष करते किरदार क्या देश में तमाम मध्यम वर्गीय, निम्न-मध्यम वर्गीय परिवार की तड़प, बेचैनी और कुछ अच्छा करने की छटपटाहट बन पाए हैं, इस बार यह देखना भी आपके ही हिस्से में है। छलछलाई आँखों के सामने शून्य होते सपनों को बचाए रखने के संघर्ष और उसे साकार करने में कहानी कहाँ तक कसौटी पर खरी उतरी है, इस पर भी आपको ही सोचना है। सफलता-असफलता के बीच की चुप्पी में शून्य हो रहे प्रतियोगिता परीक्षाओं की तैयारी करते युवक-युवतियों के चेहरों का मनोविज्ञान क्या पकड़ पाया हूँ, यह देखना भी आप पर छोड़ता हूँ। पुस्तक के बारे में इससे ज्यादा नहीं कहूँगा, आप स्वयं कहें तो अच्छा लगेगा। अंत में फिर दुहराता हूँ कि कुछ अच्छा लगे तो उसे मेरे गुरुजनों का आशीर्वाद माना जाए। कहीं कुछ कमी नजर आए तो बताया जाए। सिर झुका स्वीकार करूँगा।

—रमेश चंद्र

मोबाइल : 9430203718

इ-मेल : rameshchandra0100@gmail.com

अनुक्रम

रुकना नहीं राधिका...!

“कुछ अंदर के कपड़े हों तो दे दीजिए। मेरा मतलब है, लड़कियाँ शलवार-समीज के नीचे जो पहनती हैं। आज कपड़े धो रही थी तो देखा, सगरी तार-तार हो गए हैं। सयानी बेटी शर्म से नहीं बोलती, लेकिन माँ होने के नाते मुझे तो ख्याल रखना चाहिए। राधिका सिपाही भरती की कलम-कॉपी वाली परीक्षा पास कर चुकी है। परसों पटना दौड़ने जा रही है, ऐसे में थोड़ा ठीक-ठीक होना चाहिए न! वैसे बाकी सब इंतजाम हो गया है। वो क्या बोलते हैं? अरे, वही जो पहनकर लड़का-लड़की लोग दौड़ते हैं? बाप रे, बड़ी आरजू-मिन्नत की तो बुझावन बाबू की बेटी देने को राजी हुई। बोल आई हूँ कि दो दिन के लिए ले जा रही हूँ, सही-सलामत लौटा दूँगी। बदले में तीन दिन रोपनी-सोहनी कर सधा दूँगी।” रमा एक साँस में सबकुछ बोल गई। “उसे ट्रेक सूट कहते हैं।” माया मुस्कराई और अंदर चली गई। फिर अखबारी कागज में लिपटा कपड़ों का एक छोटा बंडल ले आई और थमाते हुए बोली, “बुआ, इसे रख लो। मैं पहनती हूँ। बड़े होंगे तो बेटी से बोलना, सुई-धागे से थोड़ा छोटा कर लेगी।” रमा को लगा, जैसे कारून का खजाना हाथ लग गया है। आँचल में छुपाई और लंबे डग भरती निकल गई।

दक्खिन जानिब जाने के लिए यह दिन शुभ नहीं था। गाँव के माखन मिसिर कहते थे, “बियफे दक्खिन करे पयाना, हानि छोड़ लाभ नहीं पाना।” यही बात रमा को साले जा रही थी। हालाँकि उसने तमाम एहतियात बरते थे। घुमन काकी के घर दो दिन पहले पाँयत का रूमाल रख आई थी। देवन बाबू के घर से दही ला चुकी थी। अब निकलने ही वाली थी कि मुँहझौंसी बिल्ली रास्ता काट गई। कलेजा धक-से होकर रह गया। भागी और आँगन में जाकर बेटी से बोली, “राधिका, कुछ देर और रुक ले, फिर निकलते हैं।” बेटी माँ के चकोह में पड़ी नाव की तरह डोलते मन को जानती थी, सो बोली, “तोरे टोटरम के चक्कर में सारे टमटम निकल गए

तो पहाड़पुर पहुँचना मुश्किल हो जाएगा। फिर समय से बस न मिली तो पटना कैसे पहुँचेंगे? पूरी रात का सफर है। कल भोरे-भोर मैदान में पहुँच कर लाइन में लगना होगा।" लेकिन रमा न मानी। दौड़कर बेटी को दही-गुड़ खिलाई और जब इत्मिनान हो गया कि सबकुछ ठीक है तो देव का सुमिरन कर दाहिना पैर बढ़ाई।

रामजी का नाम लेती रमा अपनी रौ में बेटी संग चली जा रही थी। सड़कें सुनसान थीं। महुआबारी के लोग काम पर गए हुए थे, सो टोका-टोकी का कोई भय नहीं था। आम तौर पर ऐसे मौकों पर लोग पूछे बगैर बाज न आते थे—"कहाँ जा रही हो? कोई खास काम है क्या? कब तक लौटोगी?" जितने मुँह उतने सवाल। अब किसके किस सवाल का क्या जवाब दे! तिरमुहानी के बाएँ बक्कन बाबू की बाड़ी थी। इधर रह-गुजर कुछ ज्यादा ही रहता था। संयोग से यहाँ भी सब ठीक-ठाक रहा। टमटम मिल गया। बजरंगबली का नाम ले माँ-बेटी सवार हुईं। तिजहरिया ढल रही थी। सामने सरेह पड़ता था। खलार खेतों से पानी अब तक न उतरा था। जो थोड़ी ऊँचाई पर थे, उनकी गोद जौ-बूँटों से भरी हुई थी। उधर कुछ नंग-धड़ंग बच्चे मछली मार रहे थे। लहोर मार बहती पुरवाई से किनारे खड़ी तीसी-सरसों की फसलें ऐसे लहरा रही थीं, जैसे किसी अलसाई सुबह नई दुलहनिया पनघट से पानी लिये फदर-फदर फुफती सँभालती चली जा रही हो। अब करीमगंज आने लगा था, तभी एक भारी बखेड़ा खड़ा हो गया। सामने शीशम-सेमल के दरख्तों से निकल एक सियार अचानक सड़क पर आ गया। टमटम का घोड़ा देखा तो बिदक गया और अपनी दोनों टाँगों पर खड़ा हो हिनहिनाने लगा। माँ-बेटी गिरते-गिरते बचीं। खैर, सियार तो चला गया, लेकिन रमा का कलेजा लोहार की धौंकनी की भाँति थर-थर काँपने लगा। वह मन-ही-मन कहने लगी, 'हे भगवान्! अब आगे क्या होगा? सब करम का फेर है।' राधिका जानती थी, माँ ऐसे हालात से जल्दी उबर नहीं पाती थी, सो सामने पीरबाबा की मजार की तरफ इशारा कर दी। देखते ही रमा खुद में लौटी और हाथ में आँचल लिये देर तक बुदबुदाती रही, 'बाबा! जैसे भी हो, बेड़ा पार लगा दो। हमरे आगे-पीछे कोई नहीं है। लौटूँगी तो तोहरे स्थान को कोसी मईया के पानी से धो-धोकर घी-मलीदा चढ़ाऊँगी और हर साल उर्स में चादर लेकर भी आऊँगी।' अब जातरा जो न कराए! रमा रो-रोकर देर तक मन्नतें माँगती रही और पीर बाबा को राजी करती रही। भूल गई कि बेटी के लिए दो नए कपड़े खरीद न सकने वाली माँ अगले साल नई चादर कहाँ से लाएगी! टमटम अपनी रफ्तार में चलता रहा। रास्ता कब कट गया, पता न चला।

बहुत कम सवारियाँ पहाड़पुर में चढ़ती–उतरती हैं। मर–मुकद्दमे की पैरवी करने वाले और कुछ तिजारती लोग अक्सर आते–जाते रहते हैं। पटना पढ़ने वाले गिने–चुने विद्यार्थी भी कभी–कभार दिख जाते हैं। कंडक्टर को कॉलेज का कार्ड दिखा किराया भी कम करा लेते हैं और बातें शुरू करते तो बिना रुके बकते चले जाते हैं। कोई इनके मुँह नहीं लगता। रमा बेटी संग बिल्कुल पिछली सीट पर सिकुड़ी–सिमटी बैठी थी। हालाँकि बीच में कई सीटें खाली थीं, लेकिन लोगों के बीच बैठने की हिम्मत न जुटा सकी। बस ने रफ्तार पकड़ने शुरू किए। हवा के तेज झोंके खिड़कियों से आने लगे। राधिका माँ की गोद में सिर रख कर सो गई, लेकिन रमा के नयनों में नींद कहाँ! कभी बोझिल पलकें बंद होने लगतीं तो उन्हें भींच देती और एकबारगी जाग जाती। साढ़े तीन सौ रुपए साथ चल रहे थे। मेला में गिरहकट और रेल–बस में बटुआमार को बखूबी जानती थी। ऐसे में भला कोई सोता है क्या! उधर जागती आँखों में बीते दिन बारी–बारी से गुजरने लगे।

तब गेनिया की गिनती गिने–चुने लोगों में होती थी। ऊँची कद–काठी का बंदा पहलवान तो नहीं था, लेकिन दो–चार दाँव–पेंच पर अच्छी पकड़ थी। लिहाजा संगी–साथी बेवजह राड़ मोल न लेते थे। पाँच–पाँच पंजा का बोझा झटके में उठा लेता। राह चलते लोगों की मदद करता। बमबाबू का दुलरुवा भी था। बाबू ऊँची डील–डौल के पछियारी बैल रखते थे। गेनिया सानी–पानी देता और जब बैलों संग कंधे पर हल लिये निकलता तो भाई–भैवदी उसके भाग्य को सराहते। रमा तो निछावर ही हो जाती। गेनिया खेतों में हल चलाता और रमा बाबू के घर का काम देखती। दिन मजे से कट रहे थे। लेकिन समय का फेर बड़ा फेरा लगाता चला गया। गेनिया की सोहबत खराब हो गई। कुछ बिगड़ैल संगी–साथियों ने नशे की आदत लगा दी। रमा लाख समझाई, लेकिन कुछ असर न हुआ। नतीजा बुरा हुआ। साग–सत्तू से सँवरा शरीर जहरीली जिद के आगे हार गया। बीमारी बढ़ती गई और एक दिन... गेनिया गिनती के दिन भी पूरे न कर सका। रमा को भारी सदमा दे संसार छोड़ गया। तब राधिका गोद में थी। गेनिया क्या गया, आँखों में अँधेरे का वास दे गया। दुःख की दुपहरिया खड़ी हुई तो सुख का साया सिमटने लगा। पटी–पट्टीदार पीछा छुड़ाते गए। रमा अकेली पड़ गई। बेटी का मुँह निहारती और उखड़ती साँसों को सँभालने की कोशिश करती। घर में मुट्ठी भर दाने नहीं थे। गाय, गोंड़ाई गेनिया की बीमारी में पहले ही बिक गए थे। बेचारी कई दिनों तक घर से बाहर न निकली। जब छाती का दूध सूखने लगा और राधिका का जीना मुहाल हो गया तो ममता की

मारी माँ, मजबूरन बाबू के आँगन जा बैठी। फिर, बेटी को सीने से चिपकाए घर-बाहर का काम करने लगी। तब बमबाबू की माया महज साल भर की थी। दोनों साथ परवरिस पाने लगीं। फर्क सिर्फ इतना था कि एक पालने में पलती दूसरी बोरे पर होती। नजरें मिलतीं तो साथ मुस्करातीं। समय सरकता रहा। पाँच बसंत गुजर गए। राधिका माँ के काम में हाथ बँटाने लगी।

आज श्यामदेव बाबू घूम-घूमकर ऐसी बच्चियों का शुमार कर रहे थे, जो कतिपय कारणों से स्कूल नहीं जाती थीं या कुछ दिन पढ़कर पढ़ाई छोड़ चुकी थीं। महुआबारी में तो दर्जनों ऐसी ही थीं, जो खेलने की उम्र में जीवन का खेल दिखा रही थीं। इनके लिए पढ़ाई-लिखाई का कोई मायने-मतलब नहीं था। माँ के साथ मजदूरी पर जाओ और कच्ची उम्र में ब्याह दी जाओ, यही नियति थी इनकी। रमा बेटी संग काम पर गई हुई थी। गए शाम लौटी तो मालूम हुआ कि मास्टर साहब आए हुए थे और बता रहे थे कि कोई कस्तूरबा गांधी आवासीय स्कूल खुला है, जहाँ मुफ्त में भोजन और कपड़े मिलेंगे, संगे-संगे पढ़ाई भी होगी। उस रात नींद न आई रमा को। बड़ी होती राधिका अब दुधमुँही बच्ची न थी। भरपेट भोजन मिल जाए तो समझो भगवान् से भेंट हो जाए। उधर तवे पर गोल-गोल घूमती दो साँझ की रोटी नजर आ रही थी। तन पर नए कपड़े झलक रहे थे। ढाई आखर सीख जाए तो बड़ी बात होगी! कम-से-कम अपना नाम-गाँव और चिट्ठी-पत्री तो लिख लेगी। कैसा लगता है, जब पराया मरद-मानुष राशन-किरासन के लिए औरत का हाथ पकड़ता है और कजरौटे पर घीस-घीस कर कागज पर अँगूठा लगवाता है! धत, अँगूठा लगाने की नहीं, दिखाने की चीज होता है। वैसे, बस्ती में यह बात कूट-कूटकर भरी हुई थी कि पढ़ाई-लिखाई गरीब-गुरबन की चीज नहीं होती। यह तो बाबू लोगन के वश-बूते की बात है। जैसे-तैसे रात बीती। सुबह होते ही उसने बेटी को जगाया, जल्दी-जल्दी तैयार किया और आनन-फानन में निकल गई। माँ की उँगली पकड़ चलती राधिका बार-बार पूछती, "माँ, हम इतना सबेरे कहाँ जा रहे हैं?" रमा कुछ न बोलती। जानती थी कि यहीं बता देगी तो बेटी रो-रोकर मर जाएगी। फिर माँ की ममता आड़े आई तो आगे न जा पाएगी। वैसे अभी तीन कोस चलना था।

नवलपुर पहुँचते-पहुँचते 9 बज गए। बच्चे विद्यालय आने लगे थे। कहीं उछल-कूद जारी थी तो कहीं सफाई का काम चल रहा था। विद्यालय परिसर में ही एक बगल दो तल्ले का बड़ा लाल मकान था। श्यामदेव बाबू का पता पूछा और आगे बढ़ गई। राधिका कभी आगे देखती, कभी पीछे पलट धमाचौकड़ी करते

बच्चों को निहारती और मुस्कराती। मासूम मन जान न सकी कि माँ उसे हर दिन की तरह चिमनी-भट्ठे पर न ले जाकर यहाँ क्यों लाई है? श्यामदेव बाबू को खुशी हुई कि महुआबारी से पहली दफा कोई माँ बेटी का नाम लिखाने खुद चलकर यहाँ तक आई है, लेकिन दूसरे ही पल उदास हो गए। वार्डेन वहिदाजी बोलीं, “सर, मैं आपकी परेशानी समझ सकती हूँ। माना कि बेटी कस्तूरबा गांधी आवासीय विद्यालय में नामांकन की अहर्ताएँ पूरी न करती है, लेकिन माँ की आँखों में पलते सपनों को देखिए। मैं इसे अपनी औलाद की तरह साथ रख लुँगी।” श्यामदेव बाबू मुस्कराए और राधिका को वार्डेन वहिदाजी के हवाले करते हुए बोले, “तो लीजिए, एक माँ के लख्ते-जिगर को सँभालिए। इसके हाल देखिए। इसे पढ़ाई से ज्यादा पौष्टिक भोजन की जरूरत है।” जब वहिदाजी राधिका के हाथ पकड़ अंदर ले जाने लगीं तो वह माँ से चिपक गई और रो-रोकर बुरा हाल कर ली। उधर रमा भी बिलख-बिलख कर रोने लगी। बड़ी मुश्किल से माँ-बेटी को अलग किया जा सका। बोझिल कदमों से रमा वापस हुई। उस रात दोनों ने कुछ न खाया। एक माँ की गोद माँग रही थी, दूसरी अपनी सूनी गोद टटोल रही थी। साल दर साल समय सरकता रहा। बीस बसंत गुजर गए। वजीफे और सरकारी साइकिल ने पैरों में पंख लगा दिए। मन की बात कागज पर लिखने का हुनर आया तो दसवीं, बारहवीं के बोर्ड पास कर गई। और, इसी हुनर ने राधिका को आज यहाँ तक पहुँचा दिया।

रमा खुद में लौटी। देखा, सोई राधिका बड़ी प्यारी लग रही थी! धीरे-से बेटी का माथा सहलाई और खिड़की से झाँक कर समय का अंदाजा लगाई। तीनजोड़िया कब की डूब चुकी थी। आसमान में सताहवाँ सात बाँस ऊपर आ गया था। गोया कि पहर भर रात और रह गई थी। उधर खाली सड़क देख ड्राइवर बस की रफ्तार लगातार बढ़ाए जा रहा था। ऐसे लगभग घंटे भर चलता रहा। फिर बस की रफ्तार धीमी होने लगी। कंडक्टर चिल्लाया, हाजीपुर आ रहा है। उतरने वाले गेट पर आ जाएँ। इसके बाद अगमकुआँ और फिर सीधे मीठापुर बस-स्टैंड। रमा जल्दी-जल्दी बेटी को जगाई। बस रुक चुकी थी। यह रामाशीष चौक था। कुछ पैसेंजर उतरे, एकाध चढ़े। बस फिर आगे बढ़ गई। थोड़ी देर में गांधी सेतु शुरू हो गया। बाप रे, इतना लंबा पुल! खत्म होने का नाम ही न लेता था। सुबह की सुनहरी किरणों में कलकल बहती गंगा मईया की लहरें साफ नजर आ रही थीं। कुछ मछुआरे नाव लेकर नदी में उतर आए थे। राधिका ने माँ को देखा। वह सरक आए आँचल को माथे पर रख हाथ जोड़े कहे जा रही थी, “हे गंगा मईया! जैसा कि हर माँ

अपनी बेटी के लिए बढ़िया जीवनसाथी माँगती है, सुंदर घर-द्वार माँगती है, वैसा मैं कुछ नहीं माँगती। बस, इसके सफर को जारी रखना। भाई-भैवदी कैसे हँसता है, "सयानी-कुँआरी बेटी को घर में बैठाई महाभारत जीतने चली है। कहीं पैर लड़खड़ाए तो खानदानी घर की चौखट न चढ़ेगी। बाप दारू पीकर मर गया। बेटी चली सिपाही बनने!" राधिका आगे बढ़ माँ के छलक आए आँसू पोंछती बोली, "हमें तुरंत उतरना है। चलो, सामान सहेज लिया जाए।"

"देख माँ, यही गांधी मैदान है। आगे जो बड़ी इमारत दिख रही है, वह गोलघर है। यह अजायबघर है। यहाँ बहुत पुरानी काम की चीजें सँभाल कर रखी जाती हैं। अंदर जाने का टिकट भी लगता है।" टैंपू सरसराता आगे बढ़ता जा रहा था। राधिका हर मशहूर जगह का ऐसे बयाँ कर रही थी, जैसे यहाँ कई बार आ चुकी हो। किताबों में छपे चित्र आज पन्नों से निकल सामने साकार हो रहे थे। अब तक इन्हीं के बारे में तो वह पढ़ती आई है। बेटी बखान करती जा रही थी और माँ थी कि विस्मय से देखे जा रही थी। उसे बड़ा आश्चर्य हुआ कि गाँव जैसा खर-पतवार का कोई घर नहीं दिखा। कोठियाँ इतनी ऊँची कि औरत देखे तो माथे से पल्लू सरक जाए और मरद देखे तो पगड़ी गिर जाए। बाप रे! यहाँ सभी राजे-महाराजे ही रहते हैं क्या... ?

गर्दनीबाग। विद्यालय के बगल में बड़ा मैदान। आज यहीं सिपाही भरती की शारीरिक परीक्षा है। लंबी कूद होगी, ऊँचा उछलना होगा, गोला फेंकना होगा और महज पाँच मिनट में एक किलोमीटर की लंबी दूरी तय करनी होगी। अगर सबकुछ ठीक रहा तो मार ली बाजी और चढ़ गई ललकी टोपी माथे। इलाके में साख और समाज में धाक बनते देर न लगेगी। फिर शादी-ब्याह के रिश्ते तो दौड़ के आएँगे। तनिक चूक हुई तो गए काम से। सारी तैयारी धरी की धरी रह जाएगी। फिर साढ़े नौ से शुरुआत करनी होगी। सूटेड-बूटेड सिपाही गेर-चूना से दौड़ने की ट्रेक बना रहे हैं। किनारे एक टेंट लगा है, जिसमें हाकिम-हुक्काम बैठेंगे। कुर्सियाँ लग रही हैं। हालाँकि अभी तक कोई आया नहीं है, लेकिन तैयारी चल रही है। वैसे मोटर से आने में समय ही कितना लगता है! बैठे नहीं कि फुर्र से आ धमके। सड़कें इतनी साफ-सुथरी कि भोजन रख खा लिया जाए। झुंड-की-झुंड लड़कियाँ आने लगी हैं। गेट पर बैठी एक मोटी महिला दारोगा उनके प्रवेश-पत्र देखती है, तब अंदर जाने देती है। साथ आए अभिभावकों को दूसरी तरफ घेरे के बाहर बैठने को कहा जाता है। बाप रे! आरा, अरवल, बक्सर और सहरसा, सिवान, सुपौल—सभी उतर आए हैं। लीजिए, राधिका भी आ गई। माँ के पैर छुई और सामने रहने का संकेत

कर घेरे के अंदर चली गई। लड़कियाँ कसरत करने लगी हैं। समय हो चला है। सिपाही सलामी बजाने लगे हैं, गोया बड़े हुक्मराँ आने लगे हैं। माथे मुरैठा बाँधे बूढ़ा चौकीदार खेन्हर लड़कियों का हौसला बढ़ाता है और दौड़-दौड़कर पानी पिलाता है। भारी मजमा लगा है। ऐसा लगता है, जैसे दो बड़े देशों के बीच फुटबॉल का मैच होने जा रहा है। सभी अपनी तैयारी में मशगूल हैं। एक कोने में बैठी राधिका कभी माँ को देखती है, कभी कवायद करती लड़कियों को, कभी खुद को निहारती है। माँग कर लाए बेतरतीब कपड़ों में जोकर जैसी लगती है। हिम्मत नहीं होती कि उन लड़कियों के समूह में शामिल हो जाए। तभी बूढ़ा चौकीदार आकर पूछता है, "बेटी, पानी पीओगी?" वह 'हाँ' में सिर हिलाती है और गटागट कई गिलास पानी पी जाती है। चौकीदार चेताता है, "रहने दे बेटी, ज्यादा पानी पीने से पेट हलकान हो जाएगा, फिर दौड़ नहीं पाओगी। शरीर हल्का रखो और मनोबल ऊँचा। वैसे दौड़ पैरों से नहीं, जेहन से जीती जाती है। लेकिन तुम्हारे जूते कहाँ हैं ?"

"बाबा, मेरे पास जूते नहीं हैं।" राधिका सिर झुका ली।

"क्या... ? इस पथरीली जमीन पर तूँ नंगे पाँव दौड़ोगी?" चौकीदार चौंका, "भगवान् तेरा भला करे।" बोलता हुआ बंदा आगे बढ़ गया। खेन्हर तो चला गया, लेकिन उसके शब्द बार-बार गूँजते रहे, 'दौड़ पैरों से नहीं, जेहन से जीती जाती है।' उसने भीड़ में खड़ी माँ को देखा। रमा इशारा कर रही थी, 'बेटी, वैसे कर न, जैसे सारी लड़कियाँ कर रही हैं।' उसने एक बार फिर खुद को निहारा। पस्त पड़े कपड़ों को देखा। मुस्कराई और बोली, "दौड़ पैरों से नहीं, जेहन से जीती जाती है।" फिर तो बला की ताकत उभर आई पैरों में। वह दौड़ी और एक हाई जंप मारी। माँ देखी तो मुस्कराई और आँखें बंदकर बारी-बारी से गाँव के ब्रह्मबाबा, काली माई और करीमगंज वाले पीरबाबा को गोहराने लगी।

लाउडस्पीकर से नाम पुकारे जाने लगे। लड़कियाँ दस-दस के समूह में कतारबद्ध होने लगीं। फिर पोजिशन लीं और लंबी सीटी बजते ही बिजली की भाँति दौड़ पड़ीं। दो सौ मीटर के घेरे का पाँच मिनट में पाँच चक्कर लगाने थे। सभी भागी जा रही थीं। चौथे चक्कर तक तो ठीक-ठाक रहा, लेकिन पाँचवाँ चक्कर आते-आते कदम धीमे पड़ने लगे। बावजूद इसके कोशिश जारी रही। लेकिन अफसोस, समय समाप्त हो गया और लंबी सीटी बज गई। गोया कि इस बार कोई कामयाब न हो पाई। दूसरा समूह दौड़ा। इसमें भी किसी को सफलता न मिली। इस प्रकार कई समूहों की दौड़ हुई। दो सौ लड़कियों के समूह में महज बीस लड़कियों ने बाजी

मारी। जो छँट गईं, उनकी हथेली पर 'डिफेस्ड' का मोहर लग गया। जो पास कर गईं, उन्हें हाई-लॉन्ग जंप के लिए अलग कर लिया गया।

दिन के बारह बज रहे थे, जब राधिका का नाम पुकारा गया। माँ बेटी का नाम सुनी तो भीड़ चीरती घेरे के करीब आ गई। देखा, बेटी सामने आ रही है। बाकी नौ लड़कियाँ भी आ गईं। सबने अपना-अपना पोजिशन ले लिया। इन दस लड़कियों में सिर्फ राधिका ही ऐसी लड़की थी, जो नंगे पाँव दौड़ने जा रही थी। लेकिन उसे इसका कोई खौफ नहीं था, और मलाल तो बिल्कुल नहीं। तभी लंबी व्हिसील बजी। चीते की फुरती से सबने दौड़ना शुरू किया। पहला राउंड आसानी से पूरा कर लिया गया। फिर दूसरा और तीसरा भी। पानी पिलाना छोड़ खेन्हर चौकीदार भी सामने आ गया। उसने गौर किया। राधिका के पैरों के तलवे लहू-लुहान होने लगे थे। जहाँ पैर रखती, वहाँ खून के धब्बे बन जाते, लेकिन राधिका अपनी रौ में बढ़ती जाती। खेत-खलिहान में पली-बढ़ी बेटी को इसका कोई भान नहीं था। चौथा राउंड पूरा हुआ। सात लड़कियाँ काफी पीछे छूट चुकी थीं। राधिका नंबर एक पर चल रही थी। तभी एक ऐसी घटना घटी, जिसने सबकी नजरों को नीचा कर दिया। दीगर देह के अस्त-व्यस्त कपड़े भारी दौड़ का दबाव झेल न सके। पहले ट्रेक सूट सरका फिर पेंटी भी नीचे आने लगी। लेकिन हाय री राधिका... ! उसे तो कुछ खबर ही नहीं। बस, एक बात जेहन में साथ दौड़ रही थी... 'तवे पर गोल घूमती रोटियाँ और माँ के मजबूर होते हाथ!' महज पंद्रह सेकेंड रह गए थे। बाकी दो लड़कियाँ पीछे छूट चुकी थीं। टारगेट साफ दिख रहा था। उलटी गिनती शुरू हो चुकी थी... चौदह...तेरह...बारह...ग्यारह...आठ...सात। माँ ने देखा तो कलेजा थाम लिया। बेटी की हालत देखी न जाती थी। तभी पता न क्या सोचा कि जोर से चिल्लाई..."रुकना नहीं राधिका...रुकना नहीं... !" आवाज माँ की थी, जिसने उसके वजूद को जिंदा रखा था। फिर तो शरीर दुने जोश से साथ दिया। राधिका एक लंबी जंप ली। समय रुक-सा गया। लंबी व्हिसील बजी तो लोग हिम्मत कर मैदान की तरफ ताके। सबने देखा, राधिका टारगेट के पार थी और सिकुड़ी-सिमटी बैठकर थर्र-थर्र काँप रही थी। होंठ लरज रहे थे। चेहरा तमतमाया हुआ था। गले से आवाज न निकल रही थी। शायद उसे अपने हालात का भान हो चुका था। तभी बूढ़ा चौकीदार भागा हुआ आया। माथे का मुरैठा उतारा और बेटी का बदन ढक दिया। समय का घड़ियाल फिर टिक-टिक करने लगा। दौड़ बंद हो गई। घेरे टूट गए। भीड़ पास आने लगी। फिर किसी ने जोर से आवाज लगाई, "राधिका बेटी जिंदाबाद!" भीड़ दोहराई,

“जिंदाबाद...जिंदाबाद!” बूढ़ा चौकीदार भागकर उसकी माँ के पास गया। लोग उधर लपके। सबने देखा। रमा की आँखें निरंतर बरसे जा रही थीं। भीड़ उत्साह में हाथ हिलाने लगी। रमा चाही कि हाथ जोड़कर सबका अभिवादन करे। लेकिन काँपते हाथ आज जुड़ न सके। खड़ा रहना दूभर हो गया। रमा बैठ गई और फुट-फुटकर रोने लगी। ऐन मौके पर सार्जेंट मेजर बाहर आए। उन्होंने अपना कैप उतारा और राधिका के सिर पर रखते हुए बोले, “राधिका! तेरी जिद्द, जुनून और जज्बे को सलाम करता हूँ। उठ बेटी! आज तूने पुलिस प्रतिष्ठा में चार चाँद लगा दिए। इतिहास के पन्ने तेरी बहादुरी का बखान करते रहेंगे। भगवान् ऐसी बेटी हर बाप को दे। चल बेटी, पहले कुछ खा-पी ले, फिर चयन की बाकी औपचारिकताएँ भी पूरी कर लेते हैं।”

साँझ हो रही थी। राधिका माँ संग कामयाबी का कागज लिये कैंप से निकल रही थी। अब शरीर पर नए कपड़े थे। पैर में नए जूते थे। चलने लगी तो मेजर साहब बोले, “अपना ख्याल रखना बेटी! बेसिक ट्रेनिंग में जल्द मिलते हैं।”

बस तेजी से भागी चली जा रही थी। गांधी सेतु पार करते-करते रमा को नींद आने लगी। राधिका जाग रही थी। हाजीपुर आ गया। उसने माँ को निहारा। वह बेसुध पड़ी थी। राधिका झुकी और माँ की पेशानी चूम ली। फिर गौर किया, माँ के चेहरे पर सुकून का प्यारा साया तैर रहा था। तभी उसे ख्याल आया। आज माँ अगली सीट पर बैठी थी। मुस्कराई और पलकें बंद कर ली। लम्हे न लगे, सतरंगी सपने साथ सफर करने लगे। उधर खाली सड़क देख ड्राइवर ने रफ्तार बढ़ा दी।

□

वह कौन थी?

मुंबई। अँधेरी की अंधेर गलियाँ। रात के ग्यारह बजे होंगे। मैडम स्मिता की मर्सिडीज अब तक न पहुँची थी। सेट रेडी था। कैमरे लग गए थे। लाइटें एडजस्ट की जा रही थीं। जूनियर्स भाग-भागकर काम निपटा रहे थे। भैरवी सिगरेट का एक पॉकेट खाली कर चुका था। डेढ़ साल से फिल्म लटकी थी। क्लाइमैक्स शूट हो जाए तो चैन की साँस ले। स्ट्रगलर का फोन भी जल्दी नहीं उठता। बूढ़ा बनर्जी बोला, "ऐ, इन बजबजातीं गलियों में कब तक खड़ा रखेगा?" भैरवी जानता था, बनर्जी भड़क गया तो फिर किसी की न सुनेगा। सिगरेट का पैकेट बढ़ाते हुए बोला, "दादा, जस्ट फॉर नेचुरल फीलिंग।" "तो फिर मारो फोन महारानी को। दो फिलम हिट क्या हुई, नखरे बढ़ गए।" उफ···दादा शुरू हो जाए तो नॉनस्टॉप बकता है, सो चाय के बहाने सरक लिया। तभी मैडम स्मिता आई और सीधे मेकअप रूम में घुसी। भैरवी चिल्लाया, "लाइट रेडी!" असिस्टेंट मोशन में गए। एक स्क्रिप्ट ले मैडम की तरफ लपका। भैरवी दौड़ा और बनर्जी के आगे हाथ जोड़ खड़ा हो गया, "दादा, जैसे भी हो, नइया भवसागर पार लगा दो। बड़ी मुश्किल से हीरोइन की डेट्स मिली है। कल अमेरिका निकल गई तो बर्बादी तय।" बनर्जी की अनुभवी आँखों ने इंडस्ट्री के सारे उतार-चढ़ाव देखे थे, बोला, "फिकर नॉट!" और कैमरे का लेंस ठीक करने लगा। शॉट की तैयारी हो गई। इसी बीच जूनियर आया और भैरवी से बोला, "साब, मैडम फटे बलाउज पहनने से इनकार कर रही है, मैंने स्क्रिप्ट दिखाई, सीन की डिमांड बताई, लेकिन टस-से-मस न हुई।" भैरवी भागा। सामने तेवर चढ़ाए स्मिता बैठी थी, बोली, "भैरवी, कितना एक्सपोज करोगे?" भैरवी हाथ जोड़ बोला, "मैडम, स्क्रिप्ट में सिचुएशन देखी गई? दरअसल...!" स्मिता झल्ला गई, "तुम्हारा जूनियर पहले ही पका चुका है, अब तुम मत पकाओ। मैं जानती हूँ कि कुछ गुंडे पकड़ लेते हैं,

जबरदस्ती करते हैं, अपनी अस्मत लुट जाने के भय से मैं जान लगाकर भागती हूँ और कैमरे के सामने गिरती हूँ। इसमें फटा ब्लाउज कहाँ से आ गया ?" भैरवी बोला, "मैडम, आप अकेली हैं, गुंडे पाँच हैं। उन्होंने आपको पकड़ लिया है। आप अकेली जूझती हैं, सो ब्लाउज फट जाता है। आपकी एंट्री उसी फटे ब्लाउज में होती है। अब हम 'संतोषी माँ' थोड़े बना रहे हैं कि... !" भैरवी चुप हो गया। स्मिता बोली, "ठीक है, बट ओनली लॉन्ग शॉट इन डिम लाइट, नो क्लोजअप, नो रिटेक। दादा को बोल दो। मैं तैयार होकर आती हूँ।" और वह मेकअप करवाने लगी। भैरवी सेट की तरफ भागा।

दस मिनट बीत गए, लेकिन स्मिता न आई। भैरवी ने जूनियर की तरफ इशारा किया, वह वेनिटी वैन की तरफ भागा और तुरंत लौटकर बताया कि मैडम मोबाइल पर है। गनेशी सेट बॉय फुसफुसाया, "बड़ी भैंस, बड़ा पेन्हाव... !" दादा ने घुड़का, "ऐ क्या बोला ?" "नहीं दा, जम्हाई आ गई थी।" पाँच मिनट और निकल गए। अचानक दूर से किरदार आता दिखा। भैरवी चिल्लाया, "साइलेंस, लाइट, साउंड, एक्शन।" शॉट लिया जाने लगा—ओह, स्मिता ने क्या शानदार एंट्री मारी थी! ऐसा मेकअप कि खुद की पहचान जाती रही। अँधेरी रात, तंग गलियों में बेतहाशा भागती औरत, कपड़े तार-तार, चेहरे पर साफ झलकती खरोंचें, होंठों से रिसता खून... ! औरत आई और धड़ाम से गिर गई, फिर हाथ जोड़ गिड़गिड़ाने लगी—'भइया! मेरी इज्जत बचा लो, बाबूजी! मैं कहीं की न रहूँगी...वे, वे मुझे नोच लेंगे...बाबू! रहम करो, उन्हें रोको...रोक लो बाबू...बा...बू मेरी ई...ज...ज...त... !' फिर वह बेहोश-सी हुई।

बिना रिटेक शॉट चलता रहा—'ओह, कोई नहीं बचाता, सभी मुर्दे हैं, इनसे फरियाद क्या... ?' वह उठी और भागने लगी। गिरते-पड़ते अँधेरे में खो गई।... भैरवी ने 'कट' बोला और शॉट ओके हो गया। यूनिट के लोग 'वाह-वाह' करने लगे। स्मिता ने क्या गजब एक्टिंग की थी! दादा बोला, "भैरवी, तीस सालों से कैमरा हैंडल कर रहा हूँ, अब तक ऐसी नेचुरल एक्टिंग नहीं देखी। जा, तेरी फिल्म की बल्ले-बल्ले।" शॉट के बाद स्मिता किसी से मिलती नहीं थी। विशेषकर ऐसे किसी एक्ट को प्ले करने के बाद उससे निकलना आसान नहीं होता, सो स्मिता से बाइत्मीनान भैरवी ने यूनिट पैकअप कर दी।

आज फिल्म रिलीज हुई। मायानगरी ने भाव न दिया। मुट्ठी भर दर्शक आए। भैरवी को लगा कि फिल्म के साथ वह भी बैठ गया। बारह साल का स्ट्रगल बेकार

चला गया! लेकिन दूसरे ही दिन हाल खचाखच भर गया। फिल्म रफ्तार पकड़ ली। कई सिनेमा हॉलों में लगी और देखते-देखते हिट हो गई। भैरवी के भाव बढ़े। इंडस्ट्री में जाना जाने लगा।

कोई माह भर बाद स्मिता अमेरिका से लौटी। लोगों की बधाइयाँ मिलने लगीं। सफलता की शानदार हैट्रिक...! लेकिन उसे ताज्जुब हुआ कि उसके कई इंपोर्टेंट शॉट लिये बिना फिल्म रिलीज कैसे हो गई? हो सकता है कि दादा ने कोई डुप्लीकेट खड़ा कर शूट कर लिया हो!

खैर, स्मिता के अनुरोध पर स्पेशल शो रखा गया। पूरी यूनिट फिल्म देखने गई। फिल्म कमाल की बनी थी। तारीफों के पुल बाँधे जाने लगे। मध्यांतर हुआ। पॉपकॉर्न चला। दादा की भविष्यवाणी सच हुई। यूनिट को कामयाबी का जश्न मनाने का पूरा हक मिल गया। अब अंतिम दृश्य चलने लगा—वही तंग गलियाँ, सुनसान रास्ते, अस्मत बचाने भागती औरत, तार-तार कपड़े, वहशी दरिंदों से बचने के लिए गिड़गिड़ाती अबला—बचा लो बाबू, बचा लो बाबूजी...! ग्लिसरीन डाल आँसू बहानेवाले आज खुद के आँसू रोक नहीं पा रहे थे। दादा से रहा न गया, हाथ जोड़ स्मिता से बोला, "तुसी ग्रेट हो बाबा! क्या नेचुरल परफॉर्मेंस दी। बहुत आगे जाओगी।" लेकिन स्मिता खामोश ही रही। फिल्म समाप्त हुई। उसने सभी से अनुरोध किया कि सब उसके घर चाय पीकर जाएँ।

सभी स्मिता के फ्लैट पर आए। चाय पीते हुए स्मिता ने पूछा, "मि. भैरवी, रेप सीन आपने किस डुप्लीकेट पर फिल्माया? कद-काठी और फेस मैचिंग कैसे कर लिया? वैसे जिसने भी किया, गजब किया! कौन बंदी है यह?" भैरवी हँसने लगा, "मैडम, आप मजाक भी ऐसा करती हैं कि सच लगने लगता है! भला आपके सिवा इस इंडस्ट्री में इतना नेचुरल कौन कर सकता है?" स्मिता गंभीर हो गई। "मैं मजाक नहीं कर रही। प्लीज बताओ और उस एक्स्ट्रा आर्टिस्ट से भी मिलवाओ। मैं उसे गले लगाना चाहती हूँ।" दादा और भैरवी दोनों चौंके! "क्या कह रही हैं आप?" "मैं सच कह रही हूँ। मैं तो उसी वक्त शूट छोड़ निकल गई, जब घर से फोन आया। माँ सीरियस थी। रात भर उनके साथ हॉस्पिटल रही। दूसरे दिन अमेरिका चली गई...। जाते-जाते तुझे मैसेज भी डाला।" यूनिट के सारे लोग हक्के-बक्के रह गए। भैरवी ने मैसेज बॉक्स देखा—स्मिता सही थी। तो फिर 'वह कौन थी?' जिसने इतना नेचुरल प्ले किया?

पूरी रात किसी को नींद न आई। आखिर वह कौन थी? सुब्ह-सबेरे फोन

की घंटी बजी। अलसाई आँखों से भैरवी ने रिसीवर उठाया। उधर दादा थे, "हैलो, मैं बनर्जी बोल रहा हूँ। भैरवी, जल्दी पेपर देखो। जिस लड़की पर हम रेप शूट कर रहे थे, वह कोई आर्टिस्ट नहीं थी। सचमुच उसके पीछे गुंडे लगे थे। वह भाग रही थी। जब सामने आकर गिरी तो मैंने उसे स्मिता समझ कैमरा चार्ज कर दिया। बाबा रे बाबा, ये क्या हो गया... ?" और उधर से दादा की सिसकियाँ आने लगीं। भैरवी ने काँपती हाथों से न्यूज पेपर उठाया, घटना सच थी। दरअसल कई दिनों के बाद उस औरत की डेड बॉडी मिली थी। पुलिस ने गुत्थियाँ सुलझाईं—फ्लैट में काम करनेवाली बाई थी वह। उस दिन काम से लौट रही थी, तभी भेड़ियों ने उस पर झपट्टा मारा। वह जान बचाकर भागी। उसी जगह गिरी, जहाँ शूटिंग चल रही थी। वह चीखती रही, मदद की भीख माँगती रही और शूट चलता रहा... ! ओफ्...भैरवी का मन भारी हो गया। लगा कि उससे कोई भारी अपराध हो गया। बुझे मन से स्मिता के घर पहुँचा। सबकुछ बता दिया। स्मिता रोने लगी। न्यूज पेपर उस अबला की लुटती अस्मत की गवाही दे रहा था। भैरवी बोला, "मैडम, अब मुंबई छोड़ रहा हूँ। आज निकल जाऊँगा।" स्मिता बोली, "इसमें तेरा क्या कसूर ?" भैरवी बोला, "कसूर है न! मैंने एक अबला के आँसू बेचे, उसकी तड़प बेची और..." भैरवी बच्चों की तरह बिलख-बिलखकर रोने लगा। "काश, मैं आँसुओं के फर्क को समझ पाता!" स्मिता समझाते हुए बोली, "भैरवी, इमोशनल न बनो, सामने तुम्हारा कॅरियर है, बड़ी मुश्किल से एक हिट फिल्म का सेहरा तेरे सिर बँधा है।" "नहीं मैडम, अब चलता हूँ, घंटे भर बाद ट्रेन है। आप नहीं जानतीं, मेरी पत्नी भी एक छोटी नौकरी करती है और उसे भी घर लौटने में देर हो जाती है। और...और, अब तो मुनिया भी स्कूल जाने लगी है।" फिर भैरवी झटके से निकल गया। स्मिता की तरफ पलटकर नहीं देखा।

□

लिफ्टवाली लड़की

आज वो फिर मिल गया। पिछले तीन दिनों से लगातार टकरा रहा था। गेट नंबर सात की लिफ्ट में साथ खड़ा था और घूरे जा रहा था। उसके नथुनों से निकली हवा का एहसास साफ-साफ हो रहा था। पाँचवाँ तल्ला आते ही लता लिफ्ट से निकल गई। सुबहवाली शिफ्ट में अक्सर लिफ्टमैन लेट पहुँचते हैं। तब लिफ्ट खुद चलाकर जाना पड़ता है। गगनचुंबी इमारतें प्राय: लिफ्ट से ही चढ़ी-उतरी जाती हैं। गरचे कभी सीढ़ियाँ चढ़ने की नौबत आई तो हो गई छुट्टी! बैठकर बीस मिनट हाँफते रहो। तब जाकर साँसें सामान्य होती हैं और कंप्यूटर का स्क्रीन सूझता है। सो लिफ्ट पर लाइन लगी रहती है। यद्यपि लता आज लिफ्ट से ही आई थी, लेकिन थकी-थकी लग रही थी। श्रेया ने पूछा भी, लेकिन टाल गई। फिर खुद को सामान्य करने की कोशिश की। यह महज संयोग था या वह जानबूझकर पीछा कर रहा था? बार-बार उसका खुरदरा चेहरा सामने आ जाता। कैसे निर्लज्ज और बेहया की तरह ताक रहा था! हॉरर फिल्मों के विलेन की तरह फूहड़ से कपड़े, बिखरे बाल और भैंगी आँखें...! जब बेल बजी तो खुद में लौटी और फाइल लिये केबिन की तरफ बढ़ गई। लता यहाँ दो साल से काम कर रही थी। अपने सेक्शन की इंचार्ज भी थी। छरहरी दूधिया काया, बड़ी सी आँखें, कमान-सी तनी भौंहें, पतले होंठ व मिलनसार स्वभाव, ऑफिस में सबकी चहेती थी लता। धाराप्रवाह अंग्रेजी बोलती। टाइम मैनेजमेंट में महारत हासिल थी। सीट सँभालते ही 'गुड मॉर्निंग' की झड़ी लग जाती। हर युवा सहकर्मी किसी-न-किसी बहाने दो शब्द बोल-बतिया लेना चाहता था। सुबह-सबेरे जब मोबाइल खोलती तो फेसबुक पर लाइक व कमेंट्स की बारिश हुई मिलती। व्हाट्सएप शुभकामनाओं से भरे रहते। मैसेंजर बॉक्स में जब बाढ़ आने लगी तो मजबूरन बंद करना पड़ा। बावजूद अपनी मर्यादा व सीमाओं का भलीभाँति ध्यान रखती। ना काहू से दोस्ती, ना काहू से बैर!

एक सेफ डिस्टेंस मेंटेन रहता। लेकिन आज तो कुछ अजीब सी फीलिंग हो रही थी। जैसे-तैसे दिन बीता। गनीमत रही कि शाम को वह न मिला। ऑटो पकड़ा और घर निकल गई।

आज फिर मॉर्निंग शिफ्ट में ड्यूटी थी। बंद गले का ब्लाउज और हरे रंग की साड़ी में सौंदर्य निखर आया था। दस मिनट देर होने से सीधे लिफ्ट की तरफ भागी। लेकिन यह क्या... ? वह भी वहीं खड़ा था... ! अब लता का अनुमान यकीन में बदलने लगा कि यह जरूर पीछा कर रहा है। सोचा, लिफ्ट छोड़ सीढ़ियों से निकल जाए। लेकिन यह आसान न था। सो हिम्मत कर लिफ्ट में दाखिल हुई। उसने फिर घूरना शुरू कर दिया। इस बार तो मुस्कराया भी। लता की हिम्मत न हुई कि उसकी तरफ देखे। जब नजरें उठाईं तो पाँचवाँ तल्ला आ चुका था। वह वैसे ही घूरे जा रहा था। झटके से निकली और लगभग भागती हुई अपने केबिन में दाखिल हो गई। आज तो पस्त ही पड़ गई। हिम्मत न हुई कि कोई काम करे। बुझे मन से कंप्यूटर खोला और मेल चेक करने लगी। लगा कि स्क्रीन पर वही फोकस हो रहा है। वह जबरन जेहन में घुसे जा रहा था। आज कैसी भद्दी तरह मुस्कराया था। पीले-से दाँत देखकर उबकाई आ गई थी। फिर उसने खुद को टटोला। वह इतनी कमजोर भी तो नहीं कि ऐरे-गैरे से डर जाए! मुट्ठियाँ भिंचने लगी। साँसों की रफ्तार तेज हो गई और उससे निबटने के तरीकों पर विचार करने लगी—'मम्मी ठीक कहती हैं, ऐसे गुंडे-मवालियों से बचने के लिए लड़कियों को कुछ जरूरी एहतियात बरतनी ही चाहिए। अच्छा रहेगा, पार्ट टाइम में जूडो-कराटे सीख लूँ। तब तक जूड़े में नुकीला-लंबा काँटा रखना चाहिए। हैंड बैग में सूखी मिर्च का पाउडर भी कारगर होगा... !' उधर केबिन से लगातार बेल बजने की आवाज आ रही थी। जब आयुषी आकर बोली, तब उसे अपनी भूल का एहसास हुआ। सरपट भागी। बॉस बोले, "देखो, हेड क्वार्टर से कुछ डायरेक्शन आए हैं, इनको डाउन द लाइन फॉलोअप के लिए भेज दो।" लता जाने लगी। "और सुनो, कुछ दिन से देख रहा हूँ कि तुम अजीब सा बिहेव कर रही हो। कुछ डरी-सहमी सी रहती हो ?" लता का मन किया, सबकुछ बता दे, लेकिन 'ऐसी कोई बात नहीं है सर', कहकर केबिन से निकल गई। आज वह लंच भी न की। सिरदर्द का बहाना कर बैठी रही। श्रेया, आयुषी व मानसी ने बुलाया भी, लेकिन नहीं गई। लंच के बाद श्रेया पेन ड्राइव में कोई मैटर लेकर आई। लता आँखें बंद किए कुछ सोच रही थी। कंप्यूटर का स्क्रीन खुला हुआ था। कुछ नेट सर्च किया गया था। सामने जो सब्जेक्ट दिखा, वह सोचने पर मजबूर

कर रहा था। लिखा था—'लड़कियों के आत्म-रक्षार्थ उठाए जानेवाले कदम!' श्रेया पढ़ती रही। कहीं लता के साथ कोई बात तो नहीं हो गई? कई दिन से खोई-खोई सी रहती है। हो-न-हो, जरूर कोई बात है। फिर वह लड़कियों के केबिन की तरफ भागी और जाकर सबकुछ बता दिया।

"देखो लता, हम तुम्हारे भले के लिए कह रहे हैं। अगर कुछ बात हो तो हमें बता दो। हम मिल-जुलकर उसका सॉल्यूशन ढूँढ़ेंगे।" लता चुप रही।

"मम्मी-पापा से शेयर किया क्या? मेरी मानो, कम-से-कम मम्मी को तो बता ही दो। देर होने से चूक हो सकती है। हम देख रहे हैं, इधर तू काफी अपसेट लग रही है। चेहरा मुरझाया-सा रहता है। सभी मन-ही-मन अनुमान लगा रहे हैं। देखो, इससे पहले कि पानी नाक से ऊपर गुजरे, खुद को डूबने से बचा लो।" श्रेया कंधे पर हाथ रखती हुई बोली। कमजोर नस जब दब जाती है तो इंसान टूटने लगता है। लता भी टूट गई। देर तक सुबुकती रही, फिर हफ्ते भर से हो रही लिफ्ट की तमाम बातें बताती चली गई। सुनकर लड़कियाँ आवेश में आ गईं, "उसकी यह मजाल कि तेरी जैसी लड़की को छेड़े!" "नहीं, अभी छेड़ा नहीं है उसने, सिर्फ घूरता है।" लता बात काटते हुए बोली। "तो उसके छेड़ने का इंतजार कर रही हो? बिल्कुल भोली हो तुम। यहाँ ऐसे ही होता है। आज घूर रहा था। कल हाथ पकड़ेगा। परसों...नहीं, नहीं, अब इंतजार करने का मतलब खतरे को बुलावा देना है।" सारी लड़कियाँ इस बात पर सहमत हो गईं। "चलो, आज ही मिलते हैं उस गुंडे-मवाली से।" कुरते की बाँह चढ़ाती आयुषी बोली। "तुम चलो ना, उसे भी पता चल जाएगा कि आयुषी जैसी लड़की के थप्पड़ में कितना वजन होता है? आखिर, मेरा मार्शल आर्ट किस दिन काम आएगा?" लता को लगा, उसका भय कम हो रहा है। शाम को सारी लड़कियाँ साथ उतरीं। लिफ्ट में इन चार के सिवाय कोई और न आया। वह भी नजर न आया। श्रेया श्रेय लेते हुए बोली, "देखा न, यूनिटी इज स्ट्रेंथ। डरकर भाग गया कमबख्त! अब फिर कभी सामने न आएगा।" अलबत्ता सभी लड़कियों ने अपने बोनस व इंसेंटिव के पेपर्स फॉरवर्ड करने हेतु लता को राजी भी कर लिया।

दूसरे दिन लड़कियों की शिफ्ट बदल गई। लता की मॉर्निंग शिफ्ट ही रही। आज बड़ी खुश थी। गुनगुनाती हुई लिफ्ट तक पहुँची। लेकिन...वह तो पहले से हाजिर था। लता को लगा, आज यह जरूर गड़बड़ करेगा। तुरंत मुड़ी और सीढ़ियाँ चढ़ने लगी। पाँचवीं मंजिल आते-आते साँसें उखड़ गईं। रोना आ गया। धम्म से सीट पर गिर गई। कुछ देर तक सुबुकती रही। जब सामान्य हुई तो देखा कि कलीग्स

घेरा बनाए खड़े हैं। किशोर ने कहा, "इतनी बड़ी घटना हो गई और आपने हमें कुछ न बताया? रात आयुषी से पता चला।" वैभव बाँह चढ़ाते हुए बोले, "हड्डियाँ तोड़ दूँगा मैं। जब से श्रेया ने बताया है, मेरा खून खौल रहा है। बताइए किधर रहता है वह?" बाँकेलाल पीछे न रहे, "मैडम, आपको अपने मोबाइल से उस मरदूद का फोटो ले लेना चाहिए।" लता मासूम बच्ची-सी सबकी हाँ-में-हाँ मिलाती रही। लंच का समय आते-आते बाकी लड़कियाँ भी आ गईं। आज कोई काम न हुआ। सभी नारी-सुरक्षा पर बहस करते रहे। फिर बंद कमरे में गुप्त मंत्रणा हुई। जब कमरा खुला तो चेहरों पर जोश हलकारे मार रहा था।

तीसरे दिन बंदा जैसे ही रडार पर आया, श्रेया ने फोन कर सबको बुला लिया। अच्छी मार पड़ी। चेहरा लहूलुहान हो गया। कुरता फट गया। मार्शल आर्ट और बॉक्सिंग के तमाम नमूने आजमा लिये गए। सिक्योरिटीवालों को सौंपते हुए किशोर ने विस्तार से सारी घटना बता दी। बाँकेलाल बोले, "हमें कानून हाथ में लेने की इजाजत नहीं है, वरना ऐसे व्यभिचारियों की आँखें निकाल लेते!"

सबकुछ सामान्य हो गया। लता आराम से आने-जाने लगी। अब वह नजर ही न आता। सभी अपने-अपने तरीके से अपनी बहादुरी का बखान करते रहे। लड़कियों के बोनस व इंसेंटिव के पेपर्स पास हो गए। कोई पंद्रह दिन गुजरे होंगे, जब काँपती काया लिये एक बूढ़ी औरत ने ऑफिस में प्रवेश किया। आकर धम्म से फर्श पर बैठ गई। सामने श्रेया को देखकर बोली, "बाबू, मुझे लता मैम से मिलना है।" सबका ध्यान बूढ़ी औरत की तरफ गया। सभी अपनी सीटें छोड़ आ गए। लता भी आई। बोली, "क्या काम है बूढ़ी माँ, मैं ही लता हूँ।" सुनते ही बुढ़िया ने लता के पैर पकड़ लिये और रोते हुए बोली, "मेम साहब, मेरे बेटे का इंट्री पास दिलवा दीजिए। वो सिक्योरिटीवाले नहीं दे रहे हैं। उन्हीं के कहे पर आप तक आई हूँ। भगवान् तुम्हारा भला करेंगे बेटी! इस गरीब पर रहम करो।" फिर हाथ जोड़ रोती रही। किसी को कुछ समझ में नहीं आया। सो लता ने फिर पूछा, "माँ, आप किस इंट्री पास की बात कह रही हो, हमें कुछ समझ में नहीं आ रहा।" बुढ़िया सिसकते हुए बोली, "उस दिन ललन का पास सिक्योरिटीवालों ने छीन लिया। ललन मेरा बेटा है। उसके पिता उसी ऑफिस में सफाईकर्मी थे। नौकरी में ही मर गए। उन्हीं की जगह ललन आता है। अभी डेली पर है। बाबू बोले हैं कि आगे असालतन हो जाएगा। अरे वही ललन, जिसे लिफ्ट से खींचकर कुछ लोगों ने बड़ी मारा। वह भी तो आया है। डर के मारे नहीं आ रहा है। मैं लाती हूँ उसे...!" फिर बुढ़िया बाहर

गई और ललन को लाई। देखकर सभी सन्न रह गए। यह तो वही था, जिसने लता का जीना हराम कर दिया था। एक बार फिर सबकी मुट्ठियाँ भिंच गईं। बाँके बोले, "लेकिन तेरा बेटा तो गुंडा-मवाली है। हम इसे कतई माफ नहीं करेंगे। लिफ्ट चलती लड़कियों को घूरता है।" "काहे को घूरता है, इसकी तो आँखें ही ऐसी हैं। विश्वास न हो तो खुद देख लो।" बिना देर किए बूढ़ी ने बेटे की आँखें फैला दीं। उफ्फ...आँखें कुदरती न थीं। वो पत्थर की थीं।

"माफ करना बेटी, पत्थर की आँखें क्या जानें, सामने कौन है?" सबने देखा, ललन की एक आँख पत्थर की थी, जो अब भी वैसे ही घूरे जा रही थी। बुढ़िया फिर बोली, "बचपन में चेचक का शिकार हो गया था। जान तो बच गई, लेकिन दाहिनी आँख चली गई। बड़ी मुश्किल से पाई-पाई जोड़कर इसे लगवाया है।" बुढ़िया रोती रही। ललन वैसे ही खड़ा रहा। समय रुक-सा गया। लगा कि धरती डोल रही है। आसमान भागता हुआ नीचे आ रहा है। लता को लकवा मार गया। आँखें सबकी भर आईं। कुछ देर बाद बूढ़ी उठी, ललन की बाँह पकड़ी और कमरे से निकल गई!

घटना को गुजरे साल होने को आया। लता जब भी लिफ्ट से आती है, निगाहें ललन को ढूँढ़ती रहती हैं। लेकिन वह फिर कभी दिखाई न दिया। उस दिन अचानक दिख गया। भारी बोझ लिये सीढ़ियाँ चढ़ रहा था। लता से रहा न गया। पीछे भागी। पास जाकर बोली, "ललन! इतना बोझ लिये सातवीं मंजिल तक कैसे जाओगे?" वह बिना मुड़े बोला, "मेम साब, मैं तो रोज इन्हीं सीढ़ियों से जाता हूँ।" "लिफ्ट से क्यों न चले जाते?" आगे बढ़ लता राह रोकती खड़ी हो गई। "नहीं, मेम साब, माँ ने कसम दी है। मुझे कभी लिफ्ट में नहीं चढ़ना।" फिर वह किनारे से ऊपर चढ़ता चला गया। लता हिम्मत न कर सकी साथ चढ़ने की। भारी मन से धीरे-धीरे उतरने लगी। मुड़कर देखा, वह आँखों से ओझल हो चुका था...!

□

सियाबर सिपाही

"रे, आज दसे बजे से देख रहे हैं, तू हरदम बेसाइडे हाँकता है? हट, सवारी के जाए दे।" रिक्शेवाले ने 'जय बजरंगबली' बोला और सलामी ठोक दी। सियाबर को सबकुछ मिल गया। हँसते हुए बोले, "रे जिला-जवारी, देसे गया कि ना?" "अब का जाएँ हुकुम, जब से गली-गली बैटरीवाला टेंपू मेंड़रियाने लगा, पेट पर आफत आ गया। लोग पलट के न ताकते। सगरी दिन खींचो, फिर भी डेढ़-दु सौ न बचता है। ऊपर से सत्तर जमाकराई, पैडिल-पंचर अपने कपारे। एइमे खाए का, बचाए का? भोरे-भोरे मालिक मटिया तेल व मोबिल की शीशी थमा देता है—खींचो कमानी अउर चमकाओ रिक्शा। चलता हूँ मालिक, सामने दूगो आदमी खड़ा है, शायद टेशन जाएगा।"

"ससुर औकात से बेसी काहे लादता है? नाड़ी दुहा जायी रे ठेला, सुना न, का कह रहे हैं? कबो ओवरलोडिंग का हेभी दफा लगा चालान काट देंगे।" सियाबर पलटकर चिल्लाए। "भूत-पिसाच निकट नहिं आवै, महावीर जब नाम सुनावै...!" ठेलेवाले ने सुमरा तो सियाबर खुश हो बोले, "ठीक है, जा...जा, बाकी देह-दशा पर धेयान दे। ससुर, दुबरा के तरोई हो गया है।"

सोमारी मियाँ सगड़ लिये आए। मोतियाबिंद की मारी आँखें कम ही देख पाती हैं। ई खानदानी लछमिनिया घोड़ी ही थी, जो पार लगा रही थी। जानती थी कि परिवार का पेट उसकी पीठ पर पलता है, सो सारा दिन सरकती रहती। सोमारी सलाम बजा बोले, "बाबा-पीर के सलाना जलसा में सूफियाना कव्वाली है, चलेंगे हुकुम?" सियाबर को मुँहमाँगी मुराद मिल गई। अरसा बाद रूही गिजा मिल रही थी। कीर्तन-कव्वाली कभी नागा न हुए। रात-रात भर जाग के देखते। बढ़िया झलवहिया भी थे। आखर धर लेते तो आखिर तक बेताल न होते। गला भी गजब का था। मानस की चौपाई व हनुमान चालीसा

पर महारत हासिल थी। धीरे से बोले, "मियाँ, अबकी गच्चा न देना। गुजरे साल गोटी बिचला दिया था।"

सियाबर का तो सारा संसार अपना था। बाकी अदावत दो जन से खुल्लम-खुल्ला थी। एक—लहेरिया काट बाइकर्स। ई लहेरिया पकड़ा जाए तो छठी का दूध याद करा देते। तीन दिन पहले तीन गोड़ा को तीन-तीन सौ उठा-बैठक कराए। बच्चू नाक रगड़ माफी माँगे, कान पकड़, काली माई की किरिया खाए, तब जाके छुटकारा मिला। लोग खूब हँसे, "ठीक से नाड़ सूखा भी ना कि छव-छेदा जींस पहिन हवा में उधियाने लगे। अब अउर चलो नगिनिया चाल... !" दूसरा पीरू पनहेरी था। इ कबो भाव न दिया। रेट एकदम टाइट लेता। पाँच का पान चार में काहे दे? बस डिंठ पर चढ़ा हुआ था। सियाबर सैकड़ों तोख-परतोख देते, कई चौक-चौराहे का रेट बताते, बाकी बंदा टस-से-मस न होता। झमक के बोलता, "हुँह, खाएँगे भर दिन में एक खिली, दु बार सुपारी माँगेंगे, कबो सेंका चाहिए, कबो चिती चाहिए, लवंग, इलायची ऊपर से। तीन बार चूना लेंगे, तवना पर दुनिया भर के लेक्चर झाड़ेंगे... ! बीड़ा-का-बीड़ा पान जब बड़े-बड़े हाकिमों को सप्लाई जाता है, तऽ सियाबर कवन खेत की मूली! बस इसी बात पर ठनी रहती। सियाबर ने भी गाँठ बाँध ली थी, "बाबू, जे दिन फोटर पर चढ़ गए, ओ दिन आटे-दाल का भाव मालूम करवा दूँगा। गरमिंटी जमीन पर दुकान डाले सियाबर सिपाही से सीना-तानी... ?" बावजूद पीरू पनहेरी रेट न घटाया। मर मिसमिसा के पंच टकिया हवाले करना ही पड़ता। गिरते-पड़ते दिन गुजर रहे थे!

आठ बजे तक सोया शहर दस बजते-बजते ऐसे भागने लगता है, जैसे सिधवलिया मिल में गन्ना गिरा भुखाइल बैल घर भागते हैं। आज भयंकर जाम लगा था। सियाबर को बड़ी मशक्कत करनी पड़ी। जब ट्रैफिक सामान्य हुआ तो इत्मीनान की साँस ली। फिर पीरू के पास आए, "भयवा, बढ़िया पान खिलाओ। तनि कत्था-चूना जम के लगाओ।" बंदा बिना देखे पान बनाता रहा। इसी बीच पीरू की बड़ी बेटी आसमाँ आई। पढ़ने में जहीन आसमाँ दरजा नौ की छात्रा थी। नातिया-कलाम पेश करती तो समाँ बँध जाता। बिना नागा अब्बू को खाना पहुँचाती, फिर स्कूल निकल जाती। सियाबर को आठ साल से यहाँ पान खाते देख रही थी। आज देखते ही 'चाचू! सलाम' बोली, फिर जाने लगी। सियाबर ने जाती आसमाँ को गौर से देखा—उसकी चुन्नी आज चलती रहती तो वह भी इस उमर को पा गई होती। उफ, पोलियो के मारे पैर कभी खड़े ही न हुए। मइया तो दगा दे ही गई, बेटी ने भी

कहाँ साथ निभाया! धत्, ऐसे कोई माझी बीच धार में पतवार फेंकता है! तनिक न सोची, 'बावला बाप किस किनारे लगेगा?' लोग बहुत समझाए, सियाबर शादी कर लो, दुपहरिया की झुलसी जिंदगी, तिजहरिया में छाँव पा जाएगी। आखिर थक-हार के आओगे तो कवने गाछ सुस्ताओगे? सियाबर टकटकी लगा ताकते रहते। ड्यूटी से बचा समय अब मंदिर-मठों पर बीतने लगा। पवनसुत-शरण में पहुँचे तो बोझिल जिंदगी हलकी होती लगी। पीरू ने पान बढ़ाया तो खुद में लौटे। देखा, आसमाँ कब की जा चुकी थी।

सियाबर के चले जाने के बाद पीरू ग्राहकों को इनके किस्से सुनाने लगा, "हजरत जब नया-नया बहाल हुए थे तो ड्यूटी का जोश दूना रहता। एक दिन कोई चोर पकड़ाया। बड़े बाबू ने थाने वास्ते चलता कर दिया। सियाबर ने साथ लिये चोर को देखा—"ससुर, देह में गिद्ध न अघाए और लमहर सेंधमारी में हाथ लगा दिए, अब जाओ दु साल के लिए।" मोड़ पर चोर ने सियाबर को सलामी मारी—"हुजूर, आखिर तऽ हमको भीतर जाना ही है, एगो लुखुत है मालिक—मैं बीड़ी पीता हूँ, आप तनिक इहें ठहरें, सामने दुकान से एक अठन्नी बीड़ी ले आता हूँ।" सियाबर दिमाग दौड़ाए—"हमको बुड़बक बुझता है का रे, तेरे जैसे तेरह को अंदर करवा चुके हैं। इहाँ खड़ा कराकर कहीं उधरे से पार हो गया तो?" चोर हाथ जोड़ चिरौंती किया—"हुजूर, चोर-सिपाही के धरम पर बट्टा न लगाऊँगा, कसम बजरंगबली की, बस गया और आया।" सियाबर खुश हो मुंडी हिलाए—"तऽ ऐसा कर, तू ही इहाँ खड़ा रह, पैसवा दे, हमीं ला देते हैं।" और सियाबर चल दिए। जब बीड़ी ले लौटे तो चोर नौ दु ग्यारह हो गया था। नतीजा, अच्छा न हुआ। सियाबर सस्पेंड हो गए। सेवा में स्याही लग गई। महकमे में यह घटना ढेर दिन तक कही-सुनी गई। दु साल बाद सस्पेंसन उठा।" दूसरी घटना सुनाते हुए पीरू ने चटकारा लिया—"बोर्ड परीक्षा में नकल करते एक लड़का-लड़की धराए। हाकिम का फरमान हुआ, इन्हें थाने ले जाओ। थाना थोड़ी दूर था और मोटर से जाना था, सो डर जैसी कोई बात न थी। फिर सियाबर भी मुस्तैद थे। चलती गाड़ी में लड़की रोने लगी—'ओह, अब तो हनुमानजी से विश्वास उठ गया। सुना था कि पवनसुत पार लगा देते हैं, इहाँ त मझधारे में नाव डूब गई। मइया सुनेगी तो जीते-जी मर जाएगी।' लड़की के छ-छ पांती आँसू सियाबर से देखे न गए। कोई हनुमानजी से विश्वास उठाए, ई कैसे हो सकता है! कुछ सोचे। फिर जाम में जैसे ही गाड़ी रुकी, उन्होंने लड़की को नीचे उतार दिया। आँखें बंद की और खुद में खो गए। गाड़ी जब थाने पहुँची तो देखा,

लड़का भी गायब था। दोहरी मार पड़ी। नतीजा, फिर बुरा हुआ। सियाबर दूसरी बार सस्पेंड हुए। अबकी तनि लंबा खींच गया। साथी सिपाही कहते—'सियाबर, तेरी सेवा में तो ललकी स्याही लग गई। अब का होगा? रिटायर करोगे तो फूटी पाई पिंसिल न मिलेगी।' बंदा हाथ उठा कहते—'संकट कटै मिटै सब पीरा, जो सुमिरे हनुमत बलबीरा... !' और मस्ती में यूँ रमे रहते, जैसे कुछ हुआ ही न हो। कई दंड-विधान के बाद सस्पेंसन उठा। सख्त चेतावनी दी गई। तब से ट्रैफिक ड्यूटी सँभाल रहे हैं। इन पर तो कोई असरे न हुआ—जैसे कोंहड़ा छानी पर, ओइसे कोंहड़ा भुँइया... !" पीरू ऐसे कह रहा था, जैसे सचित्र कथा पढ़ी जा रही हो। लोग खूब हँसे, कुछ ने सियाबर पर तरस भी खाया।

अचानक सरकारिया ऐलान हुआ। शहर में ट्रैफिक की बढ़ती समस्या पर सरकार ने कड़ी कार्रवाई की। सड़क के दोनों किनारे साफ होने लगे। साथ ही, साफ होने लगे छोटे-छोटे दुकानदार। हफ्ते-दिन के अंदर सड़क खाली करने का कानूनी नोटिस आ गया। अब कोई गुंजाइश न बची। ढर्रे पर चलती जिंदगी ब्रेक लगने से तिलमिला गई। दो दिन और रह गए थे। सियाबर मूँछों पर ताव देते पान खाने चले। सोच रहे थे, आज पहाड़ के नीचे आए ऊँट को करीब से देखेंगे। फिर पूछेंगे कि अब क्या होगा बबुआ? जब पास पहुँचे तो देखा कि पीरू ने आधी दुकान हटा ली थी। बुझा चेहरा बहुत कुछ बयाँ कर रहा था। सियाबर को देखा तो नजरें नीची कर ली। इसी बीच आसमाँ आ गई। खाने का टिफिन रखते हुए बोली, "अब्बू, मैथ-साइंस के टीचर रिटायर हो चले गए। कहें तो ट्यूशन ले लूँ! जब तक नए सर आएँगे, तब तक बोर्ड एक्जाम निकल चुका होगा। अच्छे मार्क्स के लिए यह जरूरी है। क्या कहते हैं?" पीरू ने कातर नजरों से बेटी को देखा, "रहने दे आसमाँ, अब ये न हो सकेगा। कल तक पूरी दुकान उठ जाएगी। दुकान उठने के साथ जिंदगी के मायने भी उठ जाएँगे। इतने बड़े परिवार के साथ तुम्हरे ट्यूशन का बोझ लड़खड़ाते कंधे शायद न उठा पाएँ!" आसमाँ ने देखा कि अब्बू पलकों पर आए आँसुओं के बोझ को सँभालने की कोशिश कर रहे थे। फिर वो रुकी नहीं। सियाबर ने जा रही आसमाँ के खामोश पैरों को देखा, रहा न गया, सो उधर ही चल दिए। आज पान नहीं खाया।

छह माह बीते। ईद आई, ढेर सारी खुशियाँ लाई। अखबारों ने अपने मुख पृष्ठ पर खबर छापी—'पीरू पनहेरी की बेटी जिला टॉपर बनी!' दूसरी खबर सुर्खियाँ तो न बनी, अलबत्ता रिक्शा व ठेलेवालों को उदास जरूर कर गई।

सोमारी मियाँ सगड़वाले की तो कमर ही टूट गई। खबर आई कि सियाबर सिपाही बरखास्त हो गए। हाशिए पर हँसी जाती जिंदगी के जज्बातों को जमीं कहाँ मयस्सर होती है भाई!

उस दिन आसमाँ के स्कूल में उत्सवी माहौल था। बतौर मुख्य अतिथि जिला कप्तान पधारे थे। टॉपर्स इन्हीं के हाथों इनाम पानेवाले थे। बारी-बारी से बच्चे बुलाए जाने लगे। आसमाँ की बारी आई तो लोगों ने आसमान सिर पर उठा लिया। लगातार तालियाँ बजती रहीं। कैमरों के फ्लैश चमके। मंच पर जाने से पहले ही तमाम हाजरिने मजलिश खड़े हो गए। पीरू पनहेरी की बेटी आज महफिल की शान थी। गले में मेडल डाले जाने से पहले ही आसमाँ ने रोक दिया। फिर मुख्य अतिथि का हाथ पकड़ रोने लगी। सभी अवाक् रह गए। आसमाँ बोली, "सर, मैंने सुना है, आप जिले के सबसे बड़े अधिकारी हैं। मेडल की जगह मुझे कुछ और दे दीजिए। मैं दामन फैलाकर अपने चाचू की नौकरी वापस माँगती हूँ।" और सचमुच उसने दामन फैला दिया। साहब सन्न रह गए, "बेटी, तू किस चाचू की बात कर रही है?" "जी, सियाबर सिपाही। आज जो मेडल आप मेरे गले में डाल रहे हैं, इस मेडल के वास्ते चाचू ने अपनी नौकरी निछावर कर दी। साबजी, उनका इस धरती पर कोई नहीं है। वो परम भक्त हनुमान हैं। मैं दीगर मजहब से आती हूँ। बावजूद उनके जानिब मैंने हनुमान चालीसा सीखी।" और आसमाँ बुक्का फाड़ रो पड़ी। चारों तरफ नीरव सन्नाटा छा गया। कप्तान साहब ने बड़ी मुश्किल से आसमाँ को चुप कराया। फिर विस्तार से घटना की जानकारी ली।

आसमाँ कहती गई, "उस दिन जब अब्बू ने ट्यूशन दिलाने से इनकार किया तो दौड़कर चाचू ने सरपरस्ती का हाथ रख दिया—'बेटी, हिम्मत से काम लो। हौसले बुलंद रखो। जहाँ चाहो, जो चाहो, पढ़ो। पैसे की कमी न होगी। तेरे अब्बू की दुकान भी न हटेगी।' मैंने पूछा—'ये कैसे होगा, सबकी तो हट रही है?' 'ये मुझ पर छोड़ दो।' और...सचमुच उन्होंने मेरी पढ़ाई खातिर अपना गला घोंट लिया। रपट भेज दी कि सड़क-किनारे सगरी दुकानें हट गई हैं, जबकि मेरे अब्बू की दुकान हटी न थी। अब्बू तो आज भी न जानते हैं कि ये सब उनका किया-धरा है! तीन महीने तक दुकान चलती रही। इस बीच एक्जाम भी निकल गया। बाद में किसी ने सच सामने ला दिया और चाचू... !" सिसकियाँ फिर बँध गईं। साहब लगभग चीख ही पड़े, "कहाँ है वो पापी पवनसुत भक्त?" "नहीं साहब, मैंने बहुत कोशिश की, कई जगह ढूँढ़ा, लेकिन कहीं पता न चला। एक दिन बड़ी बहन को छोड़ने स्टेशन

गई। अचानक चाचू दिख गए, वो हाथ में केतली लिये घूम-घूमकर चाय बेच रहे थे। शरीर सूखकर काँटा हो गया था। मैं चिल्लाई—'चाचू, चाचू...!' उन्होंने मुझे देख भी लिया, लेकिन रुके नहीं। मैंने बहुत खोजा, लेकिन दुबारा दिखाई न दिए। मुझे लगा, शायद वो मेरे सामने आना न चाहते थे, सो कहीं छुप गए। तब से रोज स्टेशन जाती हूँ, लेकिन चाचू का कहीं पता न चलता। बाद नमाज, रोज दुआ करती हूँ—मौला, चाचू से सिर्फ एक बार मिला दे, उनके एहसान तो लौटा नहीं सकती, कम-से-कम शुक्रिया तो अदा कर दूँ! ऐसे में इस मेडल का क्या मतलब रह जाता है?" अपनी बात कह आसमाँ कातर भाव साहब को ताकने लगी, जैसे कोई मासूम बच्ची अपनी फरियाद कर जवाब के इंतजार में मइया को ताकती है। साहब बोले, "बेटी, हमारे हाथ बहुत बड़े हैं। हम ढूँढ़ लेंगे तेरे चाचू को।" फिर उन्होंने अपना मोबाइल नंबर आसमाँ को दिया और गाड़ी की तरफ बढ़ गए।

सियाबर सिपाही को ढूँढ़ने की कोशिश जारी रही। बैरक, छावनी सब छान मारे गए, सियाबर न मिले। गाँव भी आदमी भेजे गए। वहाँ भी पता न चला। वक्त ने एक छोटी सी छलाँग भरी। फिर बसंती बयार बही। फिर होली आई।

आसमाँ का दाखिला जिले के बड़े स्कूल में हुआ। पीरू व दीगर दुकानदारों को सरकारी दुकानें मिल गईं। जिंदगी फिर ढर्रे पर चल पड़ी। आसमाँ को सरकारी साइकिल क्या मिली, पैरों में पंख लग गए। वजीफे अलग से मिले। आज भी वह अब्बू का टिफिन लिये आती है। चारों तरफ देखती है, फिर चाचू को ढूँढ़ती निगाहें उदासी लिये लौट जाती हैं। सियाबर की कुरबानी जान, पीरू पागल-सा हो गया। महज रुपया भर के लिए हुज्जत करनेवाला हमदर्द फरिश्ता अब आँखों से ओझल था।

रमजान के पच्चीस रोजे निकले तो शहर में चहल-पहल बढ़ गई। आसमाँ पहली बार रोजे रख रही थी। पीरू की बड़ी बेटी ईद मनाने आ रही थी। घर में दूनी खुशियाँ एक साथ आईं। बड़ी दुकान की बड़ी आमदनी ने हालात बदल दिए। नन्हे नमाजियों ने महँगे कपड़ों की फरमाइश कर रखी थी। बेटी-दामाद के लिए कपड़े पहले ही खरीदे जा चुके थे। रात नौ बजे की ट्रेन से उन्हें आना था। सभी घंटे भर पहले ही स्टेशन पहुँच गए। अम्मी बोली, "अजी सुनते हैं, दामाद जो पान खाते हैं, वो लाए हैं न?" पीरू ने मुस्कराते हुए पाँच बीड़े पान दिखाए। नियत समय पर ट्रेन आई। बेटी-दामाद उतरे। आसमाँ ने दौड़कर बहन की गोद से मुन्ने को ले लिया। बाहर सोमारी मियाँ सगड़ लिये खड़े थे। आज बंदे की बोहनी भी न हुई थी। पीरू

को देखा तो ललचाई नजर डाली, "भैया, बैठो न, जो बुझाए, सो दे देना।" आसमाँ दौड़कर सगड़ पर बैठ गई। फिर सभी बैठे। लछमिनिया चल पड़ी। रामनगर मुहल्ले से जब सगड़ गुजरा तो आसमाँ के कान खड़े हो गए। दूर मंदिर में हनुमानजी का कीर्तन हो रहा था। आवाज पहचानी-सी लगी। बेसब्री से बोली, "सोमारी चाचा, मंदिर की तरफ चलो।" सभी सकते में आ गए। सोमारी ने आसमाँ को देखा और मंदिर की तरफ सगड़ मोड़ ली। जैसे ही मंदिर पहुँचे, आसमाँ ने मुन्ने को बहन की गोद में डाला और मंदिर में घुस गई। सामने जो देखा तो आँखें विश्वास न कर पाईं। लेकिन ये सच था। उसने बिना देरी किए कप्तान साहब को फोन कर दिया। सियाबर सिपाही गाए जा रहे थे—

"श्रीगुरु चरन सरोज रज निज मन मुकुर सुधारि, बरनउ रघुबर बिमल जसु जो दायक फल चारि।"...लेकिन यह क्या, आवाज लड़खड़ा गई सियाबर की। जबरदस्त खाँसी उखड़ी। जर्जर शरीर ने साथ न दिया। मूर्च्छित हो गिर पड़े। आसमाँ ने आगे बढ़ माइक थाम लिया और गाने लगी—

"बुद्धिहीन तनु जानिके सुमिरौं पवन कुमार,
बल बुद्धि विद्या देहु मोहिं हरहु कलेस विकार।"

यह पहला अवसर था, जब दीनी मजलिस में नातिया-कलाम गानेवाली बेटी यहाँ सुरीली आवाज में हनुमान चालीसा गाए जा रही थी—

"जय हनुमान ज्ञान गुन सागर।
जय कपीस तिहुँ लोक उजागर॥

❑

और मनोरथ जो कोई लावै।
सोहि अमित जीवन फल पावै॥"

कोई आधे घंटे तक आसमाँ गाती रही। अब्बू, अम्मी और बड़ी बहन ने भी पीछे से स्वर भरना शुरू किया। मंगलवार होने के चलते मंदिर में लोग पहले से थे। सुरमई स्वर ने समाँ बाँधा तो बेतहाशा भीड़ आ गई। जन-समाज झूमने लगा। इसी बीच कप्तान साहब आए। लोग सन्न रह गए। आसमाँ ने आगे गाना शुरू किया—

"साधु संत के तुम रखवारे।
असुर निकंदन राम दुलारे॥"

कान में चौपाई के स्वर जाते ही सियाबर को होश आ गया। सामने जो देखा तो विश्वास न हुआ। बड़ी तन्मयता से कप्तान साहब कीर्तन सुन रहे थे। उधर

आसमाँ ने अंतिम चौपाई को ऊँचा स्वर देना शुरू किया—

पवनतनय संकट हरन मंगल मूरति रूप।
राम लखन सीता सहित हृदय बसहु सुर भूप॥

आसमाँ को लगा, कुछ अजीब सी कैफियत तारी हो रही है। पवनसुत के मुख खुल रहे हैं। उसमें ब्रह्मांड गोते लगा रहा है। स्वर टूटने लगा। रोजे से लरजा शरीर तार सप्तक में लगे सुर की ऊँचाई को झेल न सका। लड़खड़ाई और मूर्च्छित हो गई। इससे पहले कि आसमाँ जमीन पर गिरे, कप्तान साहब ने आगे बढ़ थाम लिया। एक बार फिर सभी सन्न रह गए। पानी के छींटे जब मुख पर पड़े तो आसमाँ ने आँखें खोलीं। देखा कि सियाबर चाचू रो रहे थे। कप्तान साहब की आँखें भी गंगा-जमुना हो गई थीं। कप्तान साहब बोले, "आज पहली बार हिंदुस्तान के सही स्वरूप को देख रहा हूँ। हिंदू-मुस्लिम को साथ आलाप भरते देख आह्लादित हूँ। मजहब के इस मायने को सैल्यूट करता हूँ।" फिर सियाबर से मुखातिब हो बोले, "लो, ये मेडल अपनी बिटिया के गले में डाल दो। इसे मेरे हाथ से पहनना गवारा नहीं था। बड़े जतन से सँभालकर रखा है।" सियाबर ने काँपते-काँपते मेडल गले में डाल दिया। आसमाँ बोली, "साहब, सिर्फ मेडल ही... !" "नहीं रे पगली, मैं तेरे चाचू की नौकरी भी साथ लाया हूँ।" "लेकिन हुजूर! मैंने तो भारी पाप किया है।" सियाबर बोले। कप्तान साहब सियाबर के कंधे पर हाथ रख बोले, "कुछ पाप नेकियों पर भी भारी पड़ जाते हैं। कल से ड्यूटी पर आ जाना।" और कप्तान साहब निकल गए।

आसमाँ ने जिद कर सियाबर को साथ ले लिया। सोमारी मियाँ ने सगड़ बढ़ाया। सभी साथ जा रहे थे। थकी आसमाँ को नींद आने लगी। अब कोई शिकवा भी नहीं था। अभी कोस भर जाना था। उसने चाचू की गोद में सिर रख दिया। लम्हे न लगे, बड़े आराम से सो गई। पीरू ने सियाबर की तरफ पान बढ़ाया। सियाबर बोले, "कहीं फिर तू उलटा-पुलटा रेट माँगने लगा तो मैं कहाँ से दूँगा? वैसे मेरे पास अभी अधेला भी नहीं है।" मइया ने पति के हाथ से पान छीन सियाबर के मुँह में डाल दिया। बंदे की बोलती बंद हो गई। सभी ने साथ ठहाके लगाए। उधर सोमारी मियाँ ने घोड़ी को पुचकारा। आज बूढ़ी लछमिनिया के पैरों में जवानी की फुरती समा गई। उसने सरपट भागना शुरू किया... !

□

हिंदुस्तान बैंड

कहने के लिए ये नयानगर स्टेशन था, लेकिन अंदर-बाहर सबकुछ पुराना ही था। हाँ, पटरियाँ जरूर बदल गई थीं। कुछ नई रेलें भी चलने लगी थीं। मुसाफिरों के बैठने की बेंच पिछले पंद्रह साल से न बदली थी। बाहर रामबली चायवाले की दुकान यथावत् पड़ी थी। मोहना मोची अब भी वहीं बैठता है। छोटा आदमी, लेकिन बड़ा विश्वासी। जूते ऐसे चमकाता कि चेहरा झलक जाता। हाथ की लकीरें देख भविष्य बतानेवाले बाबा ने अपनी जगह न बदली थी। पिंजड़े के तोते जरूर बदल गए, जो भाग्य बाँचनेवाले कागज निकालते थे। लिट्टी-चोखावाले परमेसर साव न रहे। अब उनका पोता दुकान सँभालता है। कभी यहाँ भारी भीड़ लगती थी। चीनी मिल के मय मुलाजिम बड़े चाव से खाते थे। चटनी-अचार के साथ स्वादिष्ट सत्तू खिलानेवाली बुढ़िया दादी की दुकान उठ गई थी। अलबत्ता पीपल, बरगद और नीम के तीनों दरख्त अरसा से जस-के-तस खड़े थे। उन पर पंछी व बंदरों का बसेरा मुसलसल कायम था। आम का दरख्त जरूर ठूँठ पड़ गया था। कभी इसी आम के नीचे नैना नटिन की महफिल जमती थी। अलसी के फूलों-सी बदनवाली नैना जब गाती तो मजमा लग जाता। लगता कि अमराइयों में कोयल ने तान छेड़ रखी हो। बारह बजे की लोकल जब लगती तो ढेर सारे पैसेंजर उतरते। यह समय निर्गुन का होता। 'के तोरा सँगवा में जाई रे भँवरवा...के तोरा सँगवा में जाई...' गीत पर आलाप भरती तो चलते कदम ठिठक जाते। नैना की माँ ढोलक बजाती। गीत खत्म होता तो आँचल फैला देती। चवन्नी, अठन्नी गिरने लगती। बहन के सुर-में-सुर मिलाकर गानेवाला चार साल का चुनुवा दौड़-दौड़कर सलामी बजाता और जमीन पर पड़े पैसों को उठा-उठाकर कटोरे में जमा करता।

आज मोती बाबू जब नयानगर उतरे तो जाकर उसी बेंच पर बैठ गए, जिस पर दशकों पहले बैठा करते थे। लंबी साँसें लीं और स्टेशन को जी भर निहारा।

सबकुछ साफ होने लगा। कभी वह भी बिना नागा इसी लोकल से उतरते थे। मिल के असालतन मुलाजिम थे। दो बजेवाली शिफ्ट में ड्यूटी पड़ती थी। हाथ में दो घंटे का समय रहता। कलेवा यहीं करते। नैना नटिन का गीत सुनते, अठन्नी देते और मिल की ओर बढ़ जाते। नैना के निर्गुन–पूरबी उन्हें खूब भाते। तब चीनी मिल इस इलाके की जान–प्राण होती थी। जिस साल गन्ना बढ़िया उतर जाता, लोग बेटी की शादी तय कर देते। चीनी मिल की चिमनियों से निकलता धुआँ सैकड़ों घर के चूल्हों को आबाद रखे हुए था। बाजार में खूब चहल–पहल रहती। सिलसिला चैत तक चलता रहता। लेकिन अब वो दिन न रहे। मिल बंद क्या हुई, मुलाजिम पाई–पाई को मोहताज हो गए। बाजार में मंदी छा गई। केन यूनियन के कर्मचारी केस लड़ते रहे। गन्ने की गरिमा गिर गई तो किसान की कमर टूट गई। मजदूर बेहाल हो गए। कामगारों का पलायन शुरू हो गया। अतीत याद कर मोती बाबू की आँखें भर आईं। ठूँठ पड़े आम के दरख्त को निहारा। नैना नजर न आई। पता नहीं चुनुवा कहाँ होगा? अब तो बड़ा हो गया होगा! लेकिन करता क्या होगा? ढेर सारे सवाल मगजमारी करने लगे। कितना लगाव हो गया था उससे! कितनी प्यारी बातें करता था! याद आया, उस दिन जब ड्यूटी से लौटे तो देखा, चुनु सुबुक–सुबुककर रो रहा था। वजह महज इतनी थी कि नैना की कमाई से चवन्नी चुराकर लेमनचूस खा लिया था। मइया ने खूब मारा था। मोतीबाबू ने प्यार जताया तो चुप हो गया। तब से काफी घुल–मिल गया। अब तो रोज–रोज की बात हो गई। मोती बाबू को देखते ही दौड़कर आ जाता, जल्दी–जल्दी चार गीत सुनाता और चवन्नी लपक लेता। इस बीच मोती बाबू की शिफ्ट बदल गई। सो चुनु से मुलाकात न हुई। तीन महीने बाद जाकर पहली शिफ्ट में लौटे। स्टेशन उतरते ही निगाहें चुन्नु को तलाशने लगीं। स्टेशन भरा–पूरा था, लेकिन न नैना नजर आई और न चवन्नी पर चार गीत गानेवाला चुनु ही मिला। कई खोमचेवालों से पूछा। कुछ पता न चला। तभी चनाचूर गरम बेचनेवाले बिगन बताया—"चुनुवा तो चला गया, बाबू!" "लेकिन गया कहाँ?" मोती बाबू ने उत्सुकतावश पूछा। "अब हम लोगों की तरह उसका कोई स्थायी ठौर–ठिकाना थोड़े है कि एक जगह जमे रहे। जब तक मन किया रहे, मन भरा तो चल दिए।" बिंदास बोल बिगन तो चला गया, लेकिन मोतीबाबू का मन उचाट हो गया। सोचने लगे कि आखिरी बार चुनु से कब मिले थे... ?

घर पर थे कि अचानक एक दिन खबर आई कि केन यूनियन ने केस जीत लिया है और मिल मालिक द्वारा मजदूरों का बकाया भुगतान किया जा रहा है।

सो मोतीबाबू ने भी भोरे-भोर नयानगर की लोकल पकड़ ली और मन-ही-मन हिसाब लगाने लगे। अगर तीन साल का भी बकाया मिल गया तो बेटी का ब्याह हो जाएगा। साइकिल, घड़ी, रेडियो और ऊपर से सोने की अँगूठी में दो हजार तो आराम से चले जाएँगे। नाच-बाजा सब अपने कपारे है। उस पर बेटेवाला कहता है कि ब्याह में हमें 'हिंदुस्तान बैंड' ही चाहिए। भाई, साफ-साफ कह देंगे कि यह बैंड हमारे बस-बूते की चीज नहीं है। हम कोई सेठ-साहूकार थोड़े हैं कि इतना महँगा बैंड का खर्चा उठा सकें! हुँह, जितने का बबुआ ना, उतने का झुनझुना! ई आफत कौन मोल ले? और जानबूझकर जिंदा मक्खी कोई क्यों निगले? तब यह अंग्रेजी बैंड शहर की शान व इलाके की इज्जत था। कलाकारों का सूट-बूट व साज-सामान देख आँखें चौंधिया जातीं। जिस बारात में यह बैंड चला जाता, उस बारात की रौनक बढ़ जाती। समधी की साख बढ़ जाती। समाज में धाक जम जाती। चार कोस से लोग देखने आते। सालों-साल चर्चा चलती रहती। मोती बाबू ने मन बना लिया, इस बार हाथ जोड़ के कहेंगे, 'समधीजी, मुझे तो इस हिंदुस्तान बैंड के झंझट से बरी ही कर दीजिए। इतनी औकात नहीं है मेरी।' गाड़ी चलती रही, बेटी के ब्याह का हिसाब-किताब साथ चलता रहा। मोतीबाबू ने अनुमान लगाया, कोई घंटे भर बाद नयानगर आ जाएगा। फिर सारी यादें ताजी हो जाएँगी। लेकिन अब वहाँ चुनुवा न होगा। याद आया। ऐसे ही एक बार केन यूनियन के बुलावे पर जब नयानगर जा रहे थे तो भोर का समय था। डब्बे में बहुत कम लोग थे। वे अखबार पढ़ रहे थे। तभी पिछले कंपार्टमेंट से किसी के गीत गाने की आवाज आई—'दाता एक राम, भिखारी सारी दुनिया!' स्वर सुना-सा लगा। आवाज नजदीक आने लगी। देखा, सामने हाथ में कटोरा लिये चुनुवा भजन गा पैसे माँग रहा था। देर न लगी, उसने भी मोतीबाबू को पहचान लिया। सलाम बजाया और एकटक ताकने लगा। मोतीबाबू ने गौर किया, कितना बदल गया था चुनुवा! आँखें धँस गई थीं। गाल में गड्ढे पड़ गए थे। पसलियाँ बाहर आ गई थीं। चहकता चेहरा मुरझाया हुआ था। फटे-पुराने कपड़े में चुनुवा को देख आँखें भीग गईं। पकड़कर पास बैठाया। देखा, बदन तवे-सा धीप रहा है। पूछे, "चुनु, तुझे तो तेज बुखार है। कोई दवा खाए या नहीं?" उसने न में सिर हिलाया। फिर सारा समाचार सुनाया, "मइया न रही। बहिन बहरना को भा गई। उसने चट मँगनी-पट ब्याह रचा लिया। बहन इसी शर्त पर राजी हुई कि बहनोई मुझे भी साथ रखेगा। एक कपड़ा व दो साँझ की रोटी जरूर देगा। लेकिन ब्याह के बारहवें दिन ही बहनोई बदल गया। मुझे बात-बात पर मारना-

पीटना शुरू कर दिया। बहन को गंदी-गंदी गालियाँ देता। तंग आकर मैंने उसका घर छोड़ दिया। चलने लगा तो बहन बहुते रोई। छुपाकर राह खर्च के लिए कुछ पैसे दी और बोली—चुनु, नयानगर वापस हो जाओ। भाग्य में बदा होगा तो कभी मिलने आऊँगी। तब से वहीं रहता हूँ। इस उम्मीद में कि बहन कभी तो आएगी। घूम-घूमकर गाता हूँ साहेब! चार पैसे जरूर मिल जाते हैं।" चुनुवा एक ही साँस में सबकुछ बयाँ कर गया। फिर पूछा, "लेकिन आप कहाँ जा रहे हो बाबूजी, मिल तो बंद हो गया?" मोतीबाबू बोले, "केन यूनियन की मीटिंग है। उसी में जा रहा हूँ।" उस दिन दोनों साथ ही उतरे। उसे दवा की दुकान पर ले गए। दवा दिलाई। भर पेट खाना खिलाया, कुछ पैसे दिए और अपनी हिफाजत करने की सलाह दी। फिर यूनियन की मीटिंग में चले गए। शायद उससे वही आखिरी मुलाकात थी। अतीत का अक्स आँखों में उतर चुका था। मोतीबाबू ने फिर एक बार भर नजर नयानगर को निहारा और बोझिल कदमों से मिल की तरफ बढ़ गए। रास्ते में अनुमान लगाते चल रहे थे, चुनुवा अगर जिंदा होगा तो गबरू जवान हो गया होगा। भगवान् करे, वह ठीक हो। पंद्रह साल गुजर गए और पता ही न चला। इस बीच दोनों बेटियाँ बड़ी हो गईं। बड़ी बेटी की शादी का सारा दारोमदार अब मिल से मिलनेवाले पैसों पर टिका था।

मिल पहुँचे तो घोर निराशा हाथ लगी। महज एक साल का बकाया मिला। यह तो ऊँट के मुँह में जीरे के समान था। इससे क्या होगा? कहीं बेटेवाला 'हिंदुस्तान बैंड' की जिद पर अड़ा रहा तो क्या करेंगे? उतनी भारी-भरकम रकम की भरपाई कहाँ से होगी? किसके पास हाथ पसारेंगे? बोझिल कदम वापस हो गए। जब घर पहुँचे तो एक पहर रात ढल चुकी थी। पत्नी प्रतीक्षा में थी। उस रात दो रोटी खाना मुश्किल हो गया। उठे और बिस्तर पकड़ लिया।

लाख गिड़गिड़ाने के बावजूद बेटे का बाप टस-से-मस न हुआ। साफ-साफ कह दिया, "अगर हिंदुस्तान बैंड नहीं तो बारात नहीं।" अब क्या करें, हारे जुआरी की तरह लौटे। पत्नी से परेशानी बताई। तय हुआ कि गोंएड़ का पाँच कट्ठा बेच ही दिया जाए। दस दिन बाद बारात आनेवाली थी। सो ग्राहक की तलाश कर ली गई और बयाने के तौर पर कुछ रकम ले ली गई। दूसरे दिन हिंदुस्तान बैंड का साटा करने शहर निकल गए।

मौलागंज कोई मामूली जगह नहीं थी। शहर का नामी मोहल्ला था। करीम भाई कव्वालीवाले, निजाम हुसैन नगाड़ेवाले, ताज अली ताशावाले और शान मियाँ

शहनाईवाले सब यहीं रहते थे। कलाकार, फनकार और शायरों से शहर भरा पड़ा था। नाका नंबर नौ से आगे बढ़े तो बैंडवालों के साइनबोर्ड दिखने लगे। बब्बन बैंड, पंजाब बैंड और राजधानी बैंड सब पार करते गए। एक बड़ी बिल्डिंग पर बड़ा सा बोर्ड लगा था—'हिंदुस्तान बैंड'। कदम वहीं रुक गए। फिर अंदर गए। अंदर का नजारा जो देखा तो आँखें चौंधिया गईं। इतना खूबसूरत तो मिल में मैनेजर का ऑफिस भी न था। शानदार सोफे और मखमली कालीन पर करीने से सजी हुई कुर्सियाँ। सामने मेज पर दो-दो टेलीफोन। सैकड़ों शील्ड व ट्रॉफियाँ हिंदुस्तान बैंड के चैंपियन होने की कहानी कह रहे थे। शादियों के शुभ मुहूर्त का महीना चल रहा था, सो ऑफिस में साटा करने आए लोगों की भारी भीड़ थी। मोती बाबू सोचने लगे कि कहीं उसी तारीख पर बैंड का साटा किसी ने पहले ही करा लिया होगा तो क्या होगा? असमंजस की स्थिति में निर्णय दूर भागने लगता है। लेकिन अब तो करो या मरो जैसी बात थी। सो हिम्मत कर आगे बढ़े और काउंटर पर बैठे स्टाफ से पूछा, "भाई, तेरह तारीख का साटा करना है। क्या खर्च आएगा?" सामनेवाला मुस्कराया और बोला, "माफ करेंगे साहब, हिंदुस्तान बैंड का साटा ही करना था तो छह माह पहले आना चाहिए। यहाँ तो अगले छह माह तक की सारी तारीखें बुक हो चुकी हैं। ऐसे में हम आपकी कोई सेवा नहीं कर सकते।" सुनकर चक्कर-सा आ गया। पास पड़े सोफे पर धम्म से बैठ गए और माथा पकड़ सोचने लगे—'अब बारात न आएगी। सब किए-कराए पर पानी फिर गया।' तभी काउंटर पर बैठे आदमी ने कहा, "साहब, आप कहें तो किसी दूसरे बैंड का बंदोबस्त कर देते हैं।" "नहीं बाबू, लड़केवाले को यही बैंड चाहिए, वरना बारात नहीं लाएगा।" अपनी मजबूरी बता मोती बाबू खामोश हो गए। इसी बीच सूटेड-बूटेड एक नौजवान ने ऑफिस में प्रवेश किया। आँखों पर कीमती गॉगल्स, गले में सोने का सीकड़ और उँगली में कई तरह की कीमती अँगूठियाँ उसके विशिष्ट होने का बोध करा रही थीं। उसे देखते ही सारा स्टाफ खड़ा हो गया। बैठते ही नौजवान की नजर सिर झुकाए मोती बाबू पर पड़ी। गॉगल्स उतारते हुए पूछा, "ये साहब यहाँ यूँ उदास क्यों बैठे हैं?" काउंटर स्टाफ बोला, "जी, बेटी की शादी के लिए बैंड का साटा करने आए थे। उस दिन अपनी बुकिंग हो चुकी है। लड़केवाले इसी बैंड की जिद किए हैं। कहते हैं कि अब बारात न आएगी।" "ऐसे कैसे न बारात आएगी? अव्वल तो बैंड-बाजा बाँधने का काम बेटेवाले का होता है। अपने खाते का काम आपके माथे मढ़ बोलता है कि बारात नहीं आएगी? आप सरकार में नालिश क्यों नहीं कर देते? हजरत के

होश ठिकाने लग जाएँगे।" "काश, हम ऐसा कर पाते।" मोती बाबू ने सिर उठाया, "बेटी का बाप कितना कमजोर होता है, यह किससे छिपा है?" नौजवान ने गौर किया। चेहरा पहचाना-सा लगा। फिर अपनी जगह से उठा और आकर मोती बाबू के बगल में बैठ गया। अपनी याददाश्त पर जोर देने लगा। धुंध के बादल छँटने लगे। अचानक उछलकर खड़ा हुआ और मोती बाबू के पैरों में लोट गया। मोती बाबू ही नहीं, सभी हतप्रभ रह गए। नौजवान बच्चों-सा बिलख-बिलखकर बोला, "बाबूजी, पहचाना आपने? मैं चुनुवा हूँ। वही चुनुवा, जो आपसे चार गीत के लिए पूरी एक चवन्नी लेता था। जिसकी दवा करा जान बचाई आपने। लेकिन अब आप उदास न हों। बारात आएगी और खूब धूमधाम से आएगी। मेरी बहन की ऐसी शादी होगी कि जमाना याद रखेगा। भगवान् का लाख-लाख शुक्र कि उसने आपसे मिला दिया। एक क्या दर्जनों बैंड जाएँगे। चुनुवा गीत भी गाएगा और बहन की डोली में कंधा भी लगाएगा।" मोती बाबू की आँखें गंगा-जमना हो गईं। चुन्नु को उठाकर गले लगा लिया और बोले, "मुझे क्या मालूम कि जिस बैंड के नाम से पिछले महीने भर से मेरे पसीने छूट रहे थे, उसके आप इतने बड़े कलाकार हो!" "नहीं बाबूजी, कलाकार ही नहीं, आपका चुनुवा इस बैंड का प्रोपराइटर भी है। ये जो कुछ भी देख रहे हैं, सब आपके चुनुवा का कमाया हुआ है। चलिए, मेरे साथ चलिए।" फिर चुन्नु न माना। हाथ पकड़ उन्हें अपने घर ले गया। बैठाया और मल-मलकर अपने हाथों से उनके पैरों को धोया। फिर खाने की मेज पर ले गया। जल्दी-जल्दी अपने संघर्ष की सारी गाथा सुनाई। फिर स्वादिष्ट भोजन कराया। भोजन परोसती महिला का परिचय कराया, "बाबूजी, पहचाना इसे?" मोती बाबू ने गौर किया। ये नैना थी। फिर पूछ पड़े, "लेकिन इसकी तो शादी हो चुकी थी। इसके पति... ?" "हाँ-हाँ, बताता हूँ। बहनोई भी साथ रहते हैं।" "करते क्या हैं?" बाल-सुलभ सवाल मोती बाबू का था। हँसते हुए चुनु बोला, "बहन पूरे घर व कारोबार की मालकिन है। बहनोई भी काम करते हैं। बाजे के आगे-आगे बैंड का बोर्ड लिये चलते हैं।" इस पर तीनों खिलखिलाकर हँस पड़े!

मोतीबाबू उठे। चलते-चलते नयानगर को निहारा। तभी चनाचूर गरमवाले बिगन की बात याद आई—'बाबू, अब हम लोगों की तरह चुनुवा का कोई स्थायी ठौर-ठिकाना थोड़े है कि एक जगह जमे रहे! जब तक मन किया रहे, मना भरा तो चल दिए!'

□

लछमिनिया

लछमिनिया इतनी सुंदर थी कि बुटन को उसे छुपा के रखना पड़ता था। नजर से बचने के तमाम टोटके पहले ही टाँग दिए गए थे। सड़क से सटे घर होने के कारण खतरा बराबर बना रहता। राह चलती आँखें अब एक जैसी तो होतीं नहीं! एक बार देख लिया, चलो कोई बात नहीं, फिर दीठ गड़ा के ताकने की क्या जरूरत! उधर समय के साथ लछमिनिया निखरती ही जा रही थी। चलती तो सीनों पर साँप लोट जाते। तब बम बाबा खूब तपे हुए थे। उनके जइसा ऊपरवार देखनेवाला चार कोस में न था। सवा रुपए में नजर-गुजर उतार देते थे। हाँ, काम हो जाने के बाद पियरी पहुँचाना जरूरी था। जब गंगवा कलकत्ता से बंगालन ब्याह लाया, तब गाँव में खतरा अउर बढ़ गया। बातें मटिया तेल की तरह पसर गईं—सुंदर-सुघड़ लईकन के सुगा बना पिंजरा में पोस लेती है। तब से बम बाबा का सरसों-बालू महँगा हो गया था। अब पियरी के साथ कुरता भी लगने लगा। लवंग-लोहबान, अरवा चाऊर व अड़हुल के फूल के साथ सवा गज एकरँगा एक दिन पहले पहुँचा देना जरूरी था। आधी रात को भाव पर बैठते थे। इतवार, मंगल को भीड़ इतनी बढ़ जाती कि तिजहरिया के बाद दतुवन करते। चँवर का चार कठा हर साल बना ही लेते। रमुनी तीन हफ्ते से दौड़ लगा रही थी। अब जाके बम बाबा की कृपा बरसी।

समय सरकता जा रहा था। दो माह बाद लछमिनिया माँ बननेवाली थी। चौबीसों घंटे चौकसी बरती जा रही थी। तब बुटन ईंट-भट्ठे पर पथाई करता था। मालिक का एकदम विश्वासी जन था। अबकी सीजन काम पर जाने लगा तो रमुनी बोली, "एकदम से आन्हरे हो का, देखते नहीं, एक-एक दिन काटना कितना भारी पड़ रहा है! पाँच साल सेवा किए तऽ न अगुताए! आ पाँचे दिन में तर-ऊपर होने लगे! अइसे कोई घर आई लछमी का अनादर करता है! कुछ उन्नीस-बीस हो गया

तऽ कवन मुँह दिखाओगे? भाई-भैवदी तऽ अइसही हाथ धोके पीछे पड़ा है।" वह खुद भी तो जाना नहीं चाहता था। सो बोला, "अब तू कहती है तो न जाऊँगा। अंदर गया अउर लछमिनिया को निहारने लगा।" रमुनी ने फिर टोका, "अइसे दीठ गड़ा के काहे ताकने लगे, कबो-कभार अपनी नजर भी लग जाती है!" बंदा बैठ गया। पाँच साल पहले जब लछमिनिया को लाया था तो वह सिर्फ चार माह की बछिया थी। खोरहा बीमारी ने दुधमुँही लछमिनिया से माई छीन ली। सोहन साहू की माँ, बुटन को बुलाकर बोलीं, "बेटा! ले जा, तुम्हीं ढंग से पाल-पोस सकते हो। बेचारी हमरे इहाँ छटपटा के मर जाएगी।" बुटन ने कहा, "कुछ बोल-बतिया के दे देतीं तऽ ठीक रहता। मतलब, बटाई या कुछ दाम करके...।" मालकिन ने बात काटकर कहा, "ले जा, असमन जान, अब ई तेरी संपत्ति हुई। सेवा में कोताही मत करना।" मालकिन मायालू महिला थीं। हर साल कोई-न-कोई तीरथ घूम ही आतीं। बात पर संशय की गुंजाइश न रही। पगहा पकड़े बुटन जब घर आया तो बछिया देख रमुनी की बाँछें खिल उठीं। हँसुली उतार, गोड़ पर रखी, भर लोटा पानी गिराई, फिर चाउर खिलाई। उसी दिन से वह मय घर की लछमिनिया बन गई। संपत, गुरदेली व तेतर सबेरे से साँझ तक टँगे रहते। सेवा में कोई कोताही न हुई। लछमिनिया भी बच्चों से खूब घुल-मिल गई। तेतर के साथ तो उसकी खूब जमती। गुरदेलिया कहता, "पहिला फेंसा वह खाएगा। क्योंकि घास वही लाता है।" बड़का संपत एतराज जताता। सानी-पानी से लेकर सारा काम उसके जिम्मे था। सो फेंसा पर पहला अधिकार उसी का बनता है। खुद को गिनती में न देख तेतर लोटा-लोटा के दूभर हो जाती। आखिर खुदी-कोराई तो वह भी डालती है। बाद में मइया सुलह-सपाटा कराती, "फेंसा पहिले मय गाँव बाँटा जाएगा। फिर ब्रह्मबाबा व पीरबाबा को चढ़ेगा। बम बाबा को न दे कोई राड़ मोल न लेगा। तब जाके घरवहिया नेवान करेंगे।" बुटन काट देता, "रे, छोटा बच्चा तो चिरिया-चुरूंग-सा होता है। उ तनि खाइए लेगा तऽ कवन देवता-पितर रूठ जाएँगे!" रमुनी डाँट देती, "तू चुप रह, नेम-धरम भी कोई चीज होती है कि ना!" बात मइया की ही मानी जाती। इधर बच्चों में अलग खिचड़ी पक रही थी, "फेंसा बनाकर मइया जैसे ही बाहर जाएगी, हम लोग चुपके से थोड़ा निकाल लेंगे। पता ना, बाँटने के बाद बचे या न बचे!" बाप रे, तीन दिन तक कौन बाट जोहता है! बाकी बिल्ली के गले में घंटी बाँधेगा कौन? तय हुआ कि तेतर ही कड़ाही से फेंसा निकालेगी। इस बीच मइया अगर आ गई तो दरवाजे पर खड़ा गुरदेली गीत गाएगा। तेतर सतर्क हो जाएगी। मइया को

भनक भी न लगेगी और माल हाथ लग जाएगा।

उस दिन संपतवा माधो माट साहेब की साइकिल का चेन क्या चढ़ाया, उनका पकिया चेला बन गया। सो अक्ल आने लगी थी। बड़ी सफाई से उसने खुद को अलग रख लिया था।

उस दिन भोर-भोरे रमुनी की आँख फड़की, लगा कि जरूर कुछ शुभ होगा। दौड़कर दुआरे गई तो देखा, लछमिनिया ने सुंदर सी बछिया को जन्म दे दिया है। दौड़कर पति को जगाया, "ऐ, उठो, भगवान् ने लर-जर जोड़ ही दिया। बछिया बिल्कुल लछमिनिया पर गई है।" बिना देर किए नाम भी रख दिया गया—इ हमरी लखरनिया हुई।

बुटन के दुआरे आज अचानक चहल-पहल बढ़ गई। लछमिनिया के थन से दूध की ऐसी धार बही कि कई घुंचे-घड़े लबालब भर गए। लगा कि गंगा मइया बाबा भोले की जटा से उतर आई हों। जिसने देखा, दाँतों तले उँगली दबा ली। रमुनी के पैर आज जमीन पर न थे। जो भी आता, दौड़कर स्वागत करती, खाट पर बैठाती। संपत भागकर माधो माट साहब को दावत दे आया। गुरदेली अपने संगी-साथियों को बोल आया। तेतर तमाम सखियों को नेवत आई। बम बाबा बिन बुलाए दर्शन दे गए। केसर काका के कानों तक बात पहुँची तो भागते आए और लछमिनिया के लिए ढेर सारी सावधानियाँ बता गए—"क्या खाएगी, क्या नहीं खाएगी, पानी अभी नहीं दिया जाएगा।" फिर बुलाकी पहुँचा। ई नामी गिरहकट था। आँख ताकते डिब्बा गायब करने में माहिर! बुटन के कान में फुसफुसाया, "भाई, गाय बेचनी हो तो मुझे बुला लेना। साढ़े सात सौ के ऊपर रोकड़ा दिलवा दूँगा। ऐसी गाय सात कोस में दीया बार के ढूँढ़ने पर भी न मिलेगी।" रमुनी को उसकी बात न सुहाई, "ऐ, राम-राम के बेरा इ बेंचा-किनी की बात काहे करने लगा?" झमक के उठी और फेंसा बनाने जा बैठी। कड़ाही छोटी देख तेतर को भेज फगुनी काकी की बड़ी कड़ाही मँगवा ली। न चाहकर भी तेतर को जाना पड़ा। गुरदेली गुस्साया और इशारा किया, अब हटना नहीं। बंदा दरवाजे पर अगोरिया बैठ गया। संपत आता-जाता रहा। लेकिन हाय रे नसीबा, मइया टस-से-मस न हुई! घंटे भर बाद उठी तो फेंसा तैयार हो चुका था। महक नथुनों में पहुँची तो बच्चे बेहाल होने लगे। गुमसुम बैठे गुरदेली को गीत गाने की नौबत ही न आई। परात में फेंसा लिये मइया बाहर निकल गई। बच्चे टुकुर-टुकुर ताकते रहे। बुटन ने पत्नी की बदली चाल देखी। ओह, बाँटनेवाले हाथ कभी कितने बड़े हो जाते हैं!

मय गाँव फेंसा बाँटकर रमुनी वापस हो रही थी। कुछ बच गया था। सोचा, लौटकर बच्चों को दे दूँगी—'तेतर कइसे ताक रही थी! आज गुरदेलिया पर भी तरस आया। बागड़ था, बाकी गाहे-बगाहे मइया का पैर भी दबा देता था। संपतवा समझदार हो चला था। उ मान जाएगा।' जग जीतकर लौटती रमुनी गुनगुनाने लगी, 'पिया मोरा गइले ए रामा पुरुब हो बनिजिया... !' तभी तिरमुहानी पर गंगवा की बीवी दिख गई। रमुनी को धक से लगा। 'हे भगवान्, अब का होगा, कहीं इस बंगालन ने नजर लगा दी तो... ! बड़ी भाग से अहिल्या-उद्धार हुआ है!' कदम रुक गए। साँसें साँय-साँय चलने लगीं। नजदीक आकर गंगवा की बीवी बोली, "क्या दीदी, मुझे प्रसाद न खिलाओगी? ओ...बोल रहे थे कि तेरी गइया ने बड़ी सुंदर बछिया जन्मी है।" फिर उसने हाथ पसार दिए। रमुनी को लगा कि वह भी उसी की तरह गाँव की सुंदर सी बहू है। कितना प्यार से दीदी बोली है! मयागर बन मय फेंसा दे डाली। बेचारी निहाल हो गई और ढेर देर तक दुआ देती रही।

फेंसा के चक्कर में आज भोजन बड़ी देर से बना। रोते-रोते तेतर सो गई। गुस्से में गुरदेली कोई काम न कर प्रधान के पोखर में मछली मारने चला गया। संपत बाप के साथ लछमिनिया के पास बैठा रहा। कलेवा के बेरा भोजन मिला। शाम का दूध ब्रह्म बाबा के खीर-भोजन के लिए चला गया। दूसरे दिन का दूध पीर बाबा के यहाँ मुरकी-मलीदा में मिलाने वास्ते चला गया। तीसरे दिन का दूध बम बाबा के हवाले हो गया।

चौथे दिन तिजहरिया में रमुनी ने बच्चों को बढ़िया से नहला-धुलाकर तैयार किया। तेतर की बढ़िया चोटी बनाई। उस पर ललकी रिबन का फूल लगाया। गुरदेली नहाने के नाम पर भड़क जाता था। बाकी फेंसा के नाम पर तैयार हो गया। बुटन लखरनिया के लिये घुघुर-घांटी लाने बंगरा बाजार चला गया। इसी बीच सोहन साहू आ पधारे। साथ में बुलाकी भी था। रमुनी दौड़कर खाट लाई, चादर बिछाई और हाथ जोड़ खड़ी हो गई। सहमे तीनों बच्चे माँ के साए में हो लिये। सोहन साहू भर नजर लछमिनिया को ताके, फिर बोले, "का रे बुटना बऽ, तीन दिन पहिले गाय बच्चा दी और हमके आज तक खबर न दी गई? कहाँ है बुटना?" बुलाकी ने सुर मिलाया, "मालिक, अभी तऽ इहाँ सदावरत चल रहा है! मय गाँव फेंसा खाकर निहाल हो गया। अब मलिकारे को न मिला, सो बढ़िया बात न हुई। हर चलावे से खर खाए आ बकरी आँचार खाय!" रमुनी को सगरी देहे सुरसुरी समा गई।" लगा कि कोई भारी चूक हो गई। हाथ जोड़ बोली, "नाहीं मालिक, हम अइसा गलती

काहे करेंगे? अपने बच्चन के मुड़ी पर हाथ धरे किरिया खाते हैं, दूध का एक बूँद भी कंठ में न डाले हैं। जहाँ मन्नत माँगी थी, उहाँ चढ़ा आई।" फिर रमुनी रोने लगी, "गलती-सही माफ करें मालिक! आजे दूध पहुँचा देती हूँ।" सोहन साहू ने ठहाका लगाया, "वाह, गाय हमारी, आ हमरे को दूध पहुँचाएगी? दूध छोड़, ई बताव, गइया कब पहुँचाएगी?" साहूजी का आना मामूली बात न थी। गाँव में शायद कोई घर होगा, जो उनके एहसान तले दबा न हो। जियारी-मुआरी सब में सहाय रहते। सूद-बियाज का उनका अपना रेट था। साहूजी का ठहाका जब भी लगता, लोगों की कँपकँपी छूट जाती। आज भी यही हुआ। भारी भीड़ लग गई। जो भी आता, सलाम करता और किनारे खड़ा हो जाता।

जब टोला भर के लोग जमा हो गए तो गाय का दाम खुला। बुलाकी बोला, "साढ़े सात के नीचे तो कीमत ठहरती नहीं। अब रमुनी से पूछ लिया जाए, अगर उ गाय रखेगी तो पौने चार सौ आपको लौटा दे।" रमुनी को लगा कि धरती डोल रही है। चक्कर आ गया। बड़ी मुश्किल से खुद को सँभाला, "मालिक, का इ गाय आपने बटाई में दी थी? हमरा घरवहिया तऽ बोला कि मालकिन ने इसे ऐसे ही दे दिया है।" ठहाका फिर गूँजा साहू का, "रे, तऽ का हम खैरात बाँटे थे?" फिर साहू ने भीड़ से अपनी बात का समर्थन माँगा। सबको बुटन से हमदर्दी थी, लेकिन सोहन साहू की नाराजगी मोल लेने की हिम्मत किसी में न थी। सभी मौन ही रहे। नीरव सन्नाटा छा गया। तभी पीछे से किसी औरत की आवाज आई, "मालिक, सुना है, बड़े लोगों का दिल भी बड़ा होता है। लेनी-देनी मरद-मानुष की चीज होती है। अभी बुटन भाई भी नहीं हैं। फिर मामला मालकिन और उनके बीच हुआ था। सो अभी कुछ करना सरासर नाजायज होगा।" साहू के तेवर चढ़ गए, "ई कौन है रे, राजा हरीश चंदर की औलाद?" औरत ने घूँघट उठा लिया। लोगों ने देखा तो सहज विश्वास न हुआ। हिम्मत कर बोलनेवाली बंगालन ही थी। साहू तैश में बोले, "क्या नाम है तेरा, कौन है तू?" "मैं द्रौपदी सरकार, गंगवा की बीवी हूँ।" साहू ने फिर ठहाका लगाया, "ना गाँव में घर, ना सरेह में डेरा! तेरी इतनी हिम्मत कि मर्दों की सभा में सिर उठा गई?" "अब का करें मालिक, जब सगरे मर्द सभा में सिर झुका के बैठ जाएँ तो किसी द्रौपदी को ही सिर उठाना पड़ता है!" साहू आपा खोकर चीखे, "द्रौपदी के सिर उठाकर बोलने का अंजाम तो जानती होगी?" "जी, मैं तो उसके बाद का भी अंजाम जानती हूँ—'रहा न कोई रोवन हारा...'" बड़ी बेबाकी से बंगालन बोल गई। साहू तिलमिला गए। आज से पहले किसी ने ऐसा करारा जवाब

न दिया था। बात बिगड़ती देख केसर काका सामने आए और हाथ जोड़ बोले, "मालिक अपने तऽ दस गाँव की पंचायती करते हैं। हम गरीब-गुरबा के मुँह का क्या मोल! ई गरीबन पौने चार सौ रुपए कहाँ से लाएगी?" बुलाकी विहँसा। वही हुआ, जो वह चाहता था। तय हुआ कि पौने चार सौ रुपए लेकर रमुनी गाय का पगहा पकड़ा दे। बिना देर किए साहू ने रुपए फेंक दिए और बुलाकी ने गाय खोल ली। बच्चे रोने लगे। गुरदेली गाय पकड़ झूल गया। तेतर ने लखरनिया को पकड़ लिया। बड़ी मुश्किल से बच्चों से गाय को छुड़ाया जा सका। संपत टकटकी लगा ताकता रहा। लछमिनिया जब जाने लगी तो कातर भाव से ताकी। मानो कह रही हो—'गाय हो या बेटी, बँधती तो दूसरे ही खूँटे न!' फिर वो आगे बढ़ गई!

बुटन जब घुघुर-घाँटी लिये लौटा तो एक पहर रात ढल चुकी थी। बच्चे भूखे सो गए थे। रमुनी जाग रही थी। खूँटा खाली देख बुटन सन्न रह गया। अनहोनी की आशंका घर करने लगी। देखा कि रमुनी घूरा तले बैठी हुई थी। पति को देख बिलख पड़ी। फिर सबकुछ बताती चली गई। पाँच साल की मेहनत पर पानी फिर गया। सुनहरे दिन सर्द स्याह रातों में समा गए। पल भर के सपने की टूटन टीस दे जाती है। यहाँ तो पाँच साल के सपने लम्हों में धराशायी हो गए थे। बुटन को लगा, शायद अब न उबर पाएगा! रमुनी ने साहू से मिले रुपए बुटन को देने चाहे, लेकिन उसने छुआ तक नहीं। रात गहराने लगी। दूर कहीं से कुत्ते के रोने की आवाज आई। फिर सियार बोलने लगे। बुटन कुछ न बोल सका। तेतर पर नजर पड़ी। वह फेंसा की खुरचनी हाथ में छुपाए सो गई थी। गुरदेली के होंठों पर भी खुरचनी लगी हुई थी। शायद उसने भी खाया होगा। संपत पुआल पर औंधे मुँह पड़ा था। पति-पत्नी वहीं बैठे रहे। बुटन ने आकाश में देखा, तिनजोड़िया डूब गई थी। अब सताहवा का पहरा पड़नेवाला था।

जब नींद खुली तो सूरुज पहर भर ऊपर चढ़ चुका था। रमुनी बच्चों सहित बाहर गई थी। अचानक दुआरे मोटरगाड़ी आकर रुकी। फिर सफेद साड़ी में एक वृद्ध महिला उतरीं। बुटन ने गौर किया, चेहरा पहचाना-सा था। ये सोहन साहू की माँ थीं। बुटन हाथ जोड़ खड़ा हो गया। मालकिन बोलीं, "रात काशीजी से लौटी हूँ। गई थी पुन्य कमाने। लेकिन घर आने पर मालूम हुआ कि तमाम पुन्य पाप में बदल चुके हैं। बुटन, मैं तुझसे माफी माँगने आई हूँ। अपने बेटे की करनी पर लज्जित हूँ। मुझे माफ कर दो।" फिर उन्होंने हाथ जोड़ लिये। बुटन ने मालकिन की आँखों में झाँका, वे आँसुओं से सराबोर थीं। इस बीच मय गाँव उमड़ पड़ा। गरीब बुटना के

दुआर पर आज फिर मेला लग गया। मालकिन बोलीं, "तुम जब तक माफ नहीं कर देते, मैं जानेवाली नहीं। और सुन, आज इस तीरथ का पुन्य मैं लेकर ही जाऊँगी।" मालकिन वहीं जमीन पर बैठ गईं। भीड़ से केसर काका दौड़कर बाहर आए और विनती कर उन्हें खाट पर बैठाया। बात बुटन के समझ से परे थी। मालकिन का नाम सुन बम बाबा भागे आए। बंगालन भी आई। बुलाकी भी आया। लेकिन वह खाली हाथ नहीं आया। उसके हाथ में लछमिनिया का पगहा भी था। पीछे से लखरनिया कूदती आ रही थी। माँ-बेटी ने अपना घर देखा तो दौड़ पड़ीं। आकर बुटन से लिपट गईं। मालकिन मुस्कराईं, "बेटा, अपनी अमानत सँभालो। लछमिनिया कल भी तुम्हारी थी, आज भी तुम्हारी है और आगे भी तुम्हारी ही रहेगी। इस पर सिर्फ तेरा हक है।" बुलाकी के पीछे सोहन साहू भी सिर झुकाए खड़े हो गए। ठहाके लगानेवाली आँखें आज खामोश धरती ताक रही थीं। फिर वो बुलाकी की तरफ मुड़ीं। उसके होंठ सूजे हुए थे। मालकिन कहने लगीं, "कल शाम जब ये खरखाही में गाय दुहने बैठा तो लछमिनिया ने ऐसी दुलत्ती मारी कि चेहरा बिगड़ गया। आज सुबह भी उसने एक कनवा दूध नहीं दिया। कल जो भी हुआ, उसके लिए सब पंच से माफी...।" मालकिन ने जाते-जाते बम बाबा को ऐसे देखा कि उसकी सिट्टी-पिट्टी गुम हो गई। नजरें नीची कर लीं उसने। अलबत्ता उन्होंने बंगालन को बुलाकर गले लगाया और बोलीं, "बहू, कभी फुरसत मिले तो मिलने आओ ना, अभी कुछ दिन यहीं रहूँगी।" फिर वो मोटर में बैठ गईं।

रमुनी के लौटते ही लछमिनिया बेचैन हो उठी। दोनों ऐसे मिलीं, जैसे सालों बाद ससुराल से लौटी माँ-बेटी मिलती हैं। बच्चे निहाल हो गए। बुटन ने हाथ क्या फेरा, लछमिनिया बरसने लगी। दो बेरा का दूध एक ही साथ दे दिया। रमुनी बोली, "इतना दूध का क्या करें?" बंगालन बहू बोली, "दीदी, ऐसा करो, आधा दूध घर के लिए रख लो और आधा...!" फिर वो चुप हो गई। रमुनी ने टोका, "आधे का क्या करें?" "मेरी मानो तो आधा दूध उस देवी के चरनों में चढ़ा आओ, जिसने तेरी खुशियाँ वापस की हैं!"

दूध लिये रमुनी जाने लगी। बंगालन बहू भी साथ हो ली। अब न तेतर को जल्दबाजी थी और न गुरदेली को गीत गाने की जरूरत थी!

□

यार था वह मेरा...!

देवन दौड़-दौड़कर पूरे गाँव में कह आया, "भाई, आज रात नहर में पानी छोड़ा जा रहा है। जिसे अपने खेतों में धान के बिचड़े लगाने हों, तैयार हो जाए। तीन दिन बाद जब पानी बंद हो जाएगा तो हाथ मलते रह जाओगे। फिर हमें दोष मत देना।" बात मटिया तेल की तरह पूरे गाँव में फैल गई। पखवाड़े से इंद्र भगवान् की कृपा न बरसी थी। हालाँकि कई दिन उन्हें रिझाने के लिए कथा-कीर्तन चलते रहे। बच्चे धूल में लोट-लोटकर भगवान् से पानी की गुहार लगाते रहे। लेकिन कहाँ कुछ हुआ ? आसमान देखते-देखते आँखें दुखने लगी थीं। अब जबकि देवन आया तो लगा, तपते रेगिस्तान में सावन उतर आया हो। किसानों को बड़ी राहत मिली। लोग 'वाह-वाह' कर उठे। बंदा जब से गंडक विभाग में पियून बहाल हुआ है, सरकार में साख व समाज में धाक जम गई है। जिस दरवाजे खड़ा हो जाए तो घरवैया खाट-माच ले ऐसे दौड़ता है, जैसे बीते लगन ब्याही बेटी का ससुर आ धमका हो! महज मिडिल पास देवन को नाराज करने की हिम्मत किसी में नहीं है। बड़े काश्तकार भैरो बाबू के यहाँ तो आरामकुरसी भी मिलती है। कतरनी धान का भात, मीठी मिट्टी की अरहर दाल और तीन तरह की सब्जी पर सजाव दही का भोग अक्सर लगता रहता है। छोटे कद का बंदा बड़ी साइकिल पर चलता है। औरों के दिन चाहे जैसे बीतें, देवन की पाँचों उँगलियाँ घी में रहती हैं। रास्ते में बुटन की बीवी को देखा तो जोर से चिल्लाया, "भावज, भाई को बोल दो, हल-बैल तैयार रखें। आज रात नहर में पानी आ रहा है।" और फिर उसने शामपुर की ओर साइकिल मोड़ ली।

परमेसरी भागी घर आई और बुटन से बोली, "ऐसे दम साधे बैठे रहोगे तो भाग्य बैठ जाएगा। अभी-अभी देवन आया था। आज रात नहर में पानी आने की खबर दे गया है। हल-बैल का इंतजाम न हुआ तो बिचड़े कैसे लगेंगे ?" "मैं कहाँ

से बंदोबस्त करूँ?" रूखे स्वर में सिर झुकाए बुटन बोला। "तो ऐसे मिट्टी के माधो बन बैठने से गुजारा न होगा। गाँव में हलचल मच गई है। लोग कुदाल लेकर खेतों की ओर भाग रहे हैं। तुम किसके भरोसे बैठे हो?" रुआँसी हो परमेसरी बोली। बुटन पर कोई असर न हुआ। सो खूब खरी-खोटी सुनाई। फिर झुँझलाकर उठी, बेटों को आवाज लगाई और कुदाल लिये खेतों की ओर निकल गई।

मेंड़ें ठीक कर परमेसरी लौटी तो शाम ढल चुकी थी। बेटे हाथ-मुँह धोने कुएँ की तरफ बढ़ गए। कुसुम सँझवत जला रही थी। बेटे महेश, गनेश के बाद यही तेंतर बेटी थी। परमेसरी इस पर जान छिड़कती थी। क्या मजाल कि बहुएँ कभी कुछ बोल दें! द्वार पर बुटन न था। पूछे जाने पर बेटी बोली, "पता नहीं बाबू कहाँ गए? अपना धोती-कुरता माँगे, लाठी उठाए और पूरब की ओर चल दिए। मुझे कुछ न बताया।" अब परमेसरी को खुद पर खीझ होने लगी। नाहक उलटा-सीधा बोली! जानती थी, बुटन जब कभी गुस्से में आता है तो दूर कहीं जा बैठता है। ऐसे ही पिछले साल भी हुआ। घर में कुछ खटपट हुई तो बच्चों की तरह रूठकर बहिनौरा चला गया था। बड़ी मान-मनौव्वल से वापस लौटा। इस बार भी कहीं जा बैठा तो क्या होगा? सोचकर सिहरन होने लगी। खेती के साथ बुटन की चिंता सोने न दे रही थी। आसमान में तिनजोड़िया उग आई थी। अभी दो पहर रात रह गई थी। 'हे भगवान्...! अब क्या होगा? सामने सयानी बेटी की चिंता! गाँव-जवार के लोग जब से जलपाईगुड़ी जाने लगे, उनकी दिन-दशा सुधर गई। अभागे दोनों जवान बेटे मेहर का मुँह निहारते घर पड़े हैं। इन्हें तो आगे-पीछे कुछ सूझता ही नहीं! वह अकेली जान क्या-क्या करे? अब सयानी बेटी से मजदूरी कराना भी तो ठीक नहीं! गाँव-समाज क्या कहेगा? गोतिया-परोतिया तो मुँह नोच लेगा? ऐसे में इस कमासुत का घर छोड़ना कहाँ तक जायज है? पता नहीं कहाँ होगा, कैसे होगा, कुछ खाया होगा कि नहीं?' उसने खुद भी तो कुछ न खाया था। बड़ी बहू खाना लाई जरूर थी, लेकिन उसने खाने से साफ इनकार कर दिया। परमेसरी करवट बदलती रही। नयनों से रूठी नींद आसानी से कहाँ आती! उधर आसमान में सताहवा टिमटिमाने लगा था। गोया कि पहर भर बाद सुबह हो जाएगी। सभी खेतों को भागेंगे। वह क्या करेगी? साल भर की रोजी-रोटी महज एक दिन के अकारथ चले जाने से रेत की तरह मुट्ठी से फिसल जाती है। बड़े काश्तकारों ने बड़ी मान-मनौव्वल से जमीन दी थी। बटाई जमीन व जानवर का क्या भरोसा? खरीफ खिसकी तो खेत भी छिन जाएँगे। कैसे परिवार की परवरिश करेगी? उधर बड़ी बहू के पाँव भारी थे। उससे

अब कोई काम भी न होगा। छोटी अभी बाहर कहाँ निकलती है! कुसुम के लिए मानिकपुर में बढ़िया लड़का मिल गया है। अदालतगंज में किसी हाकिम का अर्दली है। महज तीन सौ रुपए तिलका में बात लगभग पक्की है। ऐसे में इस अभागे का घर छोड़ चले जाना...! परमेसरी से बर्दाश्त न हुआ। उठ बैठी और सुबुक-सुबुककर रोने लगी। उधर सताहवा सात बाँस ऊपर आ गया था। आज मुरगे की बाँग से पहले लोग जाग गए। कुट्टी काटने की आवाज आने लगी। बैलों की घंटियाँ बजने लगीं। थोड़ी देर में पूरा गाँव जाग उठा। लोग बैलों को सानी-पानी देने लगे और देखते-देखते पूरा गाँव खेतों की ओर उमड़ पड़ा। परमेसरी भी दौड़कर गई। देवन की खबर सोलह आने सच थी। पूरे खेत पानी से लबालब भरे पड़े थे। लोग जुताई में लग गए। औरतें धान-रोपण का गीत गा-गाकर बिचड़े उखाड़ने लगीं। परमेसरी भागकर वापस आई और बेटों को पुकारा। अलसाई आँखों से बेटे बाहर आए। देखते ही वह जल-भुन अंगार हो गई। फिर बेटी को पुकारा। छोटी बहू बोली कि वह धान के बिचड़े उखाड़ने खेत चली गई है। सुनकर परमेसरी अनाप-शनाप बकने लगी, "वाह, घर के सवांग सोते रहे और सयानी बेटी काम पर चली गई? किसने भेजा उसे? और जब तक हल-बैल न होगा, खेत तैयार न होंगे तो बिचड़े उखाड़कर क्या करेगी? तुम सबकी मति मारी गई है।" परमेसरी को चक्कर-सा आ गया। धम्म से खाट पर गिर पड़ी और लगी जोर-जोर से साँस लेने। बड़ी बहू दौड़कर पानी लाई और माथा धोने लगी।

देवीदयाल हँसते हुए बोले, "बुटन भाई, अब ज्यादा लज्जित न करो। यारी-दोस्ती में इन छोटी-छोटी बातों पर ध्यान नहीं दिया जाता है। अगर अभी से बैलों को लेकर निकल गए तो तिजहरिया से पहले घर पहुँच जाओगे। आराम से खेती करना और जब सारा काम निबट जाए तो बैलों को पहुँचा देना। तुम्हरे जैसे जवान के लिए पाँच कोस की दूरी क्या मायने रखती है! तुम्हरी भावज ने कुछ खाने-पीने की चीज दे दी हैं। रास्ते में खा लेना। और हाँ, बैल पुचकार पर ही जान लगा देते हैं। इन पर सोटा उठाने की जरूरत नहीं। अब जाओ।" बुटन की आँखों में कृतज्ञता के आँसू उमड़ आए। कुछ कह न सका। चुपचाप चल दिया।

मिरल्लीपुर पार करते-करते पहर भर दिन चढ़ आया। बैल भी गजब के थे। बाबू भैया कहे नहीं कि हवा से बातें करने लगते। प्यारेपुर के पोखर पर बैलों को पानी पिलाया और खुद भी खाया। बैलों को आराम करने को कहा, लेकिन वे तैयार न हुए। गरदन हिला-हिलाकर चलने की जिद करने लगे। बुटन मुस्कराया और प्यार

से बैलों की गरदन सहलाई। अब महज दो कोस की दूरी रह गई थी। सो रफ्तार पकड़ ली उसने। अतीत के अक्स आँखों में उतरने लगे... !

बुटन का बचपन ननिहाल में ही बीता था। मँझले मामा दंगल के नामी पहलवान थे। बुटन को बाबू कहते और खूब दूध पिलाते। कुश्ती के सारे दाँव-पेच सिखाते। कहते—'तुम एक दिन मेरा नाम रोशन करोगे। तब हम तुझे बलिया व सोनपुर के अखाड़े में उतारेंगे।' बुटन का शरीर भी सचमुच पहलवान के साँचे में ढल गया था। चौड़ी छाती, धोबी के पटहा की तरह पीठ, बलिष्ठ भुजाएँ और केले के थंब जैसी जाँघें! छोटे-मोटे पहलवान तो दूर से ही सलामी दे खिसक लेते। इलाके की कई कुस्तियों को जीता। तब कार्तिक पूर्णिमा के अवसर पर लगनेवाला सोनपुर का मेला बड़ा नामी था। लोग साल भर मेले का इंतजार करते। कहते हैं, यहाँ आदमी छोड़कर सबकुछ बिकता था। लोहा-लक्कड़, काठ-कोरो, सोना-चाँदी, कश्मीरी कपड़ा-लत्ता से लेकर चिरई-चुरूंग तक। कठियावाड़ नस्ल की गाएँ, काबुली घोड़े और विशालकाय हाथियों का अलग मेला लगता। देश-विदेश के शौकीन मेला देखने आते। पूर्णिमा के दिन लोगों का हुजूम उमड़ पड़ता। नारायणीजी में स्नान कर और बाबा हरिहरनाथ को जलार्पण कर लोग जुड़ा जाते। ठीक सामने हाजीपुर का कोनहारा घाट था। किसी युग में यहीं गज-ग्राह की लड़ाई हुई थी। तब भगवान् विष्णु ने स्वयं प्रकट होकर हाथी की जान बचाई थी। पूर्णिमा के दूसरे दिन अव्वल पहलवानों का दंगल होता। इस बार बुटन भी मामा के साथ आया था। उसके भी कई जोड़ हुए। बड़ा बढ़िया दंगल लड़ा। जब उछलकर धोबिया पाट लगाता तो लोग 'वाह-वाह' कर उठते। लगातार बड़े-बड़े पहलवानों को मात देकर चैंपियन बनता जा रहा था।

मेला का आखिरी दिन आते ही बेतहाशा भीड़ बढ़ गई। आज दंगल में नामी पहलवानों की कुश्ती थी। जीतनेवाले पहलवान को नगद इक्यावन रुपए ईनाम का ऐलान किया जा रहा था। तब इतनी बड़ी रकम बहुत कम लोगों की मुट्ठी में देखी जाती। दीनदयालपुर के बाबू पहलवान बड़े रसूखवाले शख्सियत थे। पहलवानों की बड़ी इज्जत करते और अक्सर उनकी मदद करते। दंगल लड़ना-लड़वाना शौक था उनका। भगवद कृपा से कभी हार हाथ न लगी थी। आज वे भी हाथी चढ़कर मेला आए थे। बजरंगबली की जयघोष के साथ दंगल शुरू हुआ। दूर-दराज के पहलवानों को पहले मौका दिया गया। जब पहलवान अखाड़े में उतरते और हाथ मिलाकर जोड़ भिड़ाने लगते तो लोगों की साँसें थम जातीं। सब अपने-अपने तरीके

से उम्मीद लगा बैठते कि इस बार यह जीतेगा, लेकिन होता उसका उलटा। तालियाँ बजने लगतीं। नगाड़े पीटे जाने लगते। दो घंटे तक कुश्ती होती रही और लोग 'वाह-वाह' करते रहे। अंत में जब बाँका नट अखाड़े में उतरा तो लोग जय-भवानी का जयकारा लगाने लगे। बाँका मस्त हाथी की तरह झूम-झूमकर ललकार रहा था—"है कोई माई का लाल, जो मुझसे मुकाबला करे?" कुछ देर तक कहीं से कोई आवाज न आई। लोग अगल-बगल देखने लगे। बाँका फिर ललकारा और लँगोट लहराया। लेकिन कोई पहलवान सामने न आया। तभी दीनदयालपुर के बाबू पहलवान भीड़ से बाहर आए और अखाड़े की मिट्‌टी उठा ली। गोया कि बाँका नट की चुनौती स्वीकार कर ली। हालाँकि उनकी तबीयत ठीक न थी और दंगल में उतरना नहीं चाहते थे, लेकिन बाँका नट की ललकार ने खून में जोश भर दिया। बाँका ने देखा तो कुटिल हँसी हँसा। बोला, "बाबू, मैंने तो सुना है कि आपकी तबीयत खराब है और आप दंगल लड़ना नहीं चाहते। फिर ख्वाहमख्वाह अपनी भद क्यों पिटवाना चाहते हैं?" "तुम मेरी चिंता न करो। हार-जीत तो होती रहती है। कल ये तो न कहोगे कि सोनपुर की मिट्‌टी वीरों से वीरान हो गई।" बाबू पहलवान का स्वर गंभीर था। "एक बार फिर सोच लीजिए बाबू! मेरी हार कोई मायने नहीं रखती, लेकिन कहीं आप गच्चा खा गए तो इलाके की इज्जत और पुरखों की प्रतिष्ठा में पलीते लग जाएँगे! फिर खड़े न हो पाइएगा।" बाँका गहरी हँसी हँसा। बात बरदाश्त से बाहर हो गई। बाबू ने कुरता निकाल फेंक दिया और लँगोट कसने लगे। तभी बुटन अखाड़े में कूद पड़ा।

"ठहरिए बाबू, मैं लड़ूँगा इससे और वो भी आपकी तरफ से।" बुटन विनम्रता से बोला। बाँका ने बुटन को ऐसे घूरा, जैसे सात दिन का भूखा शेर सामने शिकार देख गुर्रा रहा हो। बाँका फिर दहाड़ा, "क्यों अपनी हड्डी-पसली तुड़वाने पर आमादा हो, क्या नाम नहीं सुना है मेरा? मैं बाँका नट हूँ, बाँका नट, जिसके नाम का डंका चौदह कोस में चौदह साल से बज रहा है। जिसे आज तक किसी ने पछाड़ा नहीं। जिसका नाम सुनते ही बड़े-बड़े पहलवानों के लँगोट ढीले पड़ जाते हैं।" लेकिन बुटन डटा रहा। बाँका ने फिर समझाया, "तो क्या मान लूँ कि तेरी हार बाबू की हार होगी?" "नहीं, मेरी जीत बाबू की जीत होगी, क्योंकि मैं उनकी तरफ से लड़ूँगा।" बुटन गर्व से बोला। बाबू आश्चर्य से देखते रह गए। फिर वह हाथ जोड़कर बोला, "बाबू, अब हुकुम माँगता हूँ। मिट्‌टी का कर्ज उतारने का मौका दें।" भीड़ बेकाबू होकर ताली बजाने लगी। बाबू जनता-जनार्दन की सहमति सर-

आँखों पर बिठाए वापस हो गए। नगाड़े बजने लगे। हालाँकि जनता की सहानुभूति बुटन के साथ थी, लेकिन सब यह मानकर चल रहे थे कि चार दिन के इस छोकरे की हार पक्की है। कहीं बाघ–बकरी का जोड़ भी टिकता है! खैर, दंगल शुरू हुआ। बुटन ने बजरंगबली के ध्वज के पास से थोड़ी मिट्टी उठाई, ललाट पर लगाई और बाज की तरह सावधान खड़ा हो गया। बाँका ने सलामी के लिए हाथ बढ़ाया। लेकिन बुटन हाथ न मिलाया। मामा बता चुके थे, ऐसे बावले बाघ–बब्बर को दूर से ही सलामी देनी चाहिए। सो बुटन हाथ हिला खड़ा हो गया। बाँका मदमस्त हाथी–सी गर्वीली चाल चला। बुटन पैंतरा बदल बगल से निकल गया। ऐसा कई बार हुआ। लोगों की हँसी छूट पड़ी। गुस्से में आकर बाँका बुटन पर टूट पड़ा। झपट्टा मार उठा लिया और जोर से उछाला। प्रहार इतना तगड़ा था कि बुटन हवा में लहरा गया। बाँका ही नहीं, सब मान बैठे कि बंदा गया काम से। अब उठ न पाएगा। लेकिन यह क्या? हवा में ही अपने शरीर को समेटकर इतना छोटा कर लिया, जैसे कभी वीर हनुमान सुरसा के मुँह से सही–सलामत निकल आए थे। हवा में ही तीन कलाबाजियाँ खाईं और सामने खड़ा हो गया। बाँके का यह दाँव बेकार चला गया। तालियों की गड़गड़ाहट से अखाड़ा गूँज उठा। बाबू पहलवान उठ खड़े हुए और बुटन का हौसला बढ़ाने लगे। बाँके के लिए यह बड़ी बात थी। चार दिन का छोकरा चार हाथ कूदे! इस बार सीधे दौड़ा। लेकिन बुटन उसकी दोनों टाँगों के बीच से सरक गया। यह सिलसिला कुछ देर तक चलता रहा। समय के साथ बाँका का गुस्सा बढ़ने लगा। बुटन न सामने से पकड़ में आ रहा था और न बगल से। लेकिन बुटन का यह पैंतरा ज्यादा देर तक चल न सका। झपटकर बाँके ने बुटन की गरदन पकड़ ली और कोहनियों से दबाव बढ़ा दिया। बुटन बुरी तरह पकड़ में आ चुका था। बाँका का यह सबसे सधा हुआ और खतरनाक दाँव था। इससे आज तक कोई निकल न पाया था। देखते–देखते बुटन की साँसें थमने लगीं। आँखें फैलकर बाहर आने लगीं। चारों तरफ नीरव सन्नाटा छा गया। जब बाँके को लगा कि बंदा पस्त पड़ चुका है तो ऊपर उठाकर चार चक्कर घुमाया और जोर से सामने फेंक दिया। बुटन बल खाकर औंधे मुँह गिरा और शांत हो गया। लोग 'ओह–ओह' करने लगे। शान से बाँका बढ़ा और बुटन को लात मार सीधा करना चाहा। तभी चमत्कार–सा हुआ। बुटन बिजली की फुरती से उठ खड़ा हुआ और उछलकर पीछे से बाँके की पीठ पर चढ़ गया। फिर झुककर विशालकाय बाँके के शरीर को अपनी पीठ पर उठा लिया। और इससे पहले कि बाँका सँभल पाता, बुटन उसे चित कर सीने पर

सवार हो गया। लोगों को काटो तो खून नहीं, इतनी बड़ी जीत का भरोसा किसी को नहीं था। लेकिन सच्चाई सामने थी। बाँका पस्त पड़ा था। तभी बाबू पहलवान जोर से चिल्लाए। नगाड़े बज उठे। बुटन उठा और हाथ जोड़ बाबू के सामने खड़ा हो गया। लोग थावेवाली माई का जयकारा लगाने लगे। चार दिन का छोकरा मिट्टी का कर्ज उतार बाबू पहलवान को जीत का तोहफा दे चुका था। बाबू भर्राए स्वर में बोले, "यार, सतरह साल से दंगल लड़ता और लड़वाता रहा हूँ। लेकिन आज जो खुशी तूने दी है, वैसी खुशी कभी न पाई। तेरा ये एहसान ताउम्र याद रखूँगा। आज से ये बाबू बिनमोल बिक गया तेरे हाथ...!" फिर तो लबालब भरी आँखें आँसुओं का बोझ सँभाल न सकीं। बुटन को सीने से लगाए बाबू बहुत देर तक सिसकते रहे। और, और...इसी सोनपुर के अखाड़े से बाबू-बुटन की दोस्ती कृष्ण-सुदामा की दोस्ती में बदल गई। ये बाबू कोई और नहीं, देवीदयाल ही थे, जिनके बैल हाँके वह चला जा रहा था।

बुटन अतीत को याद कर रो पड़ा। तिजहरिया ढल रही थी। बैल तेजी से जा रहे थे। अब गाँव का सिमाना शुरू हो गया था। लोग खेतों से धान की रोपनी कर लौट रहे थे। परमेसरी खाट पर पड़ी थी। तभी बुटन दरवाजे पर पहुँचा। देखते ही उछलकर खड़ी हो गई। जोर से बेटों पर चिल्लाई। बेटा-बहू भागकर बाहर आए। सबने देखा, बुड़बक बुटन कमासुत सवांग की तरह सीना ताने सामने खड़ा था। बड़ी बहू और बेटी ने दौड़-दौड़कर बैलों को सानी-पानी दिया। परिवार संग साथ पलनेवाली मुरझाई बेल फिर लहरा गई। दूसरे दिन जब बैलों को खिला-पिलाकर कंधे पर हल लिये बुटन गाँव से बाहर निकला तो लोग आँखें फाड़-फाड़कर देख रहे थे। कुसुम दो बोझा बिचड़े पहले ही उखाड़ चुकी थी। सभी काम पर टूट पड़े और उसी दिन कई खेतों में धान की रोपाई शुरू हो गई। मना करने के बाद भी बड़ी बहू आ गई थी। धान रोपती परमेसरी ने बेटी-बहू को प्यार से झिड़का, "ऐसे कहीं रोपनी होती है! बड़की, सुना है तेरे नैहरा में औरतें खूब गीत गाती हैं।" बहू मुस्कराई और ऊँचे स्वर में गाना शुरू कर दिया। कुसुम भी साथ देने लगी। बहुत दिन बाद परमेसरी को बुटन पर ढेर सारा प्यार उमड़ आया। बेटी से बोली, "कुसुम, आज अपने बाबू के लिए धान का भात और कढ़ी बनाना। बेसन सानकर रखना, बरी-फुल्लौरी मैं बना दूँगी। वैसे भी जिस दिन हल का मूठ लिया जाता है, घर में रोटी नहीं बनती।"

आज का दिन उत्सव-सा गुजर गया। खेतों से लौटकर बाप-बेटों ने बैलों

को कुएँ पर ले जाकर खूब नहलाया। फिर खली-चोकर के साथ सानी-पानी दिया गया। बुटन बार-बार हिदायत देता रहा कि इतनी सेवा करो कि बैल उदास न हों। बाबू के बैल हैं, किसी ऐरे-गैरे के थोड़े हैं! दीनदयालपुर में घी-मलीदा खाए हैं। बेटे-बहुओं ने भी कोई कोर-कसर न रखी। बैलों को भी हरी-हरी कोमल घास मिली तो मुँह का स्वाद बदल गया। छककर खाया। उधर आँगन में परमेसरी बरी-फुलौरी बनाने बैठी। महज दो दिन पहले जो माथा पकड़ बिलख रही थी, आज दौड़-दौड़कर सारा काम ऐसे निपटा रही थी, जैसे दो दिन बाद दरवाजे पर बेटी की बारात आ रही हो। खाना तैयार हो गया तो बाप-बेटे भोजन करने बैठे। कुसुम परोस रही थी। परमेसरी बुटन के बगल में बैठ गई। आज सुबह से ही उसके मुँह से सिर्फ बुटन की तारीफ ही निकली। अब बैलों की तारीफ शुरू कर दी। "वाह, बड़े सीधे-सादे बैल हैं। कुसुम से तो एक ही दिन में ऐसे हिल-मिल गए हैं कि देखते ही हुँकरने लगते हैं। उसके हाथ से बिना कुछ खाए तो चुप ही नहीं होते। वह भी बड़ी सेवा करती है। अच्छा, अपने मीता, बाबू पहलवान का समाचार न बताया। मालकिन कैसी हैं? अरे, जिस बेटी की शादी में गए थे, वह कैसी है?"
"बाप रे, वैसी शादी तो सात कोस में किसी के यहाँ नहीं हुई थी। तीन दिन तक महाभोज चलता रहा। बाबू पहलवान ने दिल खोलकर खर्च किया। जानते हो गनेश, तेरे बाबूजी को आदमी भेजकर बाबू ने बुलवाया था। सात हाथ की धोवा-धोती और मखमल का कुरता, ऊपर माथे पाग पहनाकर पाँच दिन बाद बिदा किए थे।"
"अच्छा, बाबू हमरे बारे में कुछ पूछ रहे थे कि नहीं?" बुटन बहुत कम बोलता था। इस सवाल पर 'हाँ' में सिर हिलाया और खाने लगा। सुनकर परमेसरी जुड़ा गई और बार-बार बुटन से कुछ और खाने का आग्रह करती रही। आज रात यूँ गुजर गई, जैसे सिनेमा के सीन देखते-देखते छूमंतर हो जाते हैं।

दूसरे दिन बाप-बेटे बैल लेकर खेतों में चले गए। परमेसरी बहू-बेटी के साथ बिचड़े उखाड़ने लगी। काम तेजी से निपटाया जाने लगा। अब एक दिन का काम और रह गया था। शाम को जब सभी लौटे तो थककर चकनाचूर थे। बैलों को खिला-पिलाकर सभी सो गए। पड़ोस में बिगन साहू का बड़ा मकान था। दुकान के साथ अच्छे काश्तकार भी थे। सूद-ब्याज का खानदानी धंधा चलता रहता था। जोड़ी बैल, दुधारू गाय से द्वार भरा रहता। जन-मजदूर से काम लेने की कला खूब आती थी। बुटन से भी गाहे-बगाहे काम लेते थे। मर्जी हुई तो कुछ दे देते, वरना बात से ही काम चला लेते। सीधा-सादा बुटन कभी न नहीं करता। इस बार भी इसी ताक

में थे कि किसी तरह बुटन हल-बैल माँगने आ जाए तो बेगारी में अपना सब काम निपटा लें। लेकिन हुआ इसका उलटा। बुटन ने अपना काम कर लिया और साहूजी को सलाम करने नहीं गया। सो बंदा नजर में खटकने लगा। उस रात उनका बैल तुड़ाकर बुटन के द्वारे आ गया और बैलों से जूझ गया। रईसी ठाट में पले-बढ़े बाबू के बैल मारपीट से कोसों दूर थे। सो सिर्फ बचाव ही करते रहे। शोर सुनकर बुटन की नींद खुल गई। लाठी लेकर दौड़ा और बड़ी मुश्किल से साहूजी के बैल को अलग किया। सुबह होने पर साहूजी को जब यह बात बताई तो उलटे आग बबूला हो गए और सख्त हिदायत दे डाली कि अपने बैलों को कहीं और ले जाकर बाँधे। बुटन चुपचाप सुनता रहा। परमेसरी ने कुछ कहना चाहा तो बुटन ने डाँटकर हटा दिया। बुटन के सामने भारी समस्या आन पड़ी कि बैलों को अब कहाँ ले जाए? चौथे दिन काम खत्म हो गया। बुटन ने मन बना लिया कि कल भोरे-भोर बैलों को लेकर दीनदयालपुर रवाना हो जाएगा। आज रात किसी तरह कट जाए। साहूजी के मुँहजोर बैल से अपने बैलों को बचाने के लिए वहीं लाठी लेकर सो गया।

भादो की अन्हरिया रात थी। हाथ को हाथ नहीं सूझता था। आधी रात होने को आई। बुटन उठ-उठकर बैलों को निहार लेता, फिर खाट पर आ जाता। तभी मौसम बदल गया। तेज हवा चलने लगी और थोड़ी देर में बूँदा-बाँदी शुरू हो गई। मजबूरन बुटन को खाट उठाकर बगल की झोंपड़ी में जाना पड़ा। दिन भर का थका शरीर लहोर मार बहती पुरवाई को ज्यादा देर झेल न सका, बंदा गहरी नींद सो गया।

सुबह परमेसरी की चीख के साथ बुटन की आँख खुली। भागकर बाहर आया। जो सामने देखा तो पैरों तले जमीन सरक गई। द्वार से दोनों बैल गायब थे। भाग-भागकर सारा गाँव, खेत-खलिहान खोज लिया गया, लेकिन बैलों का कहीं पता न चला। बेटे बावले-से कई गाँव घूम आए, लेकिन किसी ने बैलों के बारे में कुछ न बताया। परमेसरी पछाड़ खा गिर पड़ी। बुटन तो संज्ञा शून्य ही हो गया। अब क्या मुँह लेकर बाबू के घर जाएगा? पहलवान पूछेंगे तो क्या जवाब देगा? नहीं-नहीं, वह दीनदयालपुर जाएगा ही नहीं। लेकिन कब तक नहीं जाएगा? कभी-न-कभी तो जाना पड़ेगा। खुदा न खास्ता देर होने से बाबू ही आदमी भेज दें तो क्या कहेगा? लगा, धरती डोल रही है और आसमान भरभराकर सिर पर गिर रहा है। दिन भर लोगों का ताँता लगा रहा। सब इस बात पर सहमत थे कि रात में बैलों का पगहा तोड़कर किसी ने चुरा लिया और रातोरात निकल गया। लोग आते, सांत्वना देते और चले जाते। कुछ इसे होनी का हुआ मान कर ढाढ़स बँधाते। दिन पहाड़-सा

हो गया। रात विषैली नागिन-सी जहरीली हो गई। भगवान् ऐसी खुशी देता ही क्यों है, जो आए और आनन-फानन में खत्म हो जाए? किसी को सुध न रही। न चक्की चली, न चूल्हा जला। घर में मातम पसरा रहा।

पड़ोसी गाँव के शिवदेनी महतो रामायनी आदमी थे। बाल-बच्चे नहीं थे, सो ज्यादा समय भजन-कीर्तन में ही कटता। आज भोरे-भोर आए और बुटन को बड़ा समझाया। बोले, "बेटा, ऐसे पड़े रहने से तो कुछ न होगा। जो होना था, सो हो गया। अब इस संकट से निकलने का रास्ता ढूँढ़ो। देखो, भगवान् रामचंद्र को भी चौदह वर्ष वन में बिताने पड़े। सत्यवादी राजा हरिश्चंद्र को कितने कष्ट उठाने पड़े। श्मशान में चाकरी तक करनी पड़ी। फिर हम लोग तो आम आदमी हैं। यह घाव भी भर जाएगा बाबू! तुम ऐसे बेजान पड़े रहोगे तो परिवार का क्या होगा? अपने बाजुओं पर भरोसा रखो। पैसों के प्रबंध में लगो। देर-सबेर बाबू के बैलों की कीमत चुकाकर उऋण हो जाओ।" रास्ता दिखाकर महतोजी चले गए। बात दिल में गहरी उतर गई। तय हुआ कि जितनी जल्दी हो सके, पैसों का प्रबंध किया जाए। परमेसरी व बहुओं के तमाम गहने बिगन साहू के यहाँ बिक गए। पाई-पाई जोड़कर कुसुम की शादी के लिए जो पैसे रखे गए थे, को मिलाकर तीन सौ रुपए खड़े हुए। अभी छह सौ रुपयों का बंदोबस्त करना था। बैलों की कीमत आँककर लोगों ने बता दिया था कि उसे कुल नौ सौ रुपए चुकाने चाहिए। अब जहाँ परिवार पर पड़ी हो तो शादी कौन देखता है? सो कुसुम की शादी टल गई। बुटन बिगन साहू का हलवाहा बन गया। बेटे दूसरे गृहस्थों के यहाँ काम करने लगे। परमेसरी बेटी लिये मजदूरी पर जाने लगी। छोटी बहू को भी घर से बाहर निकल काम पर जाना पड़ा। पाई-पाई जोड़ी जाने लगी। किस्मत अच्छी रही कि धान की फसल खूब उतरी। काश्तकारों को आधी फसल लौटाने के बाद जो बचा, उसे बेच दिया गया। परमेसरी बेटी-बहू के साथ जो कुछ अनाज लाती, उसी में किसी तरह गुजारा किया जाता। तीन बीघे खेत में धान उपजानेवाले परिवार ने उस साल धान का भात न खाया। समय ने साथ न दिया तो काश्तकारों ने बटाई में दी जमीन उठाकर दूसरों को दे दी। रात-दिन एक करके काम करने के बाद भी बाबू को लौटाने लायक रकम खड़ी न हो पाई थी। अभी तीन सौ रुपए कम पड़ रहे थे। दीवाली-दशहरा इस परिवार को लाँघते गुजर गए। छठ में किसी के कर पर वस्त्र नहीं बना। बड़ी बहू को बेटी हुई, लेकिन बच न सकी। हद तो तब हो गई, जब मानिकपुर का मेहमान धमकी देकर चला गया कि इस होली बाद तिलका की रकम चुका बेटी की शादी कर ले, वरना वह बेटे

को दूसरी जगह ब्याह देगा। अब क्या किया जाए? बुटन बेटी ब्याहे या बाबू की रकम चुकाए? तभी कुसुम रोते हुए बोली, "बाबूजी, आपको इस हाल में छोड़कर मैं डोली न बैठूँगी।" बुटन बेटी को देखता रह गया, फिर हिसाब लगाया। इस तरह जोड़ते-जोड़ते तो दो साल लग जाएँगे। कोई चारा न चल रहा था। मानसिक संताप सीधे शरीर पर गिरा। बुटन पस्त पड़ने लगा। हिम्मत जवाब दे गई। आँखें गड्ढे में चली गईं। गाल धँस गए। शरीर सूखकर काँटा हो गया। देखकर कोई न कह सकता था कि बंदा कभी दंगल का नामी पहलवान भी रह चुका है। परमेसरी समझाती, लेकिन कोई असर न होता। अगर सामने कोई राह न सूझे तो सिर का कर्ज सबसे बड़े मर्ज का कारण बन जाता है। बुटन बीमार रहने लगा। शरीर गलता देख बिगन साहू ने भी पल्ला झाड़ लिया। शादी के शुभ मुहूर्त शुरू हुए तो गाँव-गाँव बारात आने लगी। ऐसी ही एक बारात दीनदयालपुर से पड़ोस गाँव में आई। सुनकर बुटन की साँसें फूलने लगीं। डर हो गया कि कहीं इस बारात में बाबू पहलवान आए और यहाँ भी आ गए तो क्या होगा? नतीजा, पूरे परिवार ने घर ही छोड़ दिया। गनीमत रही कि बारात में बाबू न आए। बारात चली जाने के बाद ही सब लौटे। इधर बुटन की तबीयत निरंतर खराब रहने लगी। उठना-बैठना मुश्किल होता गया। परमेसरी से देखा नहीं जाता तो दौड़कर शिवदेनी महतो को बुला लाती। महतोजी घंटों समझाते। बुटन आसमान ताकता रहता। कुछ न बोलता। एक दिन ऐसे ही महतोजी ने परमेसरी से कहा, "देखो, बुटन स्वाभिमानी आदमी रहा है। बैलों को लेकर भारी सदमे में जी रहा है। इसका एक ही उपाय है।" परमेसरी ने उत्सुकतावश पूछा, "बताइए बाबा, मुझसे जो जतन होगा, करूँगी। बस ई खड़ा हो जाएँ।" महतोजी बोले, "तो जितनी जल्दी हो सके, बाबू को बैलों की कीमत चुका दी जाए। कितने भले आदमी हैं। नौ सौ का घटा सहकर भी चुप हैं। आजकल तो लोग अठन्नी पर भी ईमान छोड़ देते हैं।" परमेसरी रोते-रोते बोली, "अभी तीन सौ कम पड़ रहे हैं। अब मैं क्या करूँ?" महतोजी गंभीर हो गए। बोले, "अब तुम क्या करोगी? जो भी करेंगे, रामजी ही करेंगे।" फिर वे रुके नहीं, तेज कदम निकल गए।

मौसम बदला और इसकी साथ ही सबकुछ बदल गया। वैद्य-हकीम आजमा लिये गए। कोई फायदा न हुआ। परमेसरी भाग-भागकर काली माई, ब्रह्म बाबा और पीर-औलिया सबकी चौखट पर माथा टेक आई, लेकिन बुटन की हालत न बदली। वह चढ़ते आषाढ़ की अन्हरिया रात थी। साँझ से ही बारिश हो रही थी। मेघ-गर्जन के साथ आसमान में जब बिजली चमकती तो रोंगटे खड़े हो जाते।

आज चार दिन से बुटन अन्न–जल छोड़ चुका था। बार–बार हिचकी आती थी। परमेसरी उसकी गरदन गोद में लिये पानी पिलाती, लेकिन पानी बाहर गिर जाता। मन में तरह–तरह के बुरे ख्याल आते। अचानक कहीं ठनका गिरा। बहुत जोर का उजाला हुआ। फिर एकबारगी नीरव सन्नाटा छा गया। दूर कहीं सियारों ने रोना शुरू कर दिया। तभी तेज हवा का झोंका आया और जलते दीपक को बुझाता चला गया। इसी बीच बुटन ने जोर की हिचकी ली। परमेसरी समझ न सकी। कुसुम ने तुरंत दीपक जलाया। सबने देखा, बुटन शांत पड़ गया था। परमेसरी पछाड़ खाकर गिर पड़ी। बेटे–बहू छाती पीट–पीटकर रोने लगे। बेटी तो बदहवास ही हो गई। रात लंबी तन गई।

सुबह मौसम साफ हो गया। अपने–बेगाने सब आ गए। अर्थी सजाई जा रही थी। रोते–रोते परमेसरी की आँखें सूज गई थीं। बेटी निढाल पड़ी थी। बहुएँ सिसक रही थीं। लोग जैसे–जैसे बताते जाते, बेटे वैसे–वैसे कर रहे थे। तभी दरवाजे पर एक सुंदर घोड़ागाड़ी आकर रुकी। सब चौंक गए। शिवदेनी महतो के साथ लंबी कद–काठी के एक सज्जन बैठे हुए थे। दोनों साथ ही उतरे। सज्जन को आश्चर्य से सबने देखा। महतोजी ने परिचय कराया। ये बाबू पहलवान देवीदयाल थे। नाम सुनते ही परमेसरी अंदर गई और एक पुरानी पोटली लाकर पहलवान के पैरों पर रख गिड़गिड़ाने लगी, “बाबू, वह इतना ही इंतजाम कर सका। छह सौ रुपए हैं। मैं उसकी लुगाई, अपने बच्चों की सौगंध खाकर कहती हूँ कि बाकी रकम देर–सबेर जरूर चुका दूँगी।” बाबू पहलवान हक्के–बक्के रह गए। कुछ समझ में न आया। परमेसरी को उठाते हुए बोले, “भावज, आप किस रकम की बात कर रही हो?” परमेसरी सिसकते हुए बोली, “वही आपके बैलोंवाली रकम, जो चोरी चले गए थे।” बाबू ने माथा पीट लिया, “उफ, मेरे बैल कहाँ चोरी चले गए थे? वे तो दूसरे ही दिन भागते–भागते घर पहुँच गए थे। शायद उनकी लड़ाई किसी दूसरे बैल से हो गई थी। सो बिदककर भाग खड़े हुए। मैं घर पर नहीं था, वरना जरूर खबर करता। संयोग से कल महतोजी दीनदयालपुर गए तो मुझे मालूम हुआ कि बुटन की तबीयत खराब है। सो देखने चला आया। आप पूछ लो महतोजी से, इन्होंने बैलों को द्वार पर खुद खाते देखा है।” फिर उन्होंने बुटन के चेहरे से कपड़ा हटाया और बिलख–बिलखकर रो पड़े, “बुटन, ये क्या किया भाई? एक खबर तो भेज देता! नाहक अपनी जान गँवा दी।” फिर परमेसरी से बोले, “भावज, तुम भी तो खबर कर सकती थी। ऐसा क्यों किया?” फिर बाबू पहलवान देर तक रोते रहे। महतोजी देवीदयाल

के कंधे पर हाथ रख सांत्वना देते बोले, "बाबू, नासमझी में सबकुछ हो गया। अब उठिए। आगे का काम किया जाए...!"

बुटन को गुजरे छह माह बीत गए। देवीदयाल की पहल से कुसुम की बारात मानिकपुर से ही आई। वही घर, वही द्वार और वही लड़का। कन्यादान का समय आया तो देवीदयाल आगे आए। बोले, "बेटी, तू चिंता न करना। आज से मैं तेरा बाप हूँ। कन्यादान मैं ही करूँगा।" कुसुम कातर भाव से ताकने लगी। बाबू रोते हुए बोले, "हाँ बेटी, आखिर यार था वह मेरा...!"

□

ये दिन भी बदलेंगे!

तब रामायण बाबू हाई स्कूल के नामचीन अध्यापक हुआ करते थे। साढ़े छह फीट की कद-काठी, साँवला शरीर, छब्बीस नंबर की सेन रेले साइकिल और चमचमाती धोवा धोती, यही पहचान थी उनकी। मानपुर मोड़ से गुजरते तो लोग घड़ी मिलाते, "भाई, साढ़े आठ हो गए।" घंटे भर पहले स्कूल पहुँचना रोजनामचे में शामिल था। पहुँचते ही पैरों में गजब की फुरती समा जाती। सफाई-प्रार्थना सब निर्धारित समय पर हो जाते। समय-सारणी पर सरसरी निगाह डालते और वर्ग-विशेष में दौड़ पड़ते। चार चौक से कम न ले जाते। विज्ञान में महारत हासिल थी। आर्किमिडीज का सिद्धांत तो ऐसे समझाते कि बच्चे साइंस के समंदर को पार करने का गूढ़ रहस्य जान जाते। पाँच पंचायत की दो पीढ़ियों के जीवन-निर्माण का सर्वाधिक श्रेय हासिल था। गणित के धाकड़ शिक्षक के रूप में पूरे जिले में पहचान कायम थी। भारी-से-भारी सवाल चुटकियों में हल कर देते। पढ़ाने की कला ऐसी कि विद्यार्थियों को मालूम ही न होता कि घंटी कब समाप्त हुई! क्या मजाल कि कोई विद्यार्थी वर्ग छोड़ बाहर निकल जाए! स्वभाव नारियल-सा था, ऊपर से सख्त और अंदर से मुलायम। स्कूल में बच्चे क्या आते, बारात आती! हर दिन उत्सवी माहौल होता। इनके साथ दामोदर बाबू, श्याम बाबू और कौशल्या दीदी की परोक्ष प्रतियोगिता लगी रहती कि किसके विषय में बच्चे ज्यादा आगे जाते हैं! छुट्टी की घंटी बजती तो विद्यार्थी व गुरुजन घर चले जाते। लेकिन रामायण बाबू वहीं बैठे रहते। शाम के साथ चेहरे की नैसर्गिक आभा मद्धिम पड़ने लगती। सभी देखते, लेकिन कभी किसी ने रामायण बाबू के अंतर्मन में उतरने की कोशिश नहीं की। तब हसनैन साहब हेडमास्टर हुआ करते थे। अंग्रेजी भाषा के प्रकांड विद्वान्। मस्त मिजाज और रहमदिल इंसान। दो बेटियाँ थीं, एक की शादी कर चुके थे। नमाज के पाबंद व ईमान के पोख्ते इंसान। एक

दिन मन बना लिया कि आज इस गहराई में गोते जरूर लगाएँगे। सो टोक ही दिया, "रामायण बाबू, गरचे बुरा न मानें तो एक बात पूछूँ?" शून्य में ताकते रामायण बाबू खुद में लौटे, "जी, पूछा जाए।" हसनैन साहब ने कुरसी सामने कर ली, "आज सात साल हुए इस स्कूल में सेवा देते हुए। खैर, आप तो दो साल बाद रिटायर भी होंगे। एक बात आज तक समझ में न आई—जब आप स्कूल आते हैं तो चेहरे पर गजब का उत्साह-उमंग होता है। ड्यूटी के दौरान भी चहकते रहते हैं, लेकिन जैसे ही स्कूल खत्म होता है, आपके चेहरे पर जमाने की उदासी छा जाती है। लोग इसकी वजह जानना चाहते हैं। लेकिन किसी की हिम्मत न होती कि आपसे पूछे। गुजारिश है कुछ कहें, हो सकता है, ये नाचीज कहीं काम आए? अगर पैरों से चलकर कुछ कर न सका तो हाथ उठाकर दुआ तो कर ही सकता है।" रामायण बाबू ने गौर किया, आँखें अनायास न कह रही थीं। कुछ देर खामोश रहे, फिर कहना शुरू किया—

"सच ये है सर कि घर जाने की हिम्मत ही न होती।" माथे पर बल पड़ गए हसनैन साहब के, बोले, "अच्छी-भली तो गृहस्थी चल रही है। जहाँ तक मैं जानता हूँ, बड़े बेटे जूनियर इंजीनियर हैं। दो बेटे पढ़ रहे हैं। बेटी को बढ़िया घर ब्याह गंगा नहा लिये। फिर दिक्कत तो दिखती नहीं!" रामायण बाबू ने लंबी साँस ली, "यही तो रोना है सर! बड़ा बेटा कॉरपोरेशन में जूनियर इंजीनियर था, अब छँटनीग्रस्त कर्मचारी है। बंदा डिप्रेशन में रहता है। उसके दो बच्चे हैं। बाकी बेटे ग्रैजुएट बन बेकार बैठे हैं। बेटी महज साल बाद जो ससुराल से लौटी तो वापस न गई। जिस जमाई को पाकर जिया जुड़ा गया था, उसने बेटी का घूँघट तक न उठाया। काली-कलूटी कह सिरे से नकार दिया। जैसे गई, वैसे लौट आई। तब से पड़ी हुई है। तीन साल हो गए, जमाई ने कोई खोज-खबर न ली। घर जाता हूँ तो दौड़कर पानी लाती है। देखकर कलेजा काँप जाता है। मँझला सीधा-सपाटा है। दस-बारह बच्चों को ट्यूशन देता है। छोटका माँ की सुनता नहीं। सब अपने मन की करता है। मैंने भी बोलना छोड़ दिया है। ऐसे में घर काटने को दौड़ता है। साहब, कैलेंडर बदलता है, साल बदलते हैं, लेकिन ये हाल न बदलते। मैंने काम से कभी जी न चुराया। बराबर बढ़िया करने की कोशिश की। फिर ऐसा मेरे ही साथ क्यों? शायद पूर्वजन्म में कोई चूक रह गई हो।" कहते-कहते रामायण बाबू ने आँखें बंद कर लीं, लगा कि अतीत के अक्स आँखों में उतरने लगे थे। खामोशी कायम रही। थोड़ी देर बाद हसनैन साहब बोले, "मास्टर साहब, कल

मौसम कैसा था?" "जी, बदली छाई हुई थी।" "आज कैसा है?" "बिल्कुल साफ।" "जब चौबीस घंटे में ही मौसम बदल गया तो क्या पूरी जिंदगी एक ही रौ में चलती रहेगी? दिन बदलते देर न लगती भाई। ये दिन भी बदलेंगे...! मगरिब का वक्त हो गया। मैं नमाज पढ़ लेता हूँ। इंशाल्लाह, आज साथ चलेंगे।" फिर एक सिर सजदे में चला गया, दूसरा बाअदब खड़ा हो गया। लगा, खड़ा सिर कुछ हल्का हो रहा है...!

माधोपुर मोड़ से दो रास्ते निकलते हैं। एक मानपुर होते हुए रामायण बाबू के गाँव जाता है, दूसरा हसनैन साहब को उनके मकाम तक पहुँचाता है। रामायण बाबू को आश्चर्य हुआ कि हेडमास्टर साहब आज उन्हीं की राह पर चल रहे थे। लगा, शायद मार्ग भूल गए हों, सो टोक दिया, "सर, आपकी राह तो वो रही।" पैडल दबाते हसनैन साहब हँसे, "जानता हूँ भाई! चलिए, आपकी चाय पीकर उधर से निकल जाऊँगा।" फिर दोनों साइकिलें समानांतर चलने लगीं।

घर पहुँचे तो इंजीनियर साहब अखबार पढ़ते मिले। छोटे साहबजादे साथियों के साथ कैरम बोर्ड पर थे। मँझले दस-बारह बच्चों को पढ़ा रहे थे। बेटी बाहर आई और पिता के हाथ से साइकिल ले ली। फिर हसनैन साहब के पैर छुई। हसनैन साहब ने मुआयना किया। कोई अखबार में अतीत ढूँढ़ रहा था, कोई अलजेब्रा के अहम सवालों में उलझा था। कोई कैरम की रानी पर फिदा था; और रानी थी कि हर बार दगा दे रही थी। छोटी सावित्री वजूद के लिए बड़ी जंग लड़ रही थी। दौड़कर कुरसी लाई और बैठने का आग्रह किया। धीरे-धीरे सभी आ गए। हसनैन साहब ने गौर किया—आर्कमिडीज व न्यूटन के नियमों की सख्त जरूरत तो यहीं थी। शायद चिराग तले अँधेरा रह गया था। चाय पीते हुए मुखातिब हुए, "मैं हसनैन अख्तर, आपके पिता का सहकर्मी हूँ। कहने के लिए हेडमास्टर हूँ, लेकिन स्कूल की सारी जिम्मेदारी आपके पिता ही सँभालते हैं। आज साथ लौटा तो सोचा कि आप सबसे मिलता चलूँ। शायद आप अवगत हों, आपके पिता जिले के गणित-विज्ञान के प्रख्यात अध्यापक हैं। मैं तो आर्ट ग्रैजुएट हूँ, लेकिन हाई स्कूल तक थोड़ी-बहुत विज्ञान भी पढ़ी है। वो न्यूटन का नियम तो मालूम ही होगा—'कोई वस्तु अपनी पूर्वावस्था तब तक बनाए रखती है, जब तक कोई बाह्य बल उसकी अवस्था न बदल दे।' मैं देख रहा हूँ, यहाँ भी सब उसी अवस्था में पड़े हुए हैं। लिहाजा तलाश किसी बाह्य बल की होगी, जो इस जड़ता के हालात को बदल दे। कभी इस बहुमूल्य बल की तलाश की गई?" सवाल

सटीक व सामयिक था। बेटे बगलें झाँकने लगे। हसनैन साहब ने बात जारी रखी, "कुछ लोग इस बल की तलाश बाहरी रूप में करते हैं। जबकि यह स्वयं में अंतर्निहित होता है। सूरज को रोशनी देने के लिए किसी बाहरी स्रोत का सहारा लेना नहीं पड़ता। वह खुद ऊर्जा पैदा करता है और मुकम्मल रोशनी देता रहता है। धरती किसी दूसरे के धारण किए जाने के भरोसे नहीं रहती। वह सारी सृष्टि को खुद धारण कर अनवरत चलती रहती है। भौतिक शास्त्र के नियमों के मुतल्लिक तितली को उड़ने का हक है, क्योंकि उसके डैने बड़े और भार कम होता है। अपने बड़े डैनों से हल्का उत्प्लावन बल पैदा कर आराम से उड़ती-फिरती है। लेकिन कभी बेचारे भौंरे पर सोचा गया? जिसका भार ज्यादा और डैने काफी छोटे होते हैं। बावजूद वह बिंदास उड़ता है। जानते हैं क्यों? क्योंकि उसे भौतिकी के नियमों पर नहीं, अपने डैनों पर ज्यादा भरोसा है। अपने पंखों को इतनी तेजी से प्रकंपित करता है कि उसका भार उसकी उड़ान में आड़े नहीं आता और बखूबी उड़ जाता है। जिस दिन वह भौतिक शास्त्र के नियमों को जान लेगा, बेचारा उसी दिन से उड़ना बंद कर देगा!"

सभी बड़ी तन्मयता से सुन रहे थे। हसनैन साहब आगे कहते गए, "जिस बाह्य बल की तलाश हमें होती है, दरअसल वह हमारे अंदर एक छोटी चिनगारी के रूप में मौजूद होता है। तो क्यों न उस चिनगारी को हवा दी जाए? जिस सहयोग या सहारे की तलाश में हम हाथ-पर-हाथ धरे बैठे हैं, वह मिल भी सकता है और नहीं भी मिल सकता। फिर इस इंतजार में अपनी असीम ऊर्जा और उत्साह को जाया करना कहाँ की बुद्धिमानी है?" हसनैन साहब उठे, एक भरपूर नजर इंजीनियर बेटे पर डाली और मँझले के ब्लैक बोर्ड पर कुछ लिखने लगे—

मुश्किलें दिल के इरादों को आजमाती हैं,
स्वप्न के परदे निगाहों से हटाती हैं।
हौसला मत हार, गिर कर ऐ मुसाफिर,
ठोकरें इंसान को चलना सिखलाती हैं।

क्या कोई इन पंक्तियों के रचयिता का नाम बताएगा? सावित्री उछलकर बोली, "जी अंकल, राष्ट्र कवि दिनकर।" हसनैन साहब मुस्कराए और माथे पर हाथ रख बोले, "बेटी, सावित्री का बल, उसका सत्य व विश्वास ही था, जिससे वह अपने पति सत्यवान के प्राण वापस लाई। धीरज रखना, सत्य के मार्ग पर चलती रहना। देखना, तेरा पति भी एक रोज अपने कदमों से चलकर आएगा। इंशाल्लाह,

इस रमजान के रोजे तेरे हवाले करता हूँ।" फिर दुआ में हाथ उठाए और निकल गए। ब्लैकबोर्ड पर लिखी इबारतों ने आज किसी को सोने नहीं दिया। अलबत्ता रामायण बाबू खूब सोए।

एक होली गुजरी। ढेर दिन के बाद खुशियों ने दरवाजे खटखटाए। मँझले को आयोग से सरकारी शिक्षक बनने का सौभाग्य मिल गया। रामायण बाबू भागते आए और हेडमास्टर साहब को शुभ समाचार सुनाए। हसनैन साहब बोले, "ऐसे नहीं, भारी भोज होना चाहिए।" रामायण बाबू बोले, "सर, आपके लिए तो रोज भोज होगा।" फिर दुर्गा पूजा आई तो शक्ति की देवी भारी शक्तियाँ लाईं। इस बार छोटका सब-इंस्पेक्टर ऑफ पुलिस बन गया। फिर तो रामायण बाबू के पैर जमीं ही छोड़ दिए।

छोटे के सिर पर सरकारी टोपी क्या लगी, समाज में साख व मोहल्ले में धाक बढ़ गई। कल तक हाशिए पर जिंदगी जीनेवाला परिवार अचानक सुर्खियों में आ गया। हसनैन साहब ने कहलवा भेजा कि अबकी एक भोज से काम न चलेगा। अब रामायण बाबू के जेहन में पूर्वजन्म में हुई चूक धुँधली पड़ने लगी।

तब दीवाली की तैयारियाँ जोरों पर चल रही थीं। खबर आई कि एक अहम न्याय-निर्णय के तहत सरकार ने तमाम छँटनीग्रस्त कर्मचारियों की सेवा में वापसी कर ली। छँटनी-अवधि का वेतन भी दे दिया। कल तक पैदल चल रहे इंजीनियर साहब फिर से चार चक्के पर आ गए। पहले दिन ड्यूटी जाने से पहले जब बाबूजी के पाँव छुए तो चेहरे पर आत्मबल साफ दिख रहा था। रामायण बाबू से रहा न गया। सीधे हसनैन साहब की ओर भागे। शुभ समाचार सुनाया और अनुरोध किया कि भोज का भार बढ़ता जा रहा है। लिहाजा ले लिया जाए। हसनैन साहब अबकी जोर से हँसे।

इस बीच रामायण बाबू रिटायर हो गए। हसनैन साहब का कहीं दूर तबादला हो गया। इन्हें भोज न देने की टीस सालती रही। समय का पंछी उड़ता रहा। वो सर्द स्याह रात थी। रामायण बाबू गहरी नींद में थे। तभी किसी ने दरवाजा खटखटाया। नींद खुली। रात के ग्यारह बजे कौन हो सकता है? धीरे से दरवाजा खोला और जो देखा तो देखते रह गए। आँखें विश्वास न कर पा रही थीं। लेकिन सच, सच था। सामने दामाद हाथ जोड़े खड़ा था। भ्रम दूर करने हेतु खुद को चिकोटी काटी। दामाद ने आगे बढ़ ससुर के पैर छुए और अपने किए की माफी माँगी। रामायण बाबू ने दौड़कर जमाई को गले लगाया और अंदर लाए। आहट पा बड़ी बहू आई।

अचानक अमावस्या की रात पूर्णिमा में बदल गई। रामायण बाबू सोने चले गए। अब पूर्वजन्म में हुई चूक जेहन से जाती रही। खाना खिला बहू जब जाने लगी तो मेहमान ने पूछा, "भाभी, घर में और लोग नजर नहीं आ रहे हैं! मेरा मतलब है, माँजी और... !" भाभी हाथ चमकाकर बोली, "माँजी तो एक शादी समारोह में गई हैं। चार दिन बाद लौटेंगी। और किसके बारे में जानना चाहते हैं?" मेहमान गला साफ कर बोले, "जी, सावित्री भी दिख नहीं रही है।" "वो तो चली गई।" "क्या, कहाँ चली गई?" बिजली गिरी जमाई पर। चेहरा स्याह पड़ गया। भाभी ने कहना जारी रखा, "का कहें मेहमानजी, अब इतने दिन घर में बेटी बैठाकर कोई थोड़े रखेगा? आखिर आपने भी तो कोई खोज-खबर न ली। बाबूजी ने खाता-पीता घर देखकर सावित्री को विदा कर दिया। बेचारी विदाई के समय बड़ी रोई। शायद अंदर से न जाना चाहती थी।" जमाई बर्फ की मानिंद जमने लगे। भाभी तुरंत निकल गई। भोर होने को थी। बगल के कमरे से सिसकियों की आवाज आ रही थी। भाभी भागी आई। देखा कि बर्फ पूरी तरह पिघल चुकी थी। बोली, "बबुआ, हमने तो सुना है, बड़ी तनख्वाह पानेवाले आप बड़े ओहदे के लोग हैं। फिर बच्चों-सा बिलखना अच्छा लगता है क्या?" जमाई ने बड़ी मुश्किल से भाभी को देखा। वो मुस्करा रही थी। बोली, "हाथ-मुँह धो लीजिए बबुआ! तब तक मैं चाय बनाती हूँ। भला सत्यवान को छोड़कर सावित्री कहाँ जाएगी? माँ के साथ है। साथ ही लौट आएगी।" उधर रामायण बाबू सो न पाए। रेगिस्तान में सावन को आते देखा। कभी ऐसे ही अहिल्या का उद्धार हुआ होगा!

आज हसनैन साहब के यहाँ बड़ी चहल-पहल है। छोटी बेटी की बारात आनेवाली है। कानपुर के कमरुल कव्वाल की मजलिस जमनेवाली है। भारी भीड़ होगी, सो इंतजाम में कोई कमी न रखी जा रही है। रामायण बाबू की विशेष रूप से बुलाहट है। कोई आधे घंटे बाद रामायण बाबू मय कुनबे सहित आ गए। साथ में दामाद भी थे। तीनों बेटे गाड़ी से उतर व्यवस्था में लग गए। बड़ी बहू आँगन चली गई। जमाई ससुर के साथ बैठे रहे। तभी हसनैन साहब की नजर रामायण बाबू पर पड़ी। दौड़े आए। रामायण बाबू ने जमाई का जब परिचय कराया तो हसनैन साहब ने हाथों को ऊपर किया और बोले, "मौला, सचमुच तू करीम है, रहीम है, तेरी कृपा निराली है। तू क्षण भर में राई को पहाड़ और पहाड़ को राई कर सकता है। किन अल्फाजों में तेरी नेमतों का बखान करूँ! मैंने महज एक बारात मँगाई थी। तूने एक साथ मेरे दोनों दामाद दे दिए।" हजरत अपनी रौ में बोले जा रहे थे। उधर

उनकी बेगम ने रामायण बाबू की पत्नी के साथ दामाद की आरती की। आँगन में दोनों बेटियों को साथ मेहँदी लगी। कमरुल कव्वाल ने गजब का समाँ बाँधा। तीनों बेटों ने खूब मोहरें लुटाईं।

भोरे-भोर दोनों बेटियाँ साथ ही विदा हुईं। जब एक साथ दोनों पिताओं के गले लग रो रही थीं तो कहना मुश्किल था कि कौन जनाब हसनैन अख्तर साहब की दुखतरे नेक है और कौन श्री रामायण बाबू की सुपुत्री है! बेटी व माँओं के आँसू मिल गए। गंगा-यमुना की धाराएँ एक हो गईं। भाई निढाल पड़ गए। लम्हें न लगे, घर-आँगन सूने पड़ गए।

शाम को रामायण बाबू लौटने लगे। हाथ जोड़ बोले, "सर, अब तो मेरे जिम्मे कोई काम ही न रहा। क्या करूँ?" हसनैन साहब हँसे, "जाइए, कुंभ नहा आइए। मेरे लिए भी दुआ कीजिए, मेरा भी हज हो जाए।" गाड़ी खुलने लगी।

अचानक मौसम बदल गया। बूँदाबाँदी शुरू हो गई। रामायण बाबू चिहुँके, "अरे, ये क्या हो गया?" हसनैन साहब छूटते ही बोले, "यह मौसम का मिजाज है भाई! बदलते देर न लगती। घबराइए मत, ये दिन भी बदलेंगे...!" सबने देखा, अरसा बाद रामायण बाबू के चेहरे पर नैसर्गिक आभा लौटी थी...!

□

राज-रतन

सोनलगढ़ की सीमा जहाँ समाप्त होती थी, वहाँ से हिमालय के भयावह जंगल शुरू हो जाते थे। इस घने जंगल का पार पाना मुश्किल था। ऊँचे पहाड़, गहरी दुर्गम्य घाटियाँ और हहराकर बहती जानलेवा नदियाँ। अगर रास्ता भटक गए तो गए काम से। फिर तो चलते रहिए। कब ठौर-ठिकाना आएगा, कहा नहीं जा सकता! गरचे किसी ने हिमाकत भी की तो भागते-भटकते भूखों मर गया या फिर जंगली जानवरों का निवाला बन गया। शेर, बाघ, चीता, भालू और हाथियों के अपने इलाके हुआ करते थे। अन्य छोटे-बड़े जानवरों से जंगल पटा पड़ा था। हजारों की तादाद में हिरनों का समूह जब मैदानी इलाकों से उतर नदी में पानी पीने जाता तो लगता, लाल-भूरे बादल बहे चले जा रहे हैं। नदी किनारे मगरमच्छ भी इंतजार में डुबकी लगाए रहते। जिसकी किस्मत दगा दे जाती, वह जबड़ों में दब ही जाता। बतौर सजा, राजा सोनलमान सिंह आदमी की आँखों पर पट्टी बँधवा इस जंगल में डलवा दिया करते थे। चंद दिन बाद उस अभागे की हड्डियाँ कहीं खाई में पड़ी मिलतीं। राजा कभी शिकार पर निकलते भी तो पूरी तैयारी और मय लाव-लश्कर के साथ। अंग रक्षकों का हुजूम साए की तरह साथ चलता। ऊँचे टीले पर शिविर लगता, जिसके चारों तरफ सैनिक पहरा देते। पाँच-सात दिनों की तफरीह और मनमाफिक शिकार के बाद राजमहल को वापसी हो जाती। राजा भी जंगल के बीच जाने का कभी साहस न कर सके।

एक दिन की बात है। चुपके से राजकुमार शिकार पर निकले और एक हिरण का पीछा करते-करते बीहड़ घने जंगल में चले गए। सामने हिरण को देख धनुष की प्रत्यंचा खींची और निशाने पर तीर छोड़ दिया। लेकिन आश्चर्य की सीमा तब न रही, जब उनके तीर को दूसरी दिशा से आते तीर ने तोड़ दिया। राजकुमार गुस्से में गरजे, "किस मरदूद ने हिम्मत की?" कोई उत्तर न आया। फिर

आगे बढ़े और निशाना साधा। इस बार भी यही हुआ। तीर ने तीर को तोड़ दिया। बिजली-सी कौंधी और निशाना निष्फल हो गया। राजकुमार की आँखों में क्रोध की ज्वाला भड़क उठी। सौ-कोसी सोनलगढ़ के राजकुमार की शान में गुस्ताखी मौत की बुलाहट थी। राजकुमार चीखे, "कौन है मरदूद, सामने आ...!" घाटियों से टकराकर लौटती आवाज और भयावह होने लगी। दिशाएँ थर्रा उठीं। धनुष पर प्रत्यंचा चढ़ाए राजकुमार ने आगे बढ़ना शुरू किया। तभी बिल्कुल सामने आकर एक तीर गिरा। फिर दूसरा, तीसरा। फिर तो तीरों की बरसात होने लगी। राजकुमार बचने की कोशिश करने लगे। क्षण भर पहले की गर्जन अब बिल्कुल बचाव में आ गई। इसी बीच कोई साया राजकुमार पर धम्म से गिरा। राजकुमार सँभल न सके, सीधे चित गिरे। ऊपर साया धनुष पर बाण चढ़ाए खड़ा हो गया। राजकुमार की साँसें थमने लगीं। जिंदगी मौत के मुहाने पर आ गई। साया गरजा, "हमरे इलाके में आकर हमीं से सवाल पूछते हो? क्या तुम्हें मालूम नहीं कि यहाँ जानवरों का शिकार करना कबीलाई कानून के खिलाफ है? और इसके लिए सख्त सजा का विधान है? शुक्र मनाओ कि कोई जानवर आहत न हुआ, वरना तरकश के तमाम तीखे तीर तेरे सीने में पैबस्त होते। बोलो, तुम कौन हो और इधर आने की जुर्रत कैसे की?" राजकुमार ने देखा कि सीने पर सवार साया एक युवती थी, जो इस समय रणचंडी बनी हुई थी। कमर को छूते काले बाल, बड़ी सी कजरारी आँखें और उन आँखों में उफनता शोला, बाप रे, सबकुछ जानलेवा था। शायद भूल से भगवान् ने इसे युवती बना दिया होगा। साँसों की रफ्तार सामान्य कर बोले, "क...क...कौन हो तुम और इस तरह मुझे... ?" और आवाज अटक गई। युवती गरजी, "सवाल मैंने किया है, जवाब दो, वरना..." और सचमुच उसने प्रत्यंचा पर दबाव बढ़ाना शुरू कर दिया। राजकुमार बिना देर किए सबकुछ बताते चले गए, "मैं सोनलगढ़ का राजकुमार हूँ। शिकार खेलने आया था। एक हिरण का पीछा करते-करते यहाँ तक आ गया। बस..." और राजकुमार ने हाथ जोड़ दिए। "क्या... ?" आश्चर्य में युवती का मुँह खुल गया। उसने फौरन पैर खींच लिये। खेद प्रकट किया और तीर की तरह निकल गई। भागते पैरों से जंगल के पत्तों की खड़खड़ाहट कुछ देर तक आती रही। राजकुमार ने देखा, पश्चिम में सूरज पहाड़ियों में छुपने लगा था, गोया कि थोड़ी देर बाद साँझ हो जाएगी। फिर यहाँ से निकलना मुश्किल हो जाएगा। गरचे राह भटके तो आफत आ जाएगी। बीहड़ जंगल की रात रोंगटे खड़ी करनेवाली होती है। तरकश भी लगभग खाली हो चुका था। सो झटके से उठे और जोर से चिल्लाए,

"रुको, रुको, मेरी मदद करो। मैं यहाँ से निकल न पाऊँगा।" ध्वनि फिर घाटियों से टकराने लगी। थोड़ी देर बाद पत्तों में फिर खड़खड़ाहट हुई। राजकुमार को लगा, शायद वह लौट रही है। और सचमुच वह हवा की तरह हाजिर हो गई। होंठों पर कुटिल मुस्कान लिये बोली, "शिकार के शौकीन बड़ी जल्दी सकते में आ गए!" कुमार ने देखा कि क्षण भर पहले जिन आँखों में शोले उफन रहे थे, उन आँखों में अब तंजिया मुस्कान तैर रही थी।

राजकुमार ने अपनी व्यथा कही और सोनलगढ़ पहुँचने का सुगम मार्ग पूछा। युवती ने ठहाके लगाए, "राजकुमार को किसका भय? बेखौफ जाइए। उत्तर पहाड़ों से घिरा है। पश्चिम से पार न पाएँगे। पूरब पहाड़ी नदियों से बिछा है। ले-देकर दक्खिन का ही रुख करना होगा। अगर अभी से चले तो सुबह होते-होते सोनलगढ़ पहुँच जाएँगे। अब बोलिए, क्या मदद करूँ?" "कहीं सिर छुपाने की जगह बता दो। रात में जाना क्या सही होगा?" कातर भाव से कुमार ने देखा। युवती सोचने लगी—सही कहा राजकुमार! "लेकिन आप ठहरोगे कहाँ?" "जहाँ आप लोग रहते हो।" "नहीं...मैं वहाँ नहीं ले जा सकती।" युवती उठ खड़ी हुई। "क्यों, किसी आगंतुक को आश्रय देना अनुचित है?" स्वर गंभीर हो गया कुमार का। "हरगिज नहीं, हमारे कबीले में गैर मर्द का प्रवेश वर्जित है। वहाँ आपकी जान खतरे में पड़ जाएगी और मैं यह जोखिम नहीं उठा सकती।" युवती का लहजा उदास होने लगा। "जंगल पार करने में खतरा है, तेरे कबीले में खतरा है तो फिर एक ही रास्ता बचता है, पूरी रात पेड़ों पर बिताऊँ! ठीक है, अब तुम जाओ, मुझे मेरे हाल पर छोड़ दो।" कुमार खड़े हो गए। अचानक युवती की आँखों में चमक उभरी। बोली, "नहीं राजकुमार, ऐसा नहीं होगा। आइए मेरे साथ।" युवती बढ़ चली। राजकुमार पीछे हो लिये। कोई घंटे भर दोनों चलते रहे। इस दरम्यान कोई किसी से कुछ न बोला। हिरनी की चाल-सी युवती चली जा रही थी। कुमार थकने लगे, सो बोले, "कब तक चलना होगा?" "थोड़ी देर और।" बिना मुड़े युवती बोली और चलती रही। कुछ देर बाद जब मुड़ी तो कुमार कहीं नजर न आए। पीछे भागती हुई आई। देखा, कुमार एक टीले पर लेटे हुए हैं और लंबी-लंबी साँसें ले रहे हैं। चेहरा स्याह पड़ गया है। होंठ सूज गए हैं। छूकर देखा, बदन तवे-सा जल रहा था। "अरे बाप रे, इन्हें तो लू लग गई!" कुमार की हालत ठीक न थी। चारों तरफ देखा, कहीं कोई सहारा न था। तुरंत नीचे उतरी, नदी की तरफ भागी। थोड़ी देर बाद लौटी तो हाथ में भीगा हुआ अँगरखा था। कुमार के बदन को पोंछा, ललाट पर भीगा कपड़ा रखा।

कपड़ा तुरंत सूख गया। फिर भागी, भीगा कपड़ा फिर लाई। यह सिलसिला देर तक चलता रहा। कोई घंटे भर बाद कुमार ने आँखें खोली। बदन अभी भी जकड़ा जा रहा था। काँपते स्वर में कुमार बोले, "अब न चल पाऊँगा। तुम चली जाओ। तुम्हारे माँ-बाप नाहक परेशान होते होंगे।" "नहीं कुमार, इस हाल में आपको छोड़कर मैं नहीं जा सकती। आप मेरी चिंता बिल्कुल न करें। जब तक तीर-कमान साथ है, इस भीलन बाला का कुछ न होगा। अब आप उठिए, साँझ हो गई। रात होने के पहले हमें उस पहाड़ी पर चढ़ जाना होगा। वहाँ हमारी वन-देवी का मंदिर है। जगह सुरक्षित और जानवरों की पहुँच से परे है। चलिए उठिए।" कुमार का हाथ पकड़ युवती ने उठाया और सहारा देकर ऊपर चढ़ने लगी। पहाड़ी पर चढ़ना बड़ा मुश्किल भरा काम था। इसके बावजूद युवती के चेहरे पर शिकन तक न आई। रात होते-होते दोनों पहाड़ी की वन-देवी मंदिर में जा पहुँचे। यहाँ से नीचे का नजारा बड़ा भयावह लग रहा था। युवती बोली, "कुमार, अब आप आराम कीजिए। मैं आपके लिए खाने-पीने का प्रबंध करती हूँ। मैं यूँ गई और यूँ आई।" और सचमुच वह तीर के समान पहाड़ी से उतरने लगी। कुमार ने गौर किया, पदचाप थोड़ी देर तक सुनाई पड़ी, फिर वह भी जंगल की नीरव खामोशी में समा गई। रह-रहकर दूर कहीं से शेर की दहाड़ सुनाई पड़ती। कभी हाथियों की चिंघाड़ सुनाई पड़ती। कभी ढेर सारे जानवर एक साथ बोलने लगते।

कुमार गहरी नींद में सो गए। तभी युवती ने मंदिर में प्रवेश किया। मिट्टी के घड़े में पानी, कुछ शहद, कुछ जड़ी-बूटियाँ और ढेर सारे केले रखे। फिर, कुमार को जगाया। ऊपर आसमान में चाँदनी निकल आई थी। कुमार ने आँखें खोलीं। सामने वन-बाला मुस्करा रही थी। तीसी के फूल सा नीला बदन, सुंदर मुखमंडल, मतवाली आँखें और स्याह अँधेरे को मात देती केश-कांति। कुछ अलग थी वह। कुमार नजर न हटा सके। युवती बोली, "लीजिए, पहले शहद खा लीजिए। तभी यह जड़ी-बूटी कारगर रहेगी।" कुमार मासूम बच्चे-सा करते गए। जब छककर पानी पिया तो लगा कि कुछ हुआ ही न था। हाथ जोड़ बोले, "तुम्हरा ये एहसान हम ताउम्र न भूलेंगे। कुछ अपने बारे में बताओ। नाम क्या है तेरा ?" "माँ, मुझे रत्ना कहती है, बाबा रतन बुलाते हैं। हम जिस कबीले से आते हैं, वह सबसे उम्दा माना जाता है। मेरे बाबा कबीले के सरदार हैं। मैं उनकी इकलौती बेटी हूँ। जो मेरा हाथ थामेगा, बाबा के बाद सरदारी उसी को मिलेगी। लेकिन उसे मुझे धनुष-विद्या में हराना होगा।" राजकुमार हँसे, "तब तो तुम कुँआरी ही रह जाओगी। भला तुझे कौन

हरा सकेगा?" बात काटते हुए रतन बोली, "वो है न बालन, बहुत बड़ा तीरंदाज है। वह तो आँखों पर पट्टी बाँधकर बाण चलाता है। बाबा को पसंद भी है, लेकिन मुझे न सोहाता है। उसके चाल-चलन अच्छे न लगते। मैंने तो माँ से साफ-साफ कह दिया है। इसके हिक्के-हवाले न बैठूँगी। आगे अब नसीबा जाने!" रतन रौ में सबकुछ बोलती गई। कुमार अपलक देखते रहे। रात गहरी होती गई।

जब कुमार की नींद खुली तो माथे पर सूरज चढ़ आया था। रतन का पता न था। सोचा, शायद चली गई हो। पहाड़ी उतरने लगे। सामने नदी बह रही थी। नीचे आए। देखा, रतन नहा रही थी। भीगा बदन जब सूरज की सुनहरी किरनों से नहाया तो रतन का सौंदर्य निखर आया। उफ...वन-बाला, बला की खूबसूरत थी! कुमार वहीं बैठ गए और निरमेष निहारने लगे। इस किनारे डुबकी लगाती तो उस किनारे नजर आती। अचानक रतन की नजर पड़ी। शरमाई, छुईमुई-सी हुई और उलाहने भरे अंदाज में बोली, "क्यों कुमार, यूँ छुपकर देखना अच्छा लगता है क्या?" कुमार की चोरी पकड़ी गई। सफाई देने लगे, "जाने के पहले तुझसे मिलना जरूरी समझा, सो आ गया।" रतन मुस्कराई। "ठीक है, आप भी नहा लो। पहाड़ी नदी का शीतल जल सारी थकन उतार देता है।" राजकुमार रतन के सहारे नदी उतरे और नहाने लगे। रतन अब उसी टीले पर जा बैठी और निहारने लगी—छरहरा बदन, बलिष्ठ भुजाएँ और अप्रतिम सौंदर्य के स्वामी थे राजकुमार। सोचा—कितनी भाग्यशालिनी होगी वो कन्या, जो कुमार की ब्याहता बनेगी! आँखें बंद कर ली उसने। राजकुमार नहाकर सामने खड़े हो गए, लेकिन वह खुद में खोई रही।

राजकुमार रतन से विदा ले रहे थे। पलकें दोनों की बोझिल थीं। चंद लम्हों की मुलाकात ने जज्बातों को जमीन दे दी। लेकिन लब न खुले। खामोशी तारी रही। रतन नजरें नीची किए ताक रही थी। कुमार बोले, "अच्छा, अब इजाजत दो, चलूँ।" रतन के होंठ सिल गए। "बोलती क्यों नहीं?" कुमार ने टोका। देखा कि रतन पलकों पर ढलक आए आँसुओं को छुपाने की कोशिश कर रही थी। फिर उसने मंदिर की तरफ बेतहाशा भागना शुरू किया। कुमार अवाक् रह गए। रतन एक ही साँस में पहाड़ी चढ़ गई। आकर वन-देवी के चरणों में गिरी और आँखों में आँसू लिये बोली, "माँ, तू अंतर्यामी है, सबका सबकुछ जानती है। मुझे कमजोर पड़ने से बचा ले माँ! मैं क्यों राजकुमार की डोर से खुद को खोल नहीं पा रही हूँ? जितनी कोशिश करती हूँ, उतनी ही उलझती जा रही हूँ। मुझे शक्ति दे माँ। कहाँ वे सोनलगढ़ के भावी राजा, कहाँ मैं भीलन बाला! बावजूद कुमार की जुदाई मुझे तोड़े

जा रही है। शरीर लरज रहा है। वजूद कटी पतंग की भाँति खुद से कटा जा रहा है। क्यों बरबस कुमार की तरफ खिंची चली जा रही हूँ? रात भर की मुलाकात क्यों जन्म-जन्मांतर की साथ-सी लगती है? इसके पहले कि ये स्वप्न टूटे, मुझे मजबूती दे माँ! मैं मर जाऊँगी।" रतन माँ की मूरत-तले पड़ गई और बिलख-बिलखकर रोने लगी। तभी उसे गरम हाथों की छुअन महसूस हुई। देखा, सामने कुमार खड़े थे। शायद सबकुछ सुन लिया था कुमार ने। आँखें भर आई थीं उनकी। फिर एक चमत्कार-सा हुआ। कुमार ने गले से मोतियों का हार निकाला और रतन के गले में डालते हुए बोले, "मैं सोनलगढ़ का राजकुमार, माँ वन-देवी को साक्षी मानकर तुझे अपनी अर्धांगिनी स्वीकार करता हूँ। ये हवाएँ, ये फिजाएँ हमारे गंधर्व विवाह की साक्षी रहेंगी।" "क्या... !" रतन का मुँह खुल गया, आँखें फैल गईं, "यह क्या किया कुमार? मैं पागल हो जाऊँगी। कह दीजिए, यह महज एक मजाक था या एक हसीन ख्वाब!" "नहीं रे रतन, न यह मजाक था, न कोई ख्वाब। जिसे कल होना था, वह आज हो गया। देखो, वन-देवी हमें आशीर्वाद दे रही हैं।" रतन ने देखा, सचमुच माँ मुस्करा रही थीं। लगा कि अर्श का फरिश्ता फर्श की खाक को ललाट का चंदन बना लिया! बर्फ की मानिंद पिघलने लगी। होश न रहा, कुमार की बाँहों में झूलती चली गई। अचानक पहाड़ी मौसम बेमानी हो गया। दोपहरिया अँधेरी रात में तब्दील हो गई। जोरों का तूफान उठा। फिर झमाझम बारिश होने लगी। बिजली की चमक और दो प्रेमियों की तपिश साथ समा गई। फिर तो साँसों की रफ्तार सामान्य न रही... !

जब तूफान थमा तो साँझ हो चुकी थी। कुमार की नींद खुली। रतन को पास न पाकर बेचैन हो उठे। अब लम्हों की जुदाई जानलेवा सी लगी। बाहर आए। नीचे रतन सज-धजकर खड़ी थी। सुर्ख लाल जोड़े, इंद्रधनुषी खूबसूरती को मादक बना रहे थे। बालों में फूलों का गजरा लगाए गाए जा रही थी—'प्रीतम प्रीत लगाय के दूर देस न जाय। बसो हमारी नगरी, हम माँगे आप खाय।' कुमार देर तक गीत सुनते रहे। ओह, गजब की सुरीली आवाज पाई थी रतन। स्वर ऐसा कि कोयल शरमा जाए। जब आलाप भरती तो लगता, तार सप्तक में सितार के सारे तार एक साथ झनझना उठे हों। जब अंतरा गाती तो लगता, झरने झूम-झूमकर बहे चले जा रहे हों। कितनी वेदना और तड़प थी उस गीत में। कुमार ने सोच लिया, रतन के दामन में दुनिया की तमाम खुशियाँ डाल दूँगा। चुपके से गए और रतन की आँखों पर हथेली रख दी। रतन हाथ पकड़ बोली, "आ गए मेरे राज, मैं यहाँ बैठी आपकी

ही राह देख रही थी।" रात गहराने लगी। प्रेम परवान चढ़ने लगा। अब सुबह-शाम की सुध न रही। दिन पहाड़-से लगते। रातें छोटी पड़ जातीं। ग्यारह दिन गुजर गए। कहते हैं, खैर, खून, खाँसी, खुशी छुपाए न छुपते। उस दिन रतन कबीले से निकल पहाड़ी जा रही थी। तभी बालन की नजर पड़ गई। सज-सँवर के रात में निकलना गले न उतरा।

उसने चुपके-चुपके पीछा करना शुरू किया। रतन अपनी रौ में चली जा रही थी। जब पहाड़ी चढ़ मंदिर में गई तो बालन की शंका और बलवती हो गई। उसने पीछा करना जारी रखा। रतन ने मंदिर से सटी गुफा में प्रवेश किया और कुमार को जगाया, फिर खाना खिलाने लगी। प्रेमी जोड़े न जानते थे, एक जोड़ी बेशर्म आँखें बड़ी बेरहमी से उनका पीछा कर रही हैं। अंदर का नजारा देख नसें तन गईं बालन की। उसकी होनेवाली भील-सरदारन किसी और की...नहीं, नहीं...! वह ऐसा हरगिज न होने देगा। मुट्ठियाँ भिंच गईं। सोचा, क्यों न दोनों को साथ ठिकाने लगा दे? तरकश से जहरीले तीर निकाल प्रत्यंचा खींच ली, लेकिन कबीले का कानून हाथ लेने से सरदारी का ताज सिर से सरक जाता। बालन खींसें निपोरता नीचे उतर आया। भोर होते रतन जब घर पहुँची तो मय कबीले के लोग बाबा के पास जमा थे। रोंगटे खड़े हो गए उसके। आज अपना ही घर मौत का कुआँ नजर आया। बाबा की आँखों में देखा, वहाँ आग के दहकते अंगारे नजर आए। खतरे को भाँप पीछे मुड़ी और बेतहाशा भागने लगी। लेकिन बीहड़ के बहेलियों ने नन्ही चिड़िया के पर नोच लिये, पकड़ ली गई। भील-सरदार गरजे, "कैद में डाल दो इस नाफरमान को। हमारे खून को नापाक कर दिया इसने। आज के आठवें दिन वन-देवी के सामने सजा सुनाई जाएगी।" बालन मूँछों पर ताव फेरने लगा। रतन बंदी बना ली गई। बेटी को दी जानेवाली सजा की कल्पना मात्र से माँ का पूरा शरीर सिहर उठा। फिर भी आँसू छुपा लिये उसने।

जब पूरे दिन रतन न आई तो कुमार बेचैन हो उठे। कहाँ खोजें? ऐसे ही तीन दिन गुजर गए। कुमार बावले हो उठे। सोचा—जरूर कोई बात है! कल हर हाल में रतन का कबीला ढूँढ़ेंगे।

उधर सोनलगढ़ में भारी उथल-पुथल मची थी। राजा की तबीयत अचानक खराब हो गई। बड़े-बड़े वैद्य-हकीम बुलाए गए, लेकिन मर्ज बढ़ता ही गया। राजकुमार की खोज में गई सेना की टुकड़ी अब तक न लौटी थी। रानी का रोते-रोते बुरा हाल था। एक तरफ औलाद की आह टीस बनी थी तो दूसरी तरफ सुहाग

सिसक रहा था। करें तो क्या करें? सगे-संबंधी राजा को देखने आने लगे।

इस बीच बालन ने बड़ी शातिर चाल चली। रतन के प्रेमी को ठिकाने लगाने के लिए बाबा सरदार को राजी कर लिया। तय हुआ कि साँझ होते ही सभी लड़ाके पहाड़ी की तरफ कूच करेंगे। उधर कुमार को ढूँढ़ते-ढूढ़ते सेना की टुकड़ी पहाड़ी की तलहटी में पहुँच गई। टीले पर कुमार का अँगरखा पड़ा मिला। कुमार के इधर होने की उम्मीद जगी। साँझ हो आई थी, सो सुरक्षा के मद्‌देनजर पहाड़ी पर रुकना मुफीद लगा। टुकड़ी ऊपर चढ़ने लगी। रात होते-होते पहाड़ी पर डेरा डाल दिया गया। दूसरी तरफ बालन लड़ाकों के साथ आ धमका। बाबा सरदार भी साथ थे। सभी पहाड़ी चढ़ने लगे। आधी रात होते-होते मंदिर की गुफा को लड़ाकों ने घेर लिया और धीरे-धीरे आगे बढ़ने लगे। चंद फासले पर सेना की टुकड़ी भी चौकस-चौकन्नी थी। अजीब संयोग था। दोनों कुमार की ही तलाश में थे। फर्क इतना था, एक जान लेने के लिए थी, जबकि दूसरी जान बचाने के लिए। सैनिकों पर नजर पड़ते ही बालन ने यह समझा कि रतन का प्रेमी उसे लेने के लिए मय लाव-लश्कर के साथ आया है। उसने बाबा सरदार को उकसाया। बालन ने सामने पहरा दे रहे सैनिक पर तीर चलाया। निशाना अचूक था। सैनिक जोर से चिल्लाया, 'हमला!' फिर तो खतरे की घंटी बज गई। जबरदस्त भिड़ंत हो गई। दोनों तरफ से तीरों की बारिश होने लगी। इन सबसे अंजान कुमार मंदिर की गुफा में पड़े रात बीतने का इंतजार कर रहे थे। जंग जब परवान चढ़ी तो चीख-पुकार मच गई। कुछेक सैनिक और बहुतेरे लड़ाके लहूलुहान हो गिर पड़े। बालन को बाजी हाथ से फिसलती लगी। उसने गुफा की तरफ उछाल मारी और गरजा, "निकल, बाहर निकल! आज मैं तेरा खून पी जाऊँगा। तूने रतन को मुझसे छीना है, मैं तुझसे तेरी जान छीन लूँगा।" आवाज कान में पड़ते ही कुमार की छठी इंद्रिय जाग गई। समझ गए कि यह कोई और नहीं, बल्कि बालन ही है। धनुष पर तीर चढ़ाए बाहर आए और बालन को ललकारा। ललकार सुन सैनिकों के कान खड़े हो गए, "निश्चित रूप से यह राजकुमार की आवाज है। इसका मतलब कुमार यहीं कहीं हैं। शायद वे संकट में पड़े हैं।" दर्जनों सैनिक आवाज की दिशा में आगे बढ़े। सामने कुमार और बालन के बीच जंग छिड़ी हुई थी। बालन बीस पड़ रहा था। कुमार के तीर खत्म हो चुके थे। एक बार फिर जिंदगी मौत के मुहाने पर आ खड़ी हुई। कुमार ने तलवार निकाल ली और सामने आते तीरों का प्रहार रोकने लगे। तभी एक तीर पैर में लगा। कुमार लड़खड़ाकर गिरे। इससे पहले कि बालन दूसरा तीर चलाता, सैनिकों ने

कुमार को घेरकर सुरक्षा कवच बना लिया। कुछ सैनिक बालन की तरफ दौड़े। वह जान बचाकर नीचे भागा। दूर, बाबा सरदार लड़ाकों के साथ लड़ रहे थे। बाबा को देख बालन के मुरझाए चेहरे पर कुटिल मुस्कान उभरी—'आया था एक तीर से दो शिकार करने...दो न, एक ही सही!' उसने जहर बुझा एक तीर निकाला और बाबा-सरदार के सीने में पैबस्त कर दिया। निशाना अचूक था। बाबा औंधे मुँह गिरे और थोड़ी देर में शांत हो गए। बाबा के साथ ही जंग भी खत्म हो गई।

आज गए शाम कुमार को लिये सैनिक राजमहल लौट आए। महल मुलाकातियों से भरा पड़ा था। महाराज की तबीयत ज्यादा खराब थी। हफ्तों से कुछ खा न सके थे। महारानी ने देखा तो दौड़कर लिपट गईं। लगीं रोने, "कहाँ चला गया था मेरे लाल? देख, तेरे पिता... !" फिर वो चीख-चीखकर रोने लगीं। कुमार भागकर पिता के पास गए। बड़ी मुश्किल से महाराज ने आँखें खोलीं। बेटे के सिर पर हाथ फेरा और इशारे से किसी को बुलाया। सीमावर्ती राजा अपनी कन्या के साथ दौड़े आए। महाराज ने कन्या के हाथ कुमार के हाथ पर रखे और धीरे से बोले, "बेटा, ये मेरे मित्र राजा हैं। मैंने इन्हें वचन दिया था कि कुमारी नैना को अपनी बहू के रूप में स्वीकार करूँगा..." आवाज लड़खड़ाने लगी। साँसें उलटी हो गईं और, और महाराज न रहे... ! शायद इसी घड़ी के लिए महाराज की साँसें टँगी हुई थीं। कुमार कुछ न कह सके। चारों तरफ मातम पसर गया।

उधर बाबा-सरदार की चिता की आग ठंडी भी न हुई थी कि बालन ने खुद को सरदार घोषित कर दिया। फिर झूमते हुए कैद की गई रतन के पास गया। एक जोड़ा कपड़ा फेंकते हुए बोला, "कल सुबह तू मेरी ब्याहता हो जाएगी। ले, शादी का सुर्ख जोड़ा पहन लेना। गजब की लगेगी इन कपड़ों में! मैं खुद तुझे लेने आऊँगा। हम वन-देवी का आशीर्वाद लेने पासवाले पहाड़ी मंदिर चलेंगे। कल भारी भोज होगा।" फिर वो गर्वीली चाल निकल गया। साँझ हुई। रात हुई। फिर आधी रात हुई। किसी ने कैदखाने की साँकलें खोली। सामने रतन बदहवास पड़ी हुई थी। आवाज आई, "बेटी!" रतन ने देखा, ये माँ थी। उसने चुपके से रतन को उठाया। इशारे से साथ चलने का संकेत किया। फिर दोनों तेजी से बाहर निकल अँधेरे में गुम हो गए।

समय पंख लगाकर उड़ चला। पाँच साल गुजर गए। महारानी भी न रहीं। जाते-जाते बेटे से वचन ले लिया कि वह फिर कभी जंगल न जाएगा। कुमार की तो जान ही निकल गई। न चाहते हुए भी माँ की अंतिम इच्छा पूरी करनी पड़ी। अब नैना

महारानी हैं। वही राज-काज सँभालती हैं। कुमार पतवार बिन नाव बन गए। खुद को वक्त के हवाले कर दिया। नैना के पास दुनिया की तमाम खुशियाँ थीं, सिवाय एक को छोड़कर। अभी तक आँगन में किलकारी न गूँजी। वो कुमार पर दूसरी शादी का दबाव भी बनाती हैं। कुमार ने इस पर कभी ध्यान ही न दिया।

उस श्रावणी पूर्णिमा को नदी किनारे राज-उत्सव चल रहा था। इसकी विशेष तैयारी की जाती थी। दूर-दूर से गवैया, बजवैया, कलाकार अपनी कला लिये आते थे। बेहतर प्रदर्शन करनेवाले को भारी इनाम मिलता था। हफ्तों उत्सवी मेला लगा रहता। लोग खूब आनंद लेते। तरह-तरह के पकवान खाने को मिलते। लोग बेसब्री से इस दिन का इंतजार करते रहते। आखिरी दिन राजा-रानी भ्रमण पर निकलते और दिल खोलकर इनाम देते। इस बार भी उत्सवी मेला जमकर लगा था। एक से बढ़कर एक कलाकार आए थे। जब राजा-रानी का रथ गुजरता तो फनकार अपने फन की नुमाइश में जान लगा देते। सुबह से ही राजा-रानी मेला-भ्रमण कर रहे थे। आज दिल खोलकर इनाम भी बाँटे गए थे। साँझ होते-होते रथ मेले के अंतिम छोर पर पहुँचा। दूर किनारे पर एक बाजीगर बच्चा रस्सियों पर करतब दिखा रहा था। उफ, गजब का संतुलन था उसका! कभी हाथ में बल्ला लिये एक छोर से दूसरे छोर जाता तो कभी पैरों तले थाली सरका-सरकाकर बढ़ता। देखकर रोंगटे खड़े हो जाते। मइया ढोल बजाती। एक बुढ़िया इकन्नी-दुअन्नी उठा-उठाकर जमा करती। रानी की नजर पड़ी तो आह निकल गई। कुमार थक गए थे। रुकना नहीं चाहते थे। लेकिन रानी की जिद पर थोड़ी देर के लिए रुक गए। बाजीगर बच्चे के लिए यह इम्तहान की घड़ी थी। उसने बल्ले फेंक दिए और पैरों की उँगलियों के बीच रस्सी फँसा, झूल गया। लोगों की चीख निकल गई। कुमार ने खुश होकर इनाम से भरी गठरी बच्चे की तरफ उछाल दी। बाजीगर बच्चे का मनोबल बढ़ा तो पैरों में घुँघरू बाँधकर रस्सी पर ही नाचना शुरू किया। मइया गाने लगी—"प्रीतम प्रीत लगाय के दूर देस न जाय। बसो हमारी नगरी, हम माँगें आप खाय!" ओफ, गजब की विरह-वेदना थी उस स्वर में। आहें निकल गईं लोगों की। घूँघट में चेहरा होने के कारण कुमार उस औरत को तो न देख सके, लेकिन आवाज पहचानी-सी लगी। लगा, पहले भी कभी इस कोकिल कंठ को सुना है। सुरसुरी समा गई शरीर में। तार सप्तक में तान जब लंबी लगी तो कुमार बावले हो उठे। रथ से कूदे और जाकर उस औरत के सामने खड़े हो गए। पूछा, "कौन हो तुम?" बूढ़ी औरत बोली, "हुजूर, हम भील-बंजारे हैं। ये मेरी बेटी है।" फिर उसने बेटी को इशारा किया, "बेटी,

सामने सोनलगढ़ के राजा-रानी खड़े हैं, प्रणाम करो इन्हें।" औरत आगे बढ़ी और राजा-रानी के पैर छुए। राजा ने पूछा, "कौन हो तुम?" कोई उत्तर न मिला। अब रहा न गया, कुमार ने आगे बढ़ औरत का घूँघट उठा दिया। क्या... ? सामने रतन खड़ी थी। बिजली गिरी कुमार पर। लगा, धरती डोल रही है। आसमान भरभराकर गिर रहा है। कुमार चीख पड़े "रतन, रतन...सामने देखो—मैं तुम्हारा राज हूँ। तुम्हारा कुमार हूँ मैं।" रतन में कोई हरकत न हुई। संज्ञा-शून्य खड़ी रही। बूढ़ी औरत बोली, "हुजूर, मेरी बेटी देख नहीं सकती। इसकी आँखों की बिनाई चली गई है। लेकिन क्या आप मेरी बेटी को जानते हैं? तब तो इसे भी जानते होंगे, यह रतन का बेटा है। मैं इसकी नानी हूँ।" कुमार ने देखा कि सामने खड़ा बाजीगर बच्चा कोई और नहीं, उनका अपना खून था, जो रोटी के चंद टुकड़ों की खातिर खेलने की उम्र में खेल दिखा रहा था। पागल हो गए कुमार। दौड़कर बेटे को उठा लिया। लगे बेतहाशा चूमने। भारी भीड़ जमा हो गई। खेल तो कब का खत्म हो चुका था! मय मेला बात फैल गई कि राजमहल को वारिस मिल गया। लोगों का ताँता लग गया। तभी बाजीगर बच्चा चीख पड़ा, "माँ...मेरी माँ जा रही है।" कुमार ने देखा कि रतन बेतहाशा भागी जा रही थी। बूढ़ी छाती पीट-पीटकर रोने लगी, "रोको, मेरी बेटी को रोको। वो अंधी है। वो देख नहीं सकती।" कुमार बेटे को रानी की गोद में डाल दौड़ पड़े। पीछे मय कारवाँ लग गया। लेकिन तब तक देर हो चुकी थी। आज वन-बाला के पैरों में बला की फुरती समा गई थी। वह हिरनी-सी भागी और सामने हहराकर बहती नदी में छलाँग लगा दी। कुमार देखते रह गए। लम्हे न लगे, रतन नजरों से ओझल हो गई! तनिक देर पहले मुट्ठी में आई खुशी रेत की तरह फिर फिसल गई।

साल लगने को आया। रानी को बेटा मिल गया। नानी को राजमहल में जगह दे दी गई। सबको सबकुछ मिल गया। कुमार खाली ही रहे। साधुओं-से बाल बढ़ गए। अब बिला नागा, रोज शाम को नदी किनारे जाते हैं और अथाह जल-सागर में अपनी रतन को ढूँढ़ते रहते हैं। वह श्रावणी पूर्णिमा की ही शाम थी। सुबह से ही बूँदाबाँदी हो रही थी। नदी में भयंकर बाढ़ आई हुई थी। किनारों पर भयंकर कटाव जारी था। कुमार आज भी वहीं बैठे थे। लगा कि दूर कहीं से रतन की वही प्यारी आवाज आ रही है—प्रीतम प्रीत लगाय के...कुमार आवाज की दिशा में आगे बढ़ने लगे। आवाज दूर होने लगी। कुमार फिर आगे बढ़े। आवाज दूर होती चली गई...कुमार को लगा कि रतन उन्हें बुला रही है। तेजी से आगे बढ़े। इसी बीच किनारा कटा और, और... नदी में समा गया। किनारे के साथ कुमार भी नजरों से ओझल हो गए!

समय बदला। समय के साथ सोनलगढ़ भी न रहा। लेकिन आज भी उन फिजाओं में राज-रतन की अमर प्रेम कहानी बड़े चाव से कही-सुनी जाती है। नदी किनारे राज-रतन की मूरत लगी है। युवक-युवतियाँ अक्सर वहाँ अपने प्रेम की कसमें खाने जाते हैं। कहते हैं कि आज भी श्रावणी पूर्णिमा की रात में दोनों किनारे दो फूल खिलते हैं। फिर वो धीरे-धीरे आगे बढ़ते हैं। मध्य रात्रि एक-दूजे से मिल जाते हैं। सुबह तक साथ रहते हैं और दिन होने के साथ ही नदी की धार में विलीन हो जाते हैं!

□

शगुन के सौ रुपए

कामेश्वरजी कार्यालय से निकले तो साँझ हो गई थी। स्ट्रीट लाइटें जल चुकी थीं और सामने सड़क पर बेतहाशा भीड़ उतर आई थी। इस समय कई कार्यालयों के मुलाजिम साथ निकलते थे। जिनकी अपनी सवारी होती, वे फर्राटे से निकल जाते, शेष सड़क पर टेंपू के इंतजार में खड़े रहते। टेंपूवालों का अचानक भाव बढ़ जाता। सुबह में 'चलेंगे साहब' की रट लगानेवाले बंदे इस समय पलट के नहीं ताकते। आध-पौन घंटे बाद बड़ी मुश्किल से सीट मिलती। खैर, ये एक दिन की बात नहीं थी, सालों से ऐसे ही चल रहा था। लोग अभ्यस्त थे। देर-सवेर सब निकल ही जाते। लेकिन आज की बात कुछ और थी। टेंपू में बैठते ही कामेश्वर बाबू ने उस बैग को निहारा, जो विदाई में मिला था। अंग-वस्त्र और किलो भर मिठाई के साथ फूलों की एक माला। जिंदगी की थाती साथ चल रही थी, जो उन्होंने सैंतीस साल की सेवा में पाई थी। सरकारी सेवा में आनेवाले हर शख्स की कमोबेश यही नियति रही है। योगदान के दिन तो लगा, कारून का खजाना हाथ लग गया। सपने धरती छोड़ आसमान धर लिये। फिर शादी-ब्याह और बाल-बच्चे। आगे उनकी परवरिश और शिक्षा-दीक्षा। चालीस छुए नहीं कि मोटे लेंस का चश्मा चढ़ गया और पचास पहुँचते-पहुँचते रक्तचाप व शुगर साथ हो लिये। भाग्यशाली निकले वे, जिनके बच्चे सेवा-अवधि में किसी काम-धाम में लग गए। बेटियों का ब्याह हो गया। लेकिन अपने कामेश्वर बाबू तो यहाँ बाजी हार गए थे। जिंदगी किराए के घर में गुजर गई। दो बेटे, दोनों बेरोजगार। बेटी सयानी, लेकिन शादी नहीं। और आज नाटक का आखिरी परदा भी गिर गया था। अभी आठ किलोमीटर और जाना था, सो अनायास जिंदगी की गठरी खुल गई और उसमें तह-दर-तह निहारा जाने लगा।

बाबूजी का आखिरी मंत्र था—'बेटा! सेवा सरकारी और शादी खानदानी,

जैसे मिले, पकड़ लो।' और वही हुआ। पढ़ाई चल ही रही थी कि बाबू बन गए। संस्कारी परिवार में शादी भी हो गई। सुशीला आई तो गृहस्थी की गाड़ी सरपट भागी। कहीं चूक हुई या क्या हुआ, दस साल तक कोई संतान न हुई। वेतन का आधा दवा-इलाज में जाता रहा। जब घर भरा तो देर हो चुकी थी। पहले प्रतीक्षा पैदा हुई, फिर लव-कुश साथ आए। प्रतीक्षा की परवरिश तो आराम से हो गई, लेकिन लव-कुश के समय लोहे के चने चबाने पड़े। एक सोता, तब तक दूसरा जाग जाता। एक दूध पीकर शांत होता तो दूसरा दूध के लिए ऊधम मचाने लगता। छुट्टी ले-लेकर कामेश्वर बाबू पत्नी का हाथ बँटाते रहे। खैर, जब बच्चों ने होश सँभाला तो बड़ी आफियत हुई। पहले प्रतीक्षा स्कूल गई, फिर दोनों भाई भी। बच्चे जैसे-जैसे बड़े होते गए, बाबूजी बूढ़े होते गए। शिक्षा मुकम्मल होते-होते जिंदगी की थाती समाप्त हो गई। चार साल पहले प्रतीक्षा ने बी.टेक. पूरा किया। कहीं बढ़िया प्लेसमेंट न मिला तो कमीशन की तैयारी में जी-जान से जुट गई। देर-सवेर भाई भी बहन के साथ हो लिये। बड़ा उद्‌देश्य तो बड़ी मेहनत और फिर बड़ा निवेश। खैर, बाबूजी ने खर्च में कोई कोताही न की। भविष्य-निधि की तीन-चौथाई रकम बच्चों की पढ़ाई में चली गई। गाँव से कोई हित-कुटुंब शहर आता तो किराए का घर देख पूछ पड़ता, "भाई साहब! नौकरी करते अरसा गुजर गया, लेकिन अभी तक अपना घर नहीं बनाया? क्या करते हैं कमाकर?" अब किसको क्या जवाब दें? चुप रह जाते। साल-दर-साल कई साल निकल गए; और आज जब सेवानिवृत्त होकर जा रहे हैं तो वही किराए का घर, बेरोजगार बेटे और सयानी कुँआरी बेटी। बेटी के लिए बब्बनजी की चौखट पर दो साल से माथा रगड़ रहे हैं। रविवार की हर छुट्टी उन्हीं के नाम होती है। बड़ी उम्मीद से डिग्री और फोटो दिखाते हैं। लेकिन बैंक में बाबू बने लड़के का भाव चढ़ा हुआ है। कोई सीधे मुँह बोलने को तैयार नहीं! अगर टेंपूवाले ने पूछा न होता तो आगे बढ़ गए होते। देखा, अपना चौराहा आ गया था। जल्दी से किराया दिया और अपनी गली में बढ़ गए।

डोरबेल बजते ही सुशीला ने दरवाजा खोला। पत्नी को पहली बार सज-धज के देखा तो घोर आश्चर्य हुआ। पूछ बैठे, "अरे, कहीं मेला-बाजार जाना है क्या?" मुस्कराती, सकुचाती सुशीला बोली, "नहीं जी, बस बच्चों ने जिद कर पहनवा दिया। कहने लगे कि आज पापा का जन्मदिन है, सो कुछ तो होना चाहिए। अब आप भी नहा-धोकर तैयार हो जाइए।" अंदर दाखिल होते कामेश्वर बाबू ने गौर किया—अनावश्यक चीजें हटा दी गई थीं। कमरा करीने से सजा था। खिड़की-

दरवाजों पर नए परदे झूल रहे थे। रंग-बिरंगे बैलून हवा के हलके झोंके से लहरा रहे थे। कमरा किराए का था, लेकिन महक अपनों की आ रही थी। थोड़ी देर के लिए सारी थकान भूल गए। स्नान कर निकले तो प्रतीक्षा ने स्काई कलर की फुलपैंट और मैचिंग टी-शर्ट सामने रख दी। बोली, "पापा! आज आपको यही पहननी है।" बाबूजी ने झेंपते हुए कहा, "बेटी! यह क्या कह रही हो? कहीं भूलवश लव-कुश के कपड़े तो न उठा लाई?" "नहीं पापा! ये कपड़े आपके ही हैं। बिल्कुल आपके शेप-साइज के। लव-कुश ही लाए हैं। मेरी पसंद के हैं।" बाबूजी अचकचा गए। कभी बेटी को देखते, कभी कपड़ों को। तभी माँ-बेटे भी आ गए। बच्चों की जिद पर कामेश्वर बाबू को नए कपड़े पहनने ही पड़े। फिर बाल सँवारने आईना के सामने खड़े हुए। जब खुद को देखा तो देखते ही रह गए। भूल गए कि हजरत साठ साल के हो चुके हैं और आज ही रिटायर भी हुए हैं। अब कपड़ा जो न करा दे! आईने से हटे तो सुशीला मुस्कराई, "ओह!" बाबूजी तो छुईमुई-से शरमा गए। देर हो रही थी, सो जल्दी-जल्दी केक काटा गया। महज एक मोमबत्ती बुझानी पड़ी। बच्चों ने संकेत में बता दिया कि पापा जिस नई जिंदगी की शुरुआत कर रहे हैं, उसकी आज पहली तारीख है। फिर तो हैप्पी बर्थडे ने समाँ बाँध दिया। सभी ने साथ खाना खाया और सो गए।

रानी घाट, घघा घाट होते हुए गांधी घाट के आज दो फेरे लग गए। सुबह-सवेरे गंगा किनारे चलने का मजा ही कुछ और है। चलते जाइए, चलते जाइए, लेकिन न मन भरेगा और न थकावट होगी। अगर सुशीला न रोकती तो कामेश्वर बाबू कलक्टरी घाट से आगे बढ़ गए होते। सीढ़ियों पर बैठ दोनों गंगा-दर्शन करने लगे। सामने का मनोहारी दृश्य नयनों को लुभा रहा था। एक साथ कई नावें दियारा क्षेत्र से रोज आती हैं। इन पर हरी सब्जियाँ और ताजे दूध के सैकड़ों कनस्तर लदे रहते हैं। पटना की अधिकांश आबादी दियारा के मेहनतकश लोगों से ही सब्जी-दूध लेती है। दूसरी तरफ मछुआरों की लंबी टोली जाल लिये गंगा में उतर जाती है। आदिम काल से यही गंगा मैया देश की आधी आबादी का पेट भरती हैं। पहली बार कामेश्वर बाबू को एहसास हुआ कि बँधी-बँधाई नौकरी के इतर भी कोई जिंदगी होती है। पति-पत्नी बातें करने लगे। आज कोई जल्दबाजी जैसी बात नहीं थी। सामने देखा—एक बूढ़ा मछुआरा नदी में बार-बार जाल फेंक रहा था। लेकिन हर बार निराशा ही हाथ लगती थी। थक गया। पसीने से लथपथ हो गया, परंतु हिम्मत न हारी। कामेश्वर बाबू बोले, "कैसा गँवार है! एक ही जगह बार-बार जाल फेंकता है! उसे जाल की जगह बदल

देनी चाहिए।" सुशीला ने भी स्वीकृति में सिर हिलाया और कौतूहलवश देखने लगी। लेकिन मछुआरे ने न हार मानी और न जगह ही बदली। लगा रहा, जाल फेंकता रहा। थोड़ी ही देर में दोनों ने देखा—इस बार का वार बेकार न गया। जाल जब बाहर आया तो वह बड़ी-बड़ी मछलियों से भरा पड़ा था। इतनी मछलियाँ मिलीं कि अब दुबारा फेंकने की जरूरत न रही। पति-पत्नी एक-दूसरे को देखने लगे। सुबह की ताजी हवा ने शरीर में फुरती तो दे ही दी थी, इस वाकये ने जकड़े जेहन को भी हल्का कर दिया। लौटे तो पैरों में फुरती साथ चल रही थी।

आज तीनों बच्चे जा रहे थे। प्रतीक्षा पैर छूने झुकी तो कामेश्वर बाबू ने गौर किया। बेटी के बाल जहाँ-तहाँ सफेद पड़ने लगे थे। अंदर तक हिल गए। गाँव-समाज के हिसाब से अब तक शादी हो जानी चाहिए। सोचा, कल मंगलवार है। पूरब का जतरा है। बब्बन बाबू के यहाँ जाना मुनासिब रहेगा। इस बार साफ-साफ पूछ लेंगे। बात बन गई तो शगुन के सौ रुपए, वरना दूसरे गाँव की राह! धरती बहुत चौड़ी है भाई!

बच्चों के चले जाने के बाद उदासी छा गई। कामेश्वर बाबू फिर खुद में सिमटने लगे। सुशीला पति की मनोदशा भाँपती बोली, "सवाल कॅरियर का था, वरना क्यों जाते? बच्चे बोल गए हैं, दशहरा-दीवाली तक आ जाएँगे। तब तक तीन परीक्षाएँ हो जाएँगी। देखिए, नैया...नाव...संयोग...! क्या पता, भगवान् कुछ बेहतर कर दें।" फिर वो चाय बनाने चली गईं।

"देखिए, भाई साहब! सेमेस्टर वाइज कितना बढ़िया रिजल्ट है। कमीशन की तैयारी कर रही है। देर-सवेर कुछ अच्छा ही होगा। फिर हम खानदानी लोग हैं। कुंडली भी खूब मिल रही है। आप पता कर सकते हैं।" बड़ी साफगोई से अपनी बात कामेश्वरजी ने रखी। बब्बन बाबू हँसते हुए बोले, "हम कहाँ कहते हैं कि आप में या आपकी बेटी में कोई कमी है? सवाल शादी का है। सो बेटे से पूछे बिना कुछ कह नहीं सकते। युग-जमाना देख ही रहे हैं। बहुत सारे रिश्ते आए हैं। छठ की छुट्टियों में बेटा भी आ रहा है। हम आपकी उम्मीदवारी भी रखेंगे। अगर सबकुछ ठीक रहा तो चट मँगनी-पट ब्याह हो जाएगा। बात अब यहीं खत्म की जाए।" फिर बब्बन बाबू रुके नहीं। अंदर चले गए। भूल गए कि दरवाजे पर दर्जनों दस्तक दे चुका थका-हारा बेटी का बाप भी बैठा है। आदमी इतना बेमुरव्वत क्यों हो जाता है भाई... ?

कामेश्वर बाबू जब घर लौटे तो एक पहर रात ढल चुकी थी। सुशीला अकेली परेशान थी। पति के उतरे चेहरे से अंदाजा लग गया कि इस बार भी बात नहीं बनी

है। पानी रखा और दौड़कर खाना लाने चली गई। ओह! कामेश्वर बाबू ठीक से दो रोटी भी न खा सके। सुशीला समझाती रही, लेकिन थाली हटा दी। फिर विस्तार से बब्बनजी से हुई वार्त्ता को सुनाया। आज रात कोई सो न सका। अब कल क्या करें, कहाँ जाएँ, कुछ स्पष्ट न था।

दोनों साथ ही उठे। कामेश्वर बाबू ने सुशीला को बताया कि आज वे सुरेमनपुर जाएँगे। वहाँ एक लड़के का पता चला है। किसी प्राइवेट कंपनी में काम करता है। घर-द्वार ठीक है। जमीन-जायदाद अच्छी है। अगर सबकुछ ठीक-ठाक रहा और मुहूर्त मिला तो शगुन के सौ रुपए देकर ही लौटेंगे।

सुरेमनपुर पहुँचते-पहुँचते दिन के बारह बज गए। लड़के का घर-द्वार देखा, पसंद आया। लड़के के पिता भी मिलनसार मिले। खूब आदर-सत्कार हुआ, फिर कुंडली देखी गई। संयोग से यहाँ भी सब ठीक ही रहा। बात दान-दहेज पर आई। वैसे तो इस मेहमान ने मुँह खोल कुछ न कहा, लेकिन इशारों-इशारों में बहुत कुछ कह दिया। कामेश्वरजी ने अनुमान लगाया, जो भी हो, ये मेहमान बब्बनजी से बेहतर तो जरूर हैं। सातवें दिन आने का वादा कर घर लौट गए।

आकर पत्नी से कुछ न बताया। सुशीला शांत भाव बैठी रही और पति के चेहरे पर बराबर बदलते भावों को पढ़ती रही। चुपचाप उठी और चाय बनाने चली गई। जानती थी, जब से उसका बी.पी. महँगाई की तरह अचानक बढ़ा है, पति उससे कुछ-कुछ छुपाने लगे हैं। वह भी तो इनसे बहुत कुछ छिपाए चल रही थी। इनमें सबसे अहम तो बच्चों का समाचार था। सोचा—थके-माँदे पति बच्चों का समाचार सुन भरपेट भोजन भी न करेंगे। कई दिन तक खामोश निगाहें खुली खिड़की से दूर खड़े पीपल की शाखों के बसेरों को निहारती रहेंगी। सफलता की सुपरफास्ट इस बार भी इस छोटे हाल्ट को अँगूठा दिखाती निकल गई थी। तीनों बच्चे सरसराती-भागती सुपरफास्ट को ठीक से देख भी न पाए थे। आखिरी डब्बा ही नजर आया, जो पलक झपकते आँखों से ओझल हो गया। हाँ, खड़खड़ाती पटरियाँ देर तक जरूर गूँजती रहीं। लव पी.टी. भी नहीं निकाल पाया। कुश पी.टी. तो निकाला, लेकिन मेंस में अटक गया। हाँ, प्रतीक्षा वायवा तक जरूर पहुँची। साड़ी पहने आयोग के गेट पर खड़ी बेटी की तस्वीर देख पति-पत्नी निहाल हो गए थे। उम्मीद थी, इस बार सरस्वती शायद सहाय हो जाएँ। लेकिन उम्मीद पर पानी फिर गया। थोड़ी देर पहले उसी का फोन आया था। कैसे माँ...माँ कह बिलख पड़ी और देर तक रोती रही! तभी कामेश्वर बाबू ने डोरबेल बजाई। आवाज सुन प्रतीक्षा बोली,

"माँ, पापा को अभी न बताना, वरना आज रात न खा सकेंगे और न सो पाएँगे।" फिर उसने फोन काट दिया। उधर उबलते पानी में चाय की पत्ती अपना रंग कब की छोड़ चुकी थी। छननी से छानकर चेहरे पर मुस्कान का लबादा ओढ़ा और कामेश्वर बाबू के कमरे की तरफ बढ़ गई। हाय री माँ...बच्चों व पति के बीच पुल बनी कितना भार ढोती है तू...!

दूसरे दिन सुबह-सवेरे जैसे ही अखबार आया, मुख पृष्ठ आयोग के समाचार से भरा पड़ा था। टॉप टेन सुर्खियों में थे। किसी का दूसरा, किसी का तीसरा और किसी का चौथा प्रयास था। एक ने तो पहले ही प्रयास में बाजी मार ली थी। कामेश्वरजी का दिल धड़कने लगा। ठंडी हो रही चाय की सुध न रही। अपने बच्चों का क्या हुआ होगा? अगर कुछ बेहतर होता तो जरूर फोन आ जाता। मतलब...! इस बार भी...! नहीं...नहीं...मुझे ऐसा नहीं सोचना चाहिए। राम...राम। भगवान् करें, कुछ अच्छा ही हो। रोल नंबर होता तो जाकर किसी साइबर कैफे से मालूम कर आते। अच्छा हुआ कि सुशीला की नजर अभी अखबार पर नहीं पड़ी। वरना फोन-फान शुरू कर देती और ख्वाहमख्वाह परेशान होती। वैसे भी बढ़ते बी.पी. के बीच उससे कुछ कहना खतरा मोल लेना ही है। जब तक सुशीला स्नान कर बाहर आती है, अखबार ही हटा दूँ। और...वैसा ही किया कामेश्वर बाबू ने। अखबार हटा इत्मिनान की साँस ली। ठंडी हुई चाय को एक ही घूँट में गले उतार लिया और आसन बदल टीवी के सामने यूँ जम गए, जैसे कुछ हुआ ही न हो। सुशीला जब बाहर आई तो पति की बदली दिनचर्या देखी। ऐसा तो कभी न होता था। अखबार का पेज-दर-पेज पढ़नेवाले पतिदेव इस समय टीवी के सामने! "तो क्या आज अखबार ही नहीं आया?" दौड़ी, जाकर पूछा। कामेश्वरजी 'पता नहीं' कहकर चैनल बदलने लगे और चेहरे को यूँ सीधा-सपाट कर लिया, जैसे कुछ हुआ ही न हो। सुशीला मुड़ी, जाकर चावल-दाल चूल्हे पर चढ़ा दी और सब्जी काटने लगी। सब्जी का छीलन लिये जब डस्टबिन में डालने गई तो ताजा अखबार पति की पुरानी आदत की गवाही दे रहा था। उसे बाहर निकालकर देखा तो रोना आ गया। कल जिस समाचार को उसने पति से छिपाया था, आज उसी समाचार को पति उससे छिपा रहे थे। ओट में खड़ी कुछ देर तक पति को निहारती रही। तभी कुकर की सीटी सुनाई पड़ी। सुशीला खुद में लौटी और तेज कदमों से किचन में चली गई। आज पूरे दिन दोनों प्लेटफॉर्म पर पड़े दो ऐसे मुसाफिर की तरह रहे, जो साथ तो बैठे थे, जिनकी मंजिल भी एक थी, रेलगाड़ी भी एक थी, लेकिन डब्बे अलग-अलग थे।

दस दिन तक घर का वातावरण बोझिल बना रहा। इस बीच कामेश्वर बाबू कहीं नहीं गए। सुरेमनपुर जाने का विचार भी बदल दिया। अलबत्ता सुशीला को डॉक्टर को जरूर दिखलाया। दवा के साथ डॉक्टर ने परहेज की ढेर सारी बातें बताईं, जैसे चिंता नहीं करनी है। रात में गहरी नींद सोना है। सुबह का टहलना नहीं छूटना चाहिए। हो सके तो हफ्ते-दस दिन के लिए कहीं घूम आएँ। बात मन को भा गई। लेकिन जाएँ कहाँ... ! क्या गाँव घूम आएँ? बड़े ताऊ के लड़के कई बार बुला चुके थे। नहीं, नहीं... ? वहाँ तो जाते ही लोग सौ सवाल लिये खड़े हो जाते हैं—बेटी की शादी अब तक क्यों नहीं की? बेटे क्या कर रहे हैं? शहर में अपना मकान क्यों नहीं बनवाया? अगर किराए के घर में ही रहना है तो वहाँ क्यों पड़े हैं? वापस गाँव क्यों नहीं लौट जाते? सोचकर सिहरन होने लगी। तो फिर जाएँ कहाँ... ? रात में खाना खा सोने लगे तो सुशीला ने सुझाया, "अजी, क्यों नहीं प्रयागराज घूम आते हैं? संगम-स्नान भी हो जाएगा और बच्चों से मिल भी लेंगे।" बात मार्के की थी, सो दिल में उतर गई। बच्चे चाहे लाख बड़े हो जाएँ, लेकिन माँ-बाप की निगाह में हमेशा बच्चे ही रहते हैं। वैसे उन्हें गए डेढ़ साल तो गुजर ही गए थे। सो आनन-फानन में टिकट का प्रबंध हुआ और तीसरे दिन दोनों प्रयागराज के लिए निकल पड़े।

महाविद्यालय, विश्वविद्यालय और शोध संस्थानों से भरा इलाहाबाद अब प्रयागराज के नाम से जाना जाता है। उत्तर प्रदेश का यह मशहूर शहर सीखने-सिखाने का प्रमुख केंद्र रहा है। कटरा मार्केट हो या यूनिवर्सिटी रोड, यहाँ ज्ञान का भंडार भरा हुआ है। कहते हैं कि यह जगह आई.ए.एस., पी.सी.एस., डॉक्टर और इंजीनियर की फैक्टरी है। हर साल हजारों लड़के-लड़कियों को यह जगह सफलता की मंजिल तक पहुँचाती है। यहाँ मिलनेवाली ज्ञान की अनमोल पुस्तकें प्रतियोगी छात्रों के लिए नई इबारत लिखती हैं। बुक सेलर सिर्फ व्यापारी ही नहीं, छात्रों के लिए आत्मीय जन भी हैं। पढ़ी हुई पुरानी पुस्तकें पच्चीस फीसदी कीमत पर आसानी से बिक जाती हैं और दूसरी पढ़ने योग्य पुस्तकें पचास फीसदी रियायत पर मजे से मिल भी जाती हैं। रिक्शे पर बैठे कामेश्वर बाबू सड़कों का साइन बोर्ड पढ़कर पत्नी को बताते जा रहे थे। सुशीला देख-देखकर जुड़ा रही थी।

कर्नलगंज। हजारों छात्र-छात्राओं की तरह प्रतीक्षा भी अपने दोनों छोटे भाइयों के साथ हनुमान मंदिर के पीछे किराए के कमरे में रहती थी। लव-कुश बाहर गए हुए थे। प्रतीक्षा बरतन माँज रही थी। तभी कामेश्वर बाबू सुशीला सहित कमरे में

दाखिल हुए। बेटी ने देखा तो दौड़कर बाबूजी के पैर छुए और माँ के गले लग आँसू बहाने लगी। माँ ने गौर किया कि बेटी की आँखों के नीचे स्याह डोरे और गहरे हो गए थे। पिता की नजर जगह-जगह सफेद पड़ते बालों पर जाकर टिक गई। अंदर तक वजूद हिल गया बाबूजी का। फिर पूरे कमरे का मुआयना किया। महज चौकी भर जगह में तीन भाई-बहन कैसे रहते होंगे! कितनी मुश्किल से गुजारा होता होगा! धत्त, इतनी जगह तो गाँव में लोग खैरात में दे देते हैं। बच्चों को माँ-बाबूजी के आने की सूचना मिल चुकी थी, सो लव-कुश भी जल्दी आ गए। कहना न होगा, समय ठहर-सा गया। दस दिन का बोझिल वातावरण बच्चों से मिलकर बहुत हल्का हो गया। सुशीला तो जुड़ा ही गई। चाय-नाश्ते के बाद दोनों बाजार गए। लौटे तो गृहस्थी के ढेर सारे सामान साथ लाए। बच्चों के लिए कपड़े, दो ट्यूब लाइट, एक छोटा सा कूलर भी। आज की रात मजे से गुजरी। माँ-बेटी साथ सोए। बाबूजी को बच्चों ने अपने एक साथी के कमरे में सुला दिया।

गंगा-यमुना के संगम पर अवस्थित प्रयागराज। यहीं सरस्वती नदी गुप्त रूप से संगम में मिलती है। अत: यह त्रिवेणी कहलाता है। यहाँ बारह वर्षों पर कुंभ मेला लगता है। विश्व के विभिन्न कोनों से करोड़ों श्रद्धालु पतित पावनी गंगा, यमुना और सरस्वती के पवित्र त्रिवेणी संगम में आस्था की डुबकी लगाते हैं। बाबूजी शास्त्रों में पढ़ी बातें बच्चों को सुना रहे थे और सभी संगम में डुबकियाँ लगा रहे थे। संगम से निकले तो अद्भुत ऊर्जा का संचार हुआ। सुशीला तो निहाल ही हो गई। प्रयागराज में दस दिन बीतते देर न लगी। ट्रेन में बैठते समय बाबूजी बच्चों से बोले, “बेटा, मेरी और अपनी माँ की चिंता न करना। आज मैं प्रतिज्ञा कर लौट रहा हूँ कि अब नाहक चिंता न करूँगा। मेरा जो कुछ भी है, वह तुम्हीं लोगों का है। जितनी जल्दी हो सके, दो कमरे का एक घर ले लो। पैसे की चिंता न करना। आराम से रहना। खूब खाना, खूब पढ़ना। परसों यूनिवर्सिटी रोड पर ऐसे कई छात्रों से मिला, जिनके पास अब आखिरी अवसर ही रह गया है। फिर भी उनके चेहरे पर उदासी की लकीरें नहीं उगी हैं। मेरे जिगर के टुकड़ो! आनेवाले कल की चिंता छोड़ अपने वर्तमान को बढ़िया से जी लेना, ताकि कल कोई मलाल न रहे।” रेलगाड़ी ने रेंगना शुरू किया। प्रतीक्षा माँ की बाँह पकड़ कुछ दूर तक चलती रही।

मजे की बात यह हुई कि इस बीच सुशीला का रक्तचाप बिल्कुल सामान्य बना रहा। कामेश्वर बाबू ने भविष्य की योजना बना ली। पत्नी से बोले, “अगर कहो तो गाँव चले चलते हैं। धीरे-धीरे सबकुछ सामान्य हो जाएगा। हमें हमारा संसार

मिल जाएगा। किराए में खर्च होनेवाली रकम बचेगी तो बच्चों को भेज देंगे। उन्हें भी रहने-पढ़ने में आसानी हो जाएगी।" सुशीला को मनमाँगी मुराद मिल गई। बड़े ताऊ के लड़के को बुलाकर पाँचवें दिन दोनों गाँव आ गए। दो-तीन दिन तक घर की सफाई-पुताई चलती रही। जब घर साफ-सुथरा हो गया तो सारा सामान करीने से सजा दिया गया। आँगन में तुलसी का चौरा मालकिन के हाथ का पानी पाया तो लहलहा उठा। पुराने चूल्हों पर पीली मिट्टी लगी तो निखर आया। युगों बाद आज मंगलवार की सुबह सुशीला ने चूल्हा जलाया और खीर पकाई। आँगन में बैठाकर जेठानी और ताऊजी की बहुओं को भोजन कराया। फिर क्या था, पड़ोस के चूल्हों से निकलते धुएँ इस आँगन के धुओं से आ मिले। गोया, गृहस्थी चल पड़ी। सुबह-शाम खेतों से ताजी सब्जियाँ मिलने लगीं। गाँव का ताजा दूध मिला तो चेहरे पर चिकनाई आने लगी।

कहते हैं कि थोड़ा-बहुत संस्कार अगर कहीं जिंदा है तो वह गाँव में ही है। लोग आज भी भोर में उठने के अभ्यस्त हैं। साँझ होते-होते चहल-पहल सिमटने लगती है। हालाँकि सड़कें पक्की बन गई हैं और चौबीसों घंटे बिजली भी रहती है। गाँव-गाँव टेलीफोन कंपनियों ने बड़े-बड़े टावर खड़े कर दिए हैं। सो नेटवर्क आसानी से मिल जाता है। घरों में चलते चैनल का शोर अब यहाँ भी सुनाई देता है। अलबत्ता कुएँ अपना वजूद जरूर खो चुके हैं। उनकी जगह चापाकल ने ले ली है। जब से हर घर नल जल की योजना आई है, पीने का साफ पानी भी मिलने लगा है। लाल रंग में रँगे पक्के सरकारी स्कूल खासे आकर्षक लगते हैं। पहले एक कमरे का स्कूल होता था और मास्टरजी भी एक ही होते थे। अब बहुतेरे शिक्षक हैं। कई एक तो गाँव के ही हैं। बड़े ताऊ की छोटी बहू भी यहीं मास्टरनी है। शहर से कई बसें भी आने लगी हैं। जो सुखी-संपन्न हैं, वे अपने बच्चों को इन बसों से पढ़ने के लिए शहर भेज देते हैं। गाँव की हाट अब भी लगती है, लेकिन उसकी रौनक अब पहले जैसी न रही। किसी समय कैल-माधोपुर की हाट बड़ी नामी हुआ करती थी। शुक्र-सोमवार को यहाँ लगनेवाली हाट की आवाज कोसों दूर सुनाई पड़ती थी। यहीं गजरी मियाँ बोरे पर बैठ अपनी तंबाकू की दुकान लगाया करते थे। हुक्का पीनेवाले लोग उस तंबाकू की महक से खींचे चले आते थे। ऐसे ही सामीनाथ पंसारी की दुकान हुआ करती थी। ये लोग खरा सौदा देने के लिए जाने जाते थे, लेकिन अब वो बात न रही। बाबू साहब का बारह बीघे का बगीचा कब का कट चुका है। वहाँ अब कोई कंस्ट्रक्शन कंपनी बैठ गई है, जो सस्ते श्रम से महँगे सीमेंट, रॉड, गीटी का

उत्पाद बनाती है। गाँव से गुजरिए तो कभी-कभार शहर का भ्रम होता है। बावजूद इसके, गाँव आज भी अपने पुराने हिसाब-किताब से ही चलता है। बबुआन टोली में किसी ने अगर बेटी की शादी का दिन रख दिया तो महतो टोली के लोग उस दिन अपने यहाँ शादी-ब्याह का दिन नहीं रखते, ताकि शादी में सभी साथ शामिल हो सकें। बारात अक्सर प्रधान के पोखर पर ही लगती है।

कामेश्वरजी भी अब सुबह-सवेरे उठकर हरि काका के साथ टहलने निकल जाते हैं। कोसों की सैर कर जब लौटते हैं तो अच्छी-खासी भूख लग जाती है। स्नान-ध्यान, थोड़ा योगा कर छककर खाते हैं। शाम को बिना नागा हाट जाते हैं। सुशीला के पास पड़ोस की औरतों का ताँता लगा रहता है। आजकल सब अपनी-अपनी समस्याओं की यहीं साझेदारी करती हैं। गाँव के लोग भी कामेश्वर बाबू को कहाँ छोड़ते हैं! एक उठे नहीं, तब तक दूसरे आ बैठे। अब तो ऐसा हो गया है कि अगर साँझ न हो तो पति-पत्नी ठीक से एक-दूसरे का चेहरा भी न देख पाएँ। फिर भी दोनों मस्त हैं। शहर में सिमटी साँसों को सचमुच यहाँ बड़ा संसार मिल गया है।

हफ्ता दिन बाद बालेपुर से बारात आ रही है। गाँव में खूब चहल-पहल है। कामेश्वर बाबू कन्यादान करनेवाले हैं। तो क्या आज प्रतीक्षा की शादी है? नहीं... नहीं...वह तो प्रयागराज में पढ़ रही है। तो फिर किसकी शादी और कैसा कन्यादान? दरअसल मनु मास्टर की बेटी प्रभा का विवाह है। दुर्भाग्य से प्रभा अनाथ है। बारह बरस पहले मनु मास्टर गुजर गए। कोई सरकारी मास्टर नहीं थे, लेकिन इलाके में इज्जत किसी सरकारी मास्टर से कम न थी। द्वारे-द्वारे घूमकर ट्यूशन पढ़ाते थे। हिंदी, हिसाब और अंग्रेजी के काबिल उस्ताद। जिस बच्चे के माथे पर हाथ धर देते, उसका नसीब बदल जाता। मगर अफसोस, सबका नसीब बदलनेवाले मनु मास्टर अपना ही नसीब न बदल सके। एक दिन रात में कहीं से पढ़ाकर आ रहे थे। बाबू की बाड़ी के पीछे एक बिगड़ैल साँड़ रहता था। उसने आव देखा न ताव, मास्टर साहब पर धावा बोल दिया। इससे पहले कि मास्टर साहब सँभलते या शोर मचाते, उन्हें अपने सींगों पर उठाया और ऐसे जोर का झटका मारा कि मनु मास्टर वहीं गिरकर ढेर हो गए। गाँव में मातम पसर गया। तब प्रभा छह साल की थी। दूसरी कोई संतान न थी। मजबूरन माँ को मजदूरी पर निकलना पड़ा। जैसे-तैसे बेटी की परवरिश की। आज उसी प्रभा की शादी है। पाँच दिन पहले पंचायत बैठी थी। सबने स्वेच्छा से अपने हिस्से का शादी संबंधी भार उठा लिया। प्रधानजी के जिम्मे बारातियों के खिलाने-पिलाने का काम है। बालदेव बाबू ने नाच-बाजे का

भार उठा लिया है। इसके अतिरिक्त जो भी काम है, वह कामेश्वर बाबू के जिम्मे है। दूल्हा-दुलहन के कपड़े, आभूषण और विदाई के सारे सामान इन्हीं के कंधों पर हैं। एक हफ्ते से पति-पत्नी शादी की तैयारी में लगे हैं। गाँव में खूब तारीफ हो रही है। कभी कामेश्वर बाबू ताऊ के बड़े लड़के के साथ खरीदारी करने शहर जाते हैं तो कभी सुशीला मास्टरनी बहू को साथ लिये दूल्हा-दुलहन के जोड़े लेने बाजार जाती रहती हैं। सारी तैयारियाँ हो गई हैं। फिर भी सावधानी बरती जा रही है कि कहीं कोई चूक न हो जाए।

बहरहाल, आज बारात आ ही गई। बबुआन और महतो टोली के लोगों ने स्वागत में कोई कोर-कसर न छोड़ी। जिससे जो बन पड़ा, ईमानदारी से सहयोग किया। गौर करने की बात यह रही कि हर रस्म-रिवाज में गाँव ने प्रभा की माँ और उसके रिश्तेदारों को ही आगे रखा और सभी ने स्वयं को नेपथ्य में रखा। वाह, मदद हो तो ऐसी! ऐसा तरीका निकाला कि दाएँ हाथ ने मदद की और बाएँ हाथ को पता न चल सका! कन्यादान के समय कामेश्वर बाबू पत्नी सहित पधारे और मेहमान से हाथ जोड़ बोले, "समधीजी, अगर आपकी अनुमति हो तो बिटिया का कन्यादान मैं करूँ? देखिए, ना मत कहिएगा। मनु मास्टर पूरे गाँव के उस्ताद थे। पूरा गाँव उनका ऋणी है। मैं युगों बाद गाँव लौटा हूँ और मेरी हार्दिक इच्छा है कि...!" फिर सिर झुक गया कामेश्वर बाबू का। मेहमान आगे बढ़ कामेश्वर बाबू को गले लगाते हुए बोले, "अहोभाग्य हमारा कि आप जैसे महान् व्यक्ति का आशीर्वाद हमारी बहू को मिल रहा है।" दरवाजे पर खड़े सबकी आँखें छलछला आईं।

जैसे-जैसे रात गहराती जा रही थी, वैसे-वैसे शादी की रस्में भी पूरी होती जा रही थीं। पूरे दिन पति-पत्नी निर्जल रहे। आज बड़े मनोयोग से मंडप में बैठे पंडितजी द्वारा बताए अनुष्ठान को संपन्न किए जा रहे थे। इसी बीच गाँव की औरतों ने गाना शुरू कर दिया—'हमरी प्रभा हो बेटी आँखी के रे पुतरिया...' गोया कि कन्यादान की घड़ी आ गई, वह घड़ी जिस पल पत्थर भी पिघल जाए और दुश्मन की छाती भी फट जाए। गीत बढ़ता गया और आँखें आँसुओं का बोझ सँभाल न सकीं। वे निरंतर बरसने लगीं। गीत बढ़ता गया, "पापा हो धियवा पतोहिया काहे ना हरलऽ कि हमरे के हार अइलऽ हो।" पति-पत्नी भूल गए कि वे प्रभा का कन्यादान करने बैठे हैं। उन्हें प्रभा में प्रतीक्षा ही नजर आती रही। और...इस कन्यादान के साथ ही मानपुर की बेटी बालेपुर की बहू हो गई। सुबह हुई। प्रभा विदा होने लगी। पूरा

गाँव उमड़ आया। प्रभा अपनी माँ और सुशीला से गले लग खूब रोई। फिर कामेश्वर बाबू के गले लग चिल्ला–चिल्लाकर रोने लगी। शायद बाप की मृत्यु के बरसों बाद ऐसा कोई कंधा मिला था। आँखों में उमड़ता गंगा–यमुना का सैलाब मानपुर की तमाम मर्यादाओं को तोड़ बह चला।

प्रभा के चले जाने के बाद हफ्तों गाँव में उदासी पसरी रही। अलबत्ता प्रभा की माँ घूम–घूम कर सबका आभार प्रकट करती रही। प्रभा की विदाई ने कामेश्वर बाबू को अंदर तक हिला दिया। लोग दबी जुबान कहने लगे, "पराई बेटी के लिए इतना प्यार तो अपनी बेटी के लिए जान ही दे देंगे।" इसके साथ ही इलाके में इज्जत बढ़ गई। कामेश्वर बाबू पंचायत के प्रतिष्ठित व्यक्तियों में शुमार होने लगे। समय पंख लगाकर उड़ता रहा। दो पतझड़ गुजरे तो दो बसंत भी आए।

दशहरे का त्योहार आया। कानपुर, कलकत्ता, सूरत और सहारनपुर से प्रवासी लौट आए। परदेसी दशहरे में आते और दीवाली–छठ मनाकर वापस हो जाते। इनके आने से गाँव में रौनक आ जाती। सूने चौक–चौपालों पर चहल–पहल बढ़ जाती। जमकर सारे त्योहार मनाए जाते। इस बार गाँव में त्योहार की तैयारियाँ जोरों पर थीं। कई दिन पहले ही कलश–स्थापना हो चुकी थी और पूरे विधि–विधान से पूजा चल रही थी। रात में रामलीला का आयोजन किया गया था। आज रावण वध कर सीता सहित राम अयोध्या लौटनेवाले थे। दर्शकों की भारी भीड़ थी। रात भर खेल चलता रहा। जब लंका से वापस आकर राम अयोध्या के राजा बन गए, तब नाटक समाप्त हुआ। सुबह रामलीला मंडली के सारे कलाकार कामेश्वर बाबू के दरवाजे पर जमा हुए। आज उनकी विदाई होनेवाली थी। तभी ताऊजी के बड़े लड़के अखबार लिये आए और जो खबर सुनाई तो पूरा गाँव झूम उठा। इस बार सफलता की सुपरफास्ट को ख्वाहमख्वाह इस छोटे हाल्ट पर रुकना ही पड़ा। अखबार साफ गवाही दे रहा था। प्रतीक्षा और लव को भारतीय प्रशासनिक सेवा के लिए चुन लिया गया था। छोटे कुश को कुछ कम अंक आए थे, सो उसे एलॉयड सेवा में जाना पड़ा। भागते हुए कामेश्वर बाबू अखबार लिये अंदर गए और लगभग चीखते हुए बोले, "अजी, सुनती हो! प्रतीक्षा और लव कलक्टर बन गए! कुश भी कामयाब हो गया।" मुस्कराती सुशीला बोली, "जी, मालूम है मुझे। बच्चों ने मुझे देर रात ही फोन पर बता दिया था।" "फिर तूने मुझे क्यों नहीं बताया?" "बताती कैसे, आप पूरी रात रामलीला में जो रहे।" "ओह," कामेश्वर बाबू तो खीसें निपोरकर रह गए। सुशीला ने गौर किया कि महज दो साल पहले अखबार छिपानेवाले यही पतिदेव आज घूम–

घूमकर लोगों को अखबार दिखाते नहीं अघा रहे थे। पैरों में गजब की फुरती समा गई थी। हाय रे समय! तू बदलता है तो कितना कुछ बदल जाता है! देखते-देखते पूरा गाँव जमा हो गया। कल तक प्रतीक्षा की शादी के लिए चिंता करनेवाले सज्जन आज बार-बार बोले जा रहे थे, "हमें विश्वास था कि प्रतीक्षा एक दिन जरूर नाम करेगी। लेकिन यह नहीं मालूम था कि तीनों बच्चे एक साथ इतना बड़ा कमाल कर जाएँगे। जाइए, कामेश्वर बाबू, आपका जीवन सार्थक हो गया। जिस ईमानदारी से आपने सरकारी सेवा की, उसकी आज पाई-पाई वसूल हो गई। भले किराए के घर में रहे, भले अभावों में जीवन गुजारा, लेकिन आखिरकार भगवान् ने मेहनत और ईमानदारी का बड़ा इनाम दे ही दिया।" तभी रात में रावण बने कलाकार ने याद दिलाई, "मालिक, हमें हमारी विदाई मिल जाती तो निकलते। दिन चढ़ आया है। दूर का सफर है।" कहना न होगा, सभी कलाकारों को समुचित इनाम दिए गए। राम, लक्ष्मण और सीता की आरती उतारी गई। इन्हें विशेष इनाम दिए गए। अलबत्ता रामलीला में अंगद बना कलाकार यहाँ भी अड़ गया। जब तक सुशीला के हाथ से पाँच सौ इक्यावन रुपए नहीं लिया, टस-से-मस न हुआ।

धीरे से आई इस सफलता ने बड़ा शोर मचाया। गूँज दूर तक गई। सुरेमनपुर के मेहमान ने एक दिन फोन किया, "क्या हुआ कामेश्वर बाबू? अरसा गुजर गया, आपने कभी याद तक नहीं किया? आने की बात तो दूर रही, कभी फोन तक न किया। बेटी की शादी की कि नहीं? मैंने तो बेटे की शादी धूमधाम से कर दी। मेहमान भी दिलदार मिले। दिल खोलकर खर्च किया। मेरा दूसरा लड़का हाल ही में जौनपुर के जूट मिल में लग गया है। आप चाहें तो आकर इस रिश्ते के लिए बात कर सकते हैं। चूँकि आदमी आप बढ़िया हैं, सो पहले आपको बता देना वाजिब समझा।" कामेश्वर बाबू कुछ न बोले। सिर्फ धन्यवाद कह फोन रख दिया। ये वक्त है भाई! बदलता है तो खयालों को भी ख्वाहमख्वाह बदल ही देता है।

देखते-देखते चार-पाँच साल और गुजर गए। इस बीच प्रोबेशन पीरियड पूरी कर प्रतीक्षा और लव एस.डी.ओ. बने। फिर एकाध साल डी.डी.सी. रहे। कुछ ही दिन पहले दोनों कलक्टर बने हैं। कुश ने कानपुर में इंडियन ऑर्डिनेंस फैक्ट्रीज सर्विसेज में जॉइन किया है। अब न पेंशन पर ताले हैं और न पैसों के लाले हैं। सरस्वती ने नेह-नाता निभाया तो लक्ष्मी भी कहाँ पीछे रहीं? जमकर कृपा बरसाने लगीं। खैर, अब तो पाँचों उँगलियाँ घी में हैं।

आज गई रात कुश का फोन आया। सुशीला से बोला, "माँ, दीदी को देखने

लखनऊ से कुछ मेहमान जा रहे हैं। लड़का यू.पी. कैडर में आई.ए.एस. है। मजे की बात ये कि अपने ही समाज से है। मसूरी में ट्रेनिंग के दरम्यान उसे दीदी खूब पसंद आई। दीदी को भी वह भला लगता है। वह तो पापा और तुम्हें अपने घर बुला रहा था, लेकिन मैंने कहा कि पापा और तुम्हें लखनऊ जाने में दिक्कत होगी। सो वे लोग खुद आ रहे हैं। हम लोग दीदी को लेकर परसों घर पहुँच रहे हैं। ताऊजी के लड़के से कहकर थोड़ा बढ़िया व्यवस्था करा देना।" बात केरोसीन के तेल की तरह फैल गई। पूरा गाँव अपने तरीके से इंतजाम में लग गया। बच्चे क्या आए, गाँव में बहार आ गई। अब हर कोई इनकी एक झलक पाने को बेकरार था। गाँव की लड़कियाँ प्रतीक्षा को छूकर देखना चाहती थीं कि कलक्टर कैसी होती हैं! इधर बच्चे बिल्कुल न बदले थे। बड़ों की इज्जत करना तो उनके संस्कार में शामिल था। जब झुककर बड़ों के पैर छूते तो लोग जुड़ा जाते। बहरहाल, वक्त मुकर्रर पर मेहमान भी आए। प्रत्यूष, प्रत्यूष के माता-पिता और बड़ी बहन। कुल चार जन के आतिथ्य-सत्कार में पूरा गाँव हाथ बाँधे खड़ा था। मेहमान भोजन क्या भाव से ही अघा गए। रात में पं. मदनमोहन मिश्र का शास्त्रीय संगीत भी हुआ। प्रतीक्षा-प्रत्यूष के साथ लोगों ने भी खूब लुत्फ उठाया। सुबह प्रधानजी हाथ जोड़कर बोले, "मेहमानजी, हम सात जन्म तक आपके इस महान् उपकार का ऋण न चुका पाएँगे। मानपुर पंचायत का प्रथम नागरिक होने के चलते हम अपनी बेटी प्रतीक्षा का रिश्ता आपके सुपुत्र चि. बाबू प्रत्यूष कुमार के साथ कर रहे हैं। हमें आदेश करें, हम आपकी सेवा में क्या समर्पित करें? हम गाँव के गरीब लोग जरूर हैं, लेकिन हमारा दिल बहुत बड़ा है। सेवा-भाव तनिक भी कम न होगा। आप दिल खोलकर कहें। हम अपनी हैसियत के अनुसार आपकी कसौटी पर खरा उतरने की पूरी कोशिश करेंगे।" कहते हुए प्रधानजी कुरसी से उतरे और हाथ जोड़कर मेहमानजी के सामने बैठ गए। प्रत्यूष के पिता तुरंत उठे और प्रधानजी को उठाकर गले लगा लिया। बरसती आँखों से बोले, "प्रधानजी, मानपुर की बेटी आज से मेरे घर की मर्यादा हुई। मैं आप सबकी उम्मीदों पर खरा उतरने की पूरी कोशिश करूँगा।" इतना कह मेहमान खड़े हो गए और धीरे-धीरे गाड़ी की तरफ बढ़ने लगे। लेकिन यह क्या? प्रधानजी मेहमान का रास्ता रोक पुनः खड़े हो गए। बोले, "फिर भी श्रीमुख से हम लोग कुछ सुन लेते तो व्यवस्था में लग जाते। देखिए, सामने कामेश्वर बाबू आपके हुक्म के इंतजार में हाथ जोड़े खड़े हैं।" मेहमान ने देखा, सचमुच कामेश्वर बाबू हाथ जोड़े खड़े थे। पलटे और जाकर कंधे पर हाथ रखते हुए बोले, "भाई साहब, 'शगुन के सौ रुपए' कुछ

कम तो नहीं... ! और हाँ, हम बारात लेकर यहीं आएँगे।" फिर वो बिना मुड़े गाड़ी में बैठ गए। प्रत्यूष अपनी बहन व माँ के साथ पहले ही बैठ गए थे। गाड़ी धीरे-धीरे बढ़ने लगी। फिर उसने रफ्तार पकड़ ली।

मुकर्रर वक्त पर प्रतीक्षा की बारात आई। महज तीस-बत्तीस ही बाराती आए। लेकिन सभी रसूखवाले थे। गाँव ने जी-जान से आतिथ्य-धर्म का निर्वहन किया। सैकड़ों की तादाद में तो कन्या पक्ष के ही मेहमान थे। हित-नात, सगे-संबंधी सभी आए। यहाँ तक कि बब्बन बाबू भी बुलाए गए। सुरेमनपुर के भाई साहब भी आए। मेहमाननवाजी में कामेश्वर बाबू ने कोई कोर-कसर न छोड़ी। दस दिन पहले ही प्रभा को बुला लिया गया था। उसने बड़ी बहन की सारी भूमिका निभाई। ताऊजी के बड़े लड़के शहर से कुछ स्पेशल कैटरर भी बुला लाए थे। भाँति-भाँति के व्यंजन बने थे। जिसकी मर्जी जो खाए या जितना खाए। खूब जश्न चला। खूब मजमा लगा। रात में लोग खाना खा रहे थे। संयोग से बब्बन बाबू और सुरेमनपुर के भाई साहब एक ही टेबल पर साथ खा रहे थे। दोनों एक-दूसरे से अंजान थे। अलबत्ता कामेश्वर बाबू से नजरें मिलाने की हिम्मत किसी में न थी। देखते तो सिर झुका लेते। खाना चल ही रहा था कि सर्विस देता एक बेयरा पास आया और बब्बनजी से बोला, "साहब, काजू-कतली कुछ और लीजिए न।" बब्बनजी बोले, "जी नहीं, शुक्रिया! मैं पहले ही चार ले चुका हूँ।" छूटते ही बेयरा बोला, "वैसे ली तो आपने छह हैं, लेकिन छोड़िए, यहाँ कौन गिन रहा है!!!" पास खड़े प्रधानजी और कामेश्वर बाबू के ठहाके गूँज उठे।

शादी के बाद प्रतीक्षा ने दो मेहमानों को एक साथ भेजा। एक लव के लिए थे, दूसरे कुश के लिए आए थे। इनकी भी खूब खातिरदारी हुई। तय हुआ कि छठ की छुट्टियों में दोनों की शादी साथ कर दी जाए। प्रतीक्षा भी यही चाहती थी। सुबह जब मेहमान जाने लगे तो इन्होंने भी वही सवाल किया, "भाई साहब, हमें हुक्म करें, आपकी क्या सेवा करें?" मेहमानों का आशय समझ प्रधानजी ने मुस्कराते हुए कामेश्वर बाबू की तरफ देखा। कामेश्वर बाबू ने मेहमानों का हाथ पकड़ बरसती आँखों से वही कहा, जो प्रत्यूष के पिताजी कह गए थे। "भाई साहब, शगुन के सौ रुपए, कुछ कम तो नहीं?" सबने देखा, दोनों मेहमान देर तक टकटकी लगा ताक रहे थे!

□

सोने का सौदा

हैंडपंप की मुंडी गायब होना कोई मामूली बात न थी। चौधरी ने मय गाँव मुनादी करवा दी, "जिसने भी खोली है, आज रात-रात तक जामुनवाली परती में फेंक दे, वरना कल भारी जुरमाना भरना पड़ेगा। कोई इस मुगालते में न रहे कि चोरी कर बच जाएगा। जरूरत पड़ी तो कचोरा-हँकवा भी आएगा।" रात बीती। लोगों का अनुमान था कि मुंडी मिल जाएगी, लेकिन न मिली। चौधरी बिफरे नाग-से फुफकारे। आज दोपहर पंचायत बैठेगी। सबका आना जरूरी है।

सब काम-धंधा छोड़ पंचायत में पहुँचे। बाँके बाबू की बाड़ी-बँसवारी भर गई। यहीं सगरी गाँव का बर-बिटोर होता था। चौधरी ने सरसरी निगाह दौड़ाई। लालचन और नेगिया न आए थे। चौधरी का पारा चढ़ गया। ऐलान कर दिया कि वही चोर हैं। नेगिया की बहरी माँ तो चुप बैठी रही, लेकिन लालचन की मइया लाठी लिये उठ खड़ी हुई, "चौधरी, मेरा बेटा बेकसूर है। उस पर जुल्म मत करो। कहीं गया होगा, सो आ जाएगा।" चौधरी गुर्राए, "शक की सूई उसी की तरफ जाती है।" "सिर्फ शक की बिना पे कैसे कसूरवार ठहराया जा सकता है?" मइया ने बात काटी। "पहले भी वह प्रधान के पोखर से मछली मारते पकड़ा गया है। गेन्हर साव के गाछ से कटहल उसी ने तोड़ा था। फिर क्यों न मान लिया जाए कि सरकारी चापाकल की मुंडी उसी ने खोला है? अगर वह सही है तो अपनी बेगुनाही साबित करने यहाँ क्यों न हाजिर हुआ?" चौधरी ने तर्क दिया। फिर बात जारी रखी, "अब गाँव के लोग खुद विचारें, जुरमाने की रकम लालचन और नेगिया से वसूली जाए या मय गाँव चंदा करके मुंडी लगवाए? बात बढ़ी तो थाना-पुलिस की नौबत भी आ सकती है! फिर हमें दोष न देना।" खरीफ से खार खाए व रबी से मार खाए लोगों की कमर समलबाई-सी झुक गई थी। सुनते ही सकते में आ गए। खुसुर-पुसुर होने लगी, "कोई नाहक चंदा क्यों दे और बिला वजह थाने-

पुलिस का चक्कर क्यों लगाए? तीर निशाने पर लगते देख चौधरी ने फैसला सुना दिया, "जुरमाने की रकम लालचन और नेगिया से ही वसूली जाएगी। इतना ही नहीं, इनका बायकाट भी होगा। कुएँ के पानी पर पाबंदी रहेगी।" फैसला सुनते ही बूढ़ी माँ को लकवा मार गया। क्या जवाब दे? लोग चौधरी के सुर-में-सुर मिला जाने लगे। तभी लालचन और नेगिया आ गए। दोनों नशे में धुत्त थे। ताड़ी सिर चढ़कर बोल रही थी। भीड़ देख नेगिया भाग खड़ा हुआ, लेकिन लालचन न गया। मजमा देख झूमते हुए बोला, "चौधरी चाचा, कोई दंगल करवा रहे हो का... ?" सुनना था कि चौधरी के तलवे की लहर मगज पर चढ़ गई। भद्दी-भद्दी गालियाँ देने लगे। मइया से बर्दाश्त न हुआ, बोली, "जितनी गाली देनी है, दे चौधरी! मैं एतराज न करूँगी। गाली तो गरीब-गुरबा की संगी-साथी है। भला, ई हमें छोड़ कहाँ जाएगी? जनम से मरन तक साथ निभाती है। और सुन, अच्छा किया, जो पानी पर पाबंदी लगा दी। लेकिन भूल गया, इसी कुएँ को खोदते हुए लालचन का बाप मरा था। गाछ लगानेवाले को ही गंछौधी में धकेल दिया? वाह चौधरी, वाह! खैर, कोई बात नहीं! जब अपना ही सिक्का खोटा निकल गया तो तेरी हर बात जायज है।" फिर जलती आँखों से बेटे को घूरा, "अभागे, तेरे जैसे कुल-कलंकी से तो निर्वंशे रहना अच्छा था। भरी सभा में आज सिर तो न झुकता! रे, जुरमाने की रकम तो बकरी बेच चुका दूँगी, बाकी बाप-दादा की सरेआम नीलाम हुई इज्जत की भरपाई कहाँ से होगी? बोल, अब काहे तेरी बाई गुम हो गई?" फिर तो मइया पर जैसे सनक सवार हो गई। लाठी उठाई और बेटे को बेतहाशा पीटने लगी। लालचन पिटता रहा। जब थक गई तो बोली, "जा, डूब-धँस के मर जा। आज से संतोष कर लूँगी कि तू न रहा। हमरे भाग, जे भी भोग-भोगाव लिखा है, भोगना ही पड़ेगा।" फिर मइया वहाँ तनिक न ठहरी। लालचन आँखें बंद किए पड़ा रहा। नशा उतर चुका था। देखा, सभी जा चुके थे। सुबह का उठा शोर साँझ होते-होते शांत हो गया। पंछी पेड़ों को लौटने लगे। अँधेरा गहराने लगा। उठने की कोशिश की, लेकिन हिम्मत जवाब दे गई। बदन में बुरी तरह दर्द था। जेहन भी जकड़ गया था। क्या करे, कहाँ जाए, कुछ समझ में न आ रहा था। तभी कोई साया पास आकर बोला, "मुझे तुझसे कोई गिला-शिकवा नहीं है। सब नसीब का दोष है। अफसोस सिर्फ गुरूर के टूट जाने का है। बुरी तरह ठगी गई मैं! जिसके लिए जमाने से जूझने की कूवत रखती थी, जिसके लिए बाबा से भी बोल दिया था—ब्याह करूँगी तो उसी से, वरना सारी जिंदगी कुँआरी रहूँगी। लेकिन ये नादानी थी। मैं न जानती

थी—सोना जिस हीरे का सौदा किए बैठी थी, वह पीतल के भाव भी खड़ा न हो सका! महज डेढ़–दु रुपए खातिर लड़खड़ा के औंधे मुँह गिर गया। खुद तो गिरा ही, पूरे खानदान को भी गर्त में धकेल दिया, जिससे निकलना शायद संभव न हो। ले सँभाल अपनी अमानत! जिस पर कभी निछावर जाती थी मैं।" सोना ने एक पैर की पायल निकाल लालचन की तरफ फेंक दी। दूसरी निकाल ही रही थी, तभी किसी के आने की आहट आई। मजबूरन रोते हुए भाग खड़ी हुई।

लालचन ने आसमान को निहारा। तीन जोड़िया डूब गई थी। सतहवा सात बाँस ऊपर आ गया था। नीरव सन्नाटा छाया हुआ था। घनी बारी–बँसवारी बड़ी भयावह लग रही थी। सियार व उल्लुओं की रह–रहकर आती आवाज रात को और भयावह बना रही थी। सँझलौका के बाद लोग इधर आने से परहेज करते थे। आज लालचन वहीं अकेला पड़ा था। मइया के दरवाजे बंद हो चुके थे। सोना भारी सदमा दे गई थी। जब जिंदगी से जिंदगी ही निकल गई तो फिर गाँव में रह क्या गया! उसने उखड़ी साँसों को समेटा। धीरे से उठा। फिर तेज कदमों से नदी की ओर बढ़ गया।

सीमांचल से निकलती कुछ सड़कें जब रेलगाड़ी के डिब्बों से होकर गुजरती हैं तो धनबाद जैसे टिसनों पर भी सिमट जाती हैं। यहीं सटे है झरिया, जहाँ धरती से निकला कोयला आसमान से सोना बन बरसता है। जिसे झरिया ने झमका दिया, वह लाल हो गया। कहते हैं, नरसिंह पांडे सुराजे बाद यहाँ आ गए थे। आए तो भाग्य भी साथ लेकर आए। नामी ठीकेदार बन गए। हाकिम–हुक्काम में पैठ बन गई। पाँच बरस बाद जब गाँव गए तो कोई पहचान न पाया। गोर–कपिल देह सँवरा के झाँवर हो गई थी। लेकिन धोवा धोती के चेट में पड़ी नमरी व फरसा–कट मूँछें कुछ और ही कह रही थीं। पहली बार गाँव ने नमरी देखी। फिर तो तहलका मच गया। हाथी चढ़ ब्याह कर लौटे और इलाके की इज्जत बन गए। फिर तो लड़ी ही लगा दी। दर्जनों को झरिया लाए। आज चौराहे पर 'राजेश खन्ना सैलून', जिसे बंसूलिया चलाता है, उन्हीं का बसाया हुआ है। मुख्तार मियाँ को खलासीगीरी में वही रखवाए। आज उ बारे चक्का का ट्रक चलाते हैं। गाड़ीखाना में बड़ी इज्जत है। जुरजोधना का नामी होटल इन्हीं की देन है। दर्जनों को कोयलरी में जगह पकड़वा दिए। हरिया हुरका–नाच में हरबोलिया था। लगन–पतायी बाद कभी भरपेट दाना न मिलता। एक दिन पांडे बाबा का गोड़े छान लिया। आज आदमी बन गया है। सेकेंड हैंड सेन रेले पर सीना तान चलता है। साल भर पहले छेदीलाल भी आ गया

था। ई भारी बतकुचन है। दाँत से पैसा पकड़ता है। ससुर, अधेला का साबुन-सोडा देह पर न खरचता है। सो करियाने लगा है। आज भोरे-भोरे खौलते अदहन में जब चाउर छोड़ा तो कन्हाई काका टोक दिए, "रे, एक मुट्ठी अउर बढ़ा दे।" छेदीलाल गुरमुसा के अइसे ताका जइसे काका गुर्दा माँग लिये हों। भुनभुनाने लगा, "आज बाईस दिन से बैठा है। ना कोई काम, ना धंधा! मुफत में भर छिपा भात चाहिए।" काका ने समझाया, "मैंने कई ठीकेदारों से बात की, लेकिन काम न बना। मुख्तार मियाँ की बाट जोह रहे हैं। शायद उ कवनो जोगाड़ लगा दें।" फिर आवाज लगाई, "लालचन, रे लालचन!" बंदा सिर झुकाए बाड़े से बाहर आया, "जी!" काका ने पूछा, "गाड़ी-घोड़ा का काम करेगा?" "जी, कर लूँगा। कोई काम धरा दो काका!" "कब तक... ?"

आज शाम मुख्तार मियाँ आ गए। बी.आर.डी., 5681 के उस्ताद। रोहू लाए थे। जमकर मछली-भात चला। फिर गरदन घुमाई, "तो तुम्हीं लालचन हो? घर से भाग के आए हो?" "जी, अउर कोई चारा भी न था।" लालचन ने बताना शुरू किया और चौधरी की ज्यादती की परत-दर-परत खोल दिया। फिर लंबी साँस ले बोला, "उस्ताद, बजरंगबली के मंदिर ले चलो। वहाँ भी यही कहूँगा कि चापाकल की मुंडी मैंने न खोला। मलाल इसका नहीं कि भरी सभा में चोर ठहराया गया, मलाल इसका है कि मइया व सोना का विश्वास खो बैठा।" फिर बुक्का फाड़ रोने लगा। "चाचा, मर जाऊँगा, लेकिन वापस मुँह दिखाने गाँव न जाऊँगा।" लालचन देर तक सिसकता रहा। आपबीती सुन सभी मर्माहत हुए। मुख्तार मियाँ ने बड़े प्यार से सिर पर हाथ रखा, "बेटा, जो होना था, सो हो गया। अब वही सोचोगे तो उसी में पड़े रहोगे। सामने खूबसूरत जिंदगी झाँक रही है। कल मुगलसराय चलना है।" फिर कुछ रुपए देकर बोले, "एक लुंगी, गंजी अउर गमछा खरीद लेना। अब जा, सो जा।"

"देख, इहे जी.टी. रोड है। शेरशाह ने बनवाया था।" गाड़ी भागी जा रही थी। उस्ताद ने बताना शुरू किया, "गरचे गेयर, ब्रेक, क्लच को कंट्रोल कर लिये तो सीख गए ड्राइवरी। स्टेयरिंग काटने की अपनी कला होती है। खाली सड़क पर तो कोईए हाँक लेगा। ड्राइवर का असली कमाल तो बैक गेयर में देखा जाता है।" मासूम बच्चे की तरह लालचन उस्ताद को देखता-सुनता रहा। डेहरी ऑन-सोन आया तो उस्ताद बोले, "देख, इहाँ सीमेंट की फैक्टरी लग रही है। सीमेंट बूझते हो न, आरे उहे, जवना से बाबू लोगन के पक्का मकान बनता है।" गाँव से निकले

लालचन को आज नई दुनिया मिली। भरपूर आनंद उठाया। माल गिरा, दोनों लाइन होटल में खाना खाए। पहली बार मिजाज मस्त करनेवाला भोजन मिला। उस्ताद सो गए, लेकिन लालचन न सोया। उसने बढ़िया से ट्रक की धुलाई की। चेक कर चक्कों से गीटी निकाली। शीशों को चमकाया और केबिन में अगरबत्ती जला दी।

होनहार को पनपते देर कहाँ लगती! साल लगते-लगते लालचन ने स्टेयरिंग सँभाल लिया। छोटी-छोटी दूरियाँ चलने लगा। उस दिन पटना से माल लेकर राँची चले तो उस्ताद की तबीयत कुछ ठीक न थी। बोले, "आज स्टेयरिंग पकड़ने की हिम्मत न हो रही है। लो, तुम्हीं चलाओ। घाटी शुरू होने से पहले किसी लाइन होटल पर रुक जाना।"

सवाल जब उस्ताद की उम्मीदों पर खरा उतरने का हो तो जेहन जोर पकड़ लेता है और बाजुओं में बला की ताकत उतर आती है। यहाँ भी यही हुआ। लालचन गाड़ी चलाने लगा। वैसे राँची की राह में गाड़ी चलाना आसान न था। बख्तियारपुर, नवादा आसानी से निकल गए। दस बजते-बजते घाटी का इलाका शुरू हो गया। उस्ताद गाढ़ी नींद में थे। जगाना मुनासिब न लगा। समय पर माल पहुँचाना भी था। लिहाजा बजरंगबली का सुमिरन कर स्टेयरिंग साध गाड़ी बढ़ा दी। रजौली, कोडरमा पार हो गए तो साँसें भी सामान्य हो गईं। फिर तो तिलैया, बरही व हजारीबाग हँसते-गाते निकल गए। फरिच होते-होते रामगढ़ आ गया। श्रद्धा से रजरप्पा मइया को प्रणाम किया और समय से राँची पहुँच गया। उस्ताद अभी सो रहे थे। जब माल उतर गया तो नींद खुली। अचकचा के उठे। खुद को राँची में देख ताज्जुब हुआ। नीचे उतर लालचन को आवाज लगाई। बंदा चाय लेकर आ रहा था। टकटकी लगा ताकने लगे, "रे, तूने तो कमाल कर दिया! घाटी पार कर ली!" "जी, आप ही का हुनर हाथों में है।" उस्ताद गले लगा बोले, "घाटी पार कर ली तो ड्राइवरी पार कर ली। चल, आज फोटो खिंचवाते हैं। अब लाइसेंस जरूरी हो गया।" लालचन ने उस्ताद के पाँव छू लिये।

उस दिन कोइलरी में भारी भीड़ थी। लोग लालचन को कंधे पर उठाए चिल्ला रहे थे। उसने खदान में फँसे ऐसे ट्रक को बाहर निकाला था, जिसे निकालने में बड़े-बड़े ड्राइवर पसीना पोंछ सरक लिये थे। ठीकेदार ने नकद इक्कीस रुपए इनाम दिए। बात आला अधिकारियों तक पहुँची। माइंस विभाग के बड़े हाकिम ने अपनी गाड़ी का ड्राइवर बहाल कर लिया। साहब को ऑफिस पहुँचाना, मेम साहब को बाजार घुमाना और बच्चों को स्कूल छोड़ना मजे का काम था। सफेद वर्दी और

टोपी मिली तो रुतबा भी बढ़ गया। अब तो गाड़ी के साथ वह भी चल निकला। उस्ताद फूले न समाए।

आज पहली पगार मिली तो भागकर बासा आया। छुट्टी का दिन था। मय जवारी जमे हुए थे। उस्ताद व कन्हाई काका ताश खेल रहे थे। लालचन ने दौड़कर पाँवलागी किया। फिर सारी रकम उस्ताद के हाथ में रख दी। सभी बड़े खुश हुए। इसी बीच डाक बाबू आ गए। बोले, "भाई, आज पच्चीस साल से चिट्ठी बाँट रहा हूँ, लेकिन ऐसी चिट्ठी आज तक न देखी। हाल-मोकाम तो ठीक लिखा है। बाकी पानेवाले के नाम की जगह एक छेद है और उसके चारों ओर लाल रंग लगा हुआ है!" देखकर सब सोच में पड़ गए। ये किसका हो सकता है? काका खुद को लालबुझक्कड़ से कम न बूझते थे। लेकिन वो भी यहाँ फेल थे। छेद और उसके चारों ओर लाल! ये क्या चक्कर है भाई? किसी ने मजाक तो नहीं किया है? इसी बीच छेदीलाल चिल्लाया, "अरे, ई मेरी चिट्ठी है। छेद...अउर लाल, माने छेदीलाल। मेरी कनिया, कुसुम ने भेजा होगा। वो मेरा नाम कैसे लिखती? सो छेद कर लाल रंग लगा दिया।" बात सही निकली, चिट्ठी कुसुम की ही थी। सब हँसते-हँसते लोट-पोट हो गए। डाकबाबू जाने लगे तो छेदीलाल ने चाय का वास्ता दे पढ़ने की चिरौंती की। डाकबाबू पढ़ने लगे—

'हमरे प्रानप्यारे,

चरन कमल में परनाम। बाट जोहते-जोहते बरिस बीत गया। धत्त, अइसे कोई घर-गृहस्थी से मुँह मोड़ता है! ना कोई खोज, ना खबर। अम्माँ हमरी बात न मानती हैं। चिलम चढ़ा ही रहता है। ढेर तंबाकू पीने से दमा जोर पकड़ लिया है। हाँफती रहती हैं। बाबूजी ठीक हैं। बैल बिका तो कंबल ले लिया। कांता सेयान हो रही है। तन पर बढ़िया कपड़ा जरूरी है। गाय निमन से उतर गई। आ हं, शिवदेनी काका जाड़ा न सँभाल पाए। रामजी के प्यारे हो गए। बाबू की बारी में अबकी मोजर न आया। अस पाला पड़ा कि लौकी-कोंहड़ा कुम्हला गए। पिछला फागुन तऽ सूखे-सूखे सरक गया। होली हाय-हाय कर निकल गई—'का पर करूँ शृंगार, पिया मोर आन्हर...!' पढ़ते-पढ़ते डाकबाबू ने छेदीलाल को देखा। बेचारा लजाके लरज गया। जे ससुर-भसुर लगते थे, उ पुरुब-पछिम ताकने लगे। जे नाते में छोट थे, उ चिट्ठी पर ऐसे दीठ गड़ा दिए, जैसे चिट्ठी ना चीनी की चासनी हो। डाक बाबू ने पढ़ना जारी रखा—'फगुआ

का दुगोला प्रोग्राम हुआ तो पहाड़पुरवाले जीत गए। जब से लालचन बबुआ गाँव छोड़े, बढ़िया ढोलकिया न मिला। नौसिखुआ लोग आहर धरते ही ताल गिरा दिए। मजा न आया। लालचन का गए, मानपुर का मान भी चला गया। उनकी मइया का हाल का लिखें? घूम-घूमकर गट्टा-कड़ाका बेचती है। बड़ी मुश्किल से गुजारा होता है। पाँच-पाँच पेवन का लुगा पहने घर से निकलना तनिक न सुहाता है। चौधरी जिस कुएँ के पानी पर पाबंदी लगाए थे, उ कुआँ ही सूख गया। नयन माता पताले चली गईं। अब सब पहाड़पुर के कुएँ से पानी लाते हैं। पानी तो मिल जाता है, बाकी खूब जगहँसाई होती है। पानी लाती सेयान लईकनी के देख लौंडे-लफाड़ी बोल मारते हैं। सोना बबुनी तऽ घरे से न निकलती हैं। दुबराके तरोई हो गई हैं। गाँव ने मुखलाल माट साहेब को पंच चुना है। अब देखना है, ई का करते हैं? अबकी फागुन राह निहारेंगे। ज्यादा का कहें, सेर लिखना, पसेरी समझना... !

अपने चरन के दासी,
कांता के माई कुसुम।'

डाकबाबू तो चले गए, लेकिन ठहरे जल में ढेला फेंक गए। कुसुम ने क्या नहीं कहा था! कन्हाई काका व मुख्तार मियाँ गाँव ले गंभीर हो गए। सब दिन सिर-आँखों पर रहनेवाला गाँव आज वजूद पर रोता दिखा। हरिया व बंसूलिया जैसे जवानों में उत्तेजना आ गई। सब एकजुट होने लगे। लालचन मइया की दशा सुन बिलखने लगा। छन-छनकर याद आने लगी, "बेटा मोटर पर चले और मइया गाँवे-गाँव गट्टा-कड़ाका बेचे! खुद पर घिन आने लगी। गुस्सा भी आया कि अतना दिन खोज-खबर क्यों न लिया?" कन्हाई काका ने राय दी, "लालचन, गाँव हो आओ।" उस्ताद ने शाम को गाड़ीखाना बुलाया।

लालचन तीसरे दिन भोरे-भोर गाँव पहुँचा। मइया गट्टा-कड़ाका तैयार कर रही थी। दशा देख फूट-फूटकर रोने लगा। आवाज पहचानी-सी लगी। मइया ने देखा, "बेटा छ-छ पाती रो रहा था।" पलटी और गले लगा लिया, "कहाँ चला गया था रे लाल? राह देखती आँखें तेरे लिए ही खुली हुई थीं। तू आ गया न, अब ये बंद भी हो जाएँ तो कोई बात नहीं।" मइया रोती रही और ढाई-तीन साल से मन में बैठे मैल को आँसुओं में बहाती रही। जब मन हल्का हो गया तो बोली, "बेटा, मेरा मन कहता था, तू बेकसूर है। लेकिन लोक-लाज ने आँखों पर परदा

डाल दिया था। मुझे माफ करना।" "नहीं माँ, तूने सही किया। लेकिन अब तुझे इस हाल में छन भर भी न छोड़ूँगा। चल मेरे साथ।" लालचन ने मइया की बाँह पकड़ ली। "अब इस उमर में कहाँ ले जाएगा बेटा?" माँ-बेटे में तर्क-वितर्क चलता रहा। जब लालचन मइया को झरिया ले जाने के लिए तैयार न कर सका तो बोला, "ठीक है, लेकिन मैं इस गाँव में तनिक भी न रह सकूँगा। लोगों की नजर में मैं चोर हूँ और शायद मेरे सिर से ये लबादा कभी न उतरे।" फिर घर के लिए तमाम जरूरी चीजें खरीदीं। मईया के लिए एक गाय भी लाया। बगल गाँव पहाड़पुर में मकान वास्ते कुछ ईंट गिराया। पहाड़पुरवाले बड़े खुश हुए और जमकर स्वागत किया। अपने गाँव में कहीं न गया, अलबत्ता राह चलते दो-चार लोगों से दुआ-सलाम जरूर हुई। छेदीलाल ने कुछ पैसे व कपड़े भेजे थे, उसे कुसुम भावज को दे आया। बदले हुए लालचन को देख लोग अचरज में पड़ गए। पाँच दिन बाद झरिया लौट गया।

लालचन के आने की खबर धीरे-धीरे मय गाँव फैल गई। बात सोना तक पहुँची। कुसुम बोली, "बबुनी, सुना है कि लालचन बबुआ बड़का आदमी बन गए हैं। असालतन नौकरी लग गई है। मैं तो एक ही नजर देखी—गजब, गबरू जवान दिख रहे थे। मानना पड़ेगा, तूने भी सैकड़न में सुंदर बिछ लिया। अबकी आवें तो नाथ-पगहा लगाइए देना। बाहर रहनेवाले मरद का क्या भरोसा, कब केने डोल जाए!" कुसुम तो चली गई, लेकिन सोना का सोना साथ लिये गई। रात में नींद न आई। फिर खुद को तसल्ली देते हुए बोली—धत्त, जवने गाँव जाना नहीं, ओके कोस गिनने से का फायदा?

समय के पंछी ने हलकी उड़ान भरी। फागुन आ गया। तमाम परदेशी लौट आए। कुछ कलकत्ता से, कुछ पंजाब से और ढेर सारे झरिया से। चौपाल जिंदा हो गई। होली की तैयारी होने लगी। झाल, ढोल, मँजीरे निकल गए। गोलबंदी शुरू हो गई। पिछले साल अव्वल आए पहाड़पुरवाले तो माह भर पहले से रियाज में थे। लालचन की गिनती मने-मन अपने गोल में कर रहे थे। जब घरों की सफाई शुरू हुई और रंग-बिरंगे कपड़े खरीदे जा रहे थे तभी एक भारी बवाल खड़ा हो गया। चापाकल की मुंडी फिर खुल गई। बात मटिया तेल की तरह मय गाँव फैल गई। नए पंच, मुखलाल माट साहेब के लिए ये भारी चुनौती थी। लेकिन उन्होंने धैर्य से काम लिया। दो ही दिन में हलके चौकीदार ने आकर बताया कि लोहा-लक्कड़ का एक दुकानदार पकड़ा गया है, जिसने मुंडी खरीदी थी। जब सिपाहीजी का सोटा पड़ा तो

उसने सबकुछ बता दिया, "चोर कोई और नहीं, चौधरी का भतीजा भरदुलवा था। उसी ने मुंडी लाकर बेची थी। दुकानदार ने तो यह भी बता दिया कि पहलेवाली मुंडी भी इसी ने खोली थी।" अब किसी पर-पंचायत की जरूरत न थी। भारी जुरमाना चौधरी को भरना पड़ा, थू-थू अलग से हुई। इसी के साथ लालचन और नेगिया के सिर से चोरी का लबादा भी उतर गया। खुशी यूँ पसरी कि पाँच दिन पहले ही होली आ गई। मइया को लगा कि भगवान् ने काया-पलट कर दिया। दौड़कर काली माई को चुनरी और ब्रह्मबाबा को लँगोट चढ़ा आई। लेकिन इस खुशी में लालचन व नेगिया शामिल न हो सके। लालचन झरिया में था और नेगिया, जो कलकत्ता भागा, सो लौटा ही नहीं। सबसे बड़ी खुशी सोना को हुई। बेचारी वही जानती थी, इस बीच कितनी लानत-मलामत उसने सही। सखी-सहेलियाँ कैसे हँसती थीं—सोना तेरा सौदा तो खोटा निकल गया रे! अब एक-एक को जवाब देगी। भागी और जाकर कुसुम भाभी को पकड़ झूल गई।

कन्हाई काका और तमाम गाँववाले होली की तैयारी में लगे थे। चौपाल भरी हुई थी। इसी बीच हरिया ने आकर बताया कि पहाड़पुरवाले भारी साज-सामान के साथ उतरनेवाले हैं। सोलह जोड़ी झलवहिया एक साथ उतरेंगे। तीन-तीन जोगीरा नाचेंगे। काका सोच में पड़ गए—'भाई, कुछ तो करना पड़ेगा। चलो मुखलाल माट से बात करते हैं। अभी दो दिन बाकी हैं। अफसोस, इस समय लालचन भी नहीं है!'

उधर लालचन ड्यूटी से लौटा तो बाड़े में उदास बैठा रहा। सारी जवारी तो गाँव निकल गए थे। शाम को उस्ताद आए। बोले, "लालचन, तू गाँव नहीं गया?" "ना उस्ताद, गाँव क्या जाना, जैसे कोंहड़ा छानी पर, ओइसे कोंहड़ा भुँइया! यहीं ठीक है।" "तो तीन-चार दिन छुट्टी में क्या करोगे?" बैठते हुए उस्ताद बोले। "ऐसा करते हैं कि कल कोयला लेकर चंपारन चलना है। साथ चलो, तेरा भी समय कट जाएगा और हमको भी अच्छा लगेगा।" इधर गाँव में होलिका दहन के दूसरे दिन होली शुरू हो गई। पहले पहर धूर-खेल शुरू हुआ। मय गाँव धूल में नहा गया। आदमी भूत जैसे नजर आ रहे थे। इसी बीच मुख्तार मियाँ ट्रक लिये आ गए। अचानक होली रुक गई। सभी भागे आए। कन्हाई काका बोले, "भैया, आप आ गए, खुशी दूनी हो गई।" उस्ताद बोले, "भाई, चंपारन का माल लेकर आया था। एक अदद यहाँ का भी था, सोचा कि इसे भी उतारता चलूँ।" फिर उन्होंने लालचन को आवाज लगाई। बंदे को देख नौजवानों की बाँछें खिल गईं। सबने गोद उठा लिया और गाँव के बीच लेकर चले गए। कन्हाई काका ने उस्ताद को जबरन रोक

लिया। होली का जोश दूना हो गया। रंगों की बारी आई तो मय गाँव रंगों में नहा गया। लालचन का मन न लगा, सो जल्दी लौट गया। कुसुम की नजर पड़ी। उसने पीछे से एक बाल्टी रंग डाल दिया। लालचन से बर्दाश्त न हुआ। उसकी बाल्टी छीन पीछा किया। वह औरतों के गिरोह में भागी। लालचन तेज कदमों से दौड़ा और ठीक निशाने पर बाल्टी उछाल दी। लेकिन यह क्या, कुसुम तो किनारे हो ली। किसी दूसरी लड़की पर सारा रंग पड़ गया। बंदे को काटो तो खून नहीं। तभी वह लड़की मुड़ी। दोनों ने एक-दूसरे को देखा तो देखते ही रह गए। ये सोना थी। कुछ देर के लिए समय रुक-सा गया। ऐसा लगा, जैसे वर्षों से तपते रेगिस्तान में अचानक सावन उतर आया हो या मरीचिका से मृग को मुक्ति मिल गई हो। सोना ने साजन को देखा तो देखती ही रह गई। लालचन ने गौर किया कि सोना अपने एक पैर में वही पायल पहने हुए थी। दूसरा पैर सूना था। खामोशी कुसुम ने ही तोड़ी—"देख लिया न देवरजी, रंग ने भी अपनी जगह ढूँढ़ ली! एक तुम हो...!" इस पर सारी लड़कियाँ खिलखिलाकर हँस पड़ीं। लजाकर लालचन भाग खड़ा हुआ। शाम को बाबू की बाड़ी में दुगोला प्रोग्राम शुरू हुआ। लोगों का मजमा लग गया। पहाड़पुरवालों की तैयारी देखते ही बनती थी। उनके सामने मानपुरवाले फीके पड़ रहे थे। लालचन को बहुत कहा गया, लेकिन वह न आया। उसे तो गाँव से नफरत सी हो गई थी। जबकि मइया ने बता भी दिया कि अब उसके सिर से चोरी का इल्जाम हट चुका है, फिर भी वो टस-से-मस न हुआ। मजबूरन काका बैठ गए और कड़ी खींचने लगे। पहाड़पुरवालों को लगा कि वे दंगल में उतरे बिना ही जीत गए, "ई बुढ़ऊ का टिकेंगे? होली धमार पर ठेका बजाने के लिए कलेजे में दम होना चाहिए।" फब्तियाँ कसी जाने लगीं। औरतों के गिरोह में बैठी सोना की निगाहें साजन को ही ढूँढ़ रही थीं। हरिया से बर्दाश्त न हुआ। भागा और जाकर उस्ताद के कान में कह दिया। उस्ताद बोले, "चलो, हम आते हैं।"

दुगोला प्रोग्राम शुरू हुआ। शुरू होते ही पहाड़पुरवाले बीस पड़ गए। अकेला हरिया कितना आड़ता! लोगों के चेहरे मुरझाने लगे। सब जानते थे कि आज की जीत साल भर गाई जाएगी और आज की हार पर साल भर रोना पड़ेगा। लेकिन कोई चारा भी न था। इसी बीच उस्ताद लालचन को लिये आ गए। खुद भी एक जोड़ी झाल पकड़ी और बंदे को ढोलक पर बैठा दिया। पहाड़पुरवालों को विश्वास न हुआ, लेकिन ये सच था—लालचन ढोलक सँभाल कड़ी खींच रहा था। तभी लालचन की निगाह सोना पर पड़ी। उसने अपनी पायल खोल दिखाई, मानो कह

रही हो कि मेरी कसम, गाँव की इज्जत अब तेरे हवाले है! और सचमुच लालचन ने गाँव की इज्जत रख ली। इतनी बेहतरीन ढोलक बजाई कि मय मजमा झूम उठा। उस पर साजिंदों ने सुंदर साथ दिया। लयकारी जमती गई। पूरी रात होली के गीत होते रहे। भोर होते-होते मानपुरवालों ने अपनी खोई गरिमा वापस पा ली। कहना न होगा, जीत का श्रेय लालचन को मिला। साथियों ने कंधे पर उठा लिया। सोना फूली न समाई। मइया को माँगी मुराद मिल गई। उसने आँचल फैलाकर भगवान् का शुक्रिया अदा किया—"प्रभु, तेरी माया भी अजीब है। तीन साल पहले बाबू की इसी बाड़ी में मेरे खानदान की इज्जत नीलाम हुई थी, आज इसी जगह तूने सूद सहित वापस कर दी। भगवन्, तेरी लीला अपरंपार है। तेरी कृपा निराली है..." कहते-कहते मइया रो पड़ी। उस्ताद सुन रहे थे। आँखें वहाँ भी छलछला आईं।

रात भर का थका गाँव आज दोपहर में जागा। मुख्तार मियाँ गाड़ी स्टार्ट कर रहे थे। लालचन साथ जा रहा था। मय गाँववाले विदा करने उमड़ पड़े थे। सोना कुसुम के साथ दूर खड़ी थी। मइया की आँखें बेटे को जाते देख बरस रही थीं। गाड़ी ने बढ़ना शुरू किया। तभी लालचन नीचे उतरा और दौड़कर कुसुम के पास गया, पॉकेट से वही पायल निकाली और देते हुए बोला, "भाभी, लीजिए ये पायल, इस मगरूर को पहना दीजिए और कह दीजिए, फिर न फेंके, वरना मैं इसका गला टीप दूँगा।" "एक और काम कीजिएगा, भैया से कह पहाड़पुरवाली ईंट मँगवा दीजिएगा। घर अब इसी गाँव में बनेगा।" पायल पा सोना निहाल हो गई। लालचन ने भागकर मइया के पैर छुए और स्टेयरिंग सँभाल लिया। गाड़ी ने झरिया का रुख किया और देखते-देखते आँखों से ओझल हो गई।

कहते हैं कि उसी रात सूखे हुए कुएँ में पोरसा भर पानी उमड़ आया!

□

हरबोलिया

हाँ, वह हरबोलिया ही था। भगवान् ने शायद इसीलिए उसे पैदा ही किया था कि लोगों को हँसाता रहे। और वह हँसाता भी खूब था। अपनी व्यंग्य वाणी से उलझे मन को सुलझाता और नासूर जख्मों पर मरहम भी लगाता। ठिगना कद, भैंगी आँखें, लंपट मूँछें और हकलाती आवाज, सबसे हँसी फूटती रहती। जिस गली से गुजर जाए, बच्चे फिदा हो जाएँ। रोते बच्चों को दिलासा देती माताएँ कहतीं, "बेटा, चुप हो जा, आज हरबोलिया को दिखा दूँगी।" और बच्चे चुप हो जाते। शुरुआती दिनों में जब वह मैंनाटाड़ में आया तो कुत्तों से बिल्कुल न पटती। देखते ही पीछे पड़ जाते। लेकिन पता नहीं ऐसी कौन सी जड़ी सुँघाई कि उनसे यारी गाँठ ली। फिर तो कुत्तों का कारवाँ साथ हो लिया। एक तरफ बच्चों का हुजूम होता तो दूसरी तरफ कुत्तों का काफिला चलता। कौन था वह, कहाँ से आया था, किसी को कुछ नहीं पता! उसे खुद भी तो नहीं मालूम! महज तीन साल का था, जब रामलाल नाचवाले को मिला। तब रामलाल की पार्टी का बड़ा नाम था। इलाके की इज्जत हुआ करते थे रामलाल। दूर-दराज के राही-बटोही रामलाल के नाम से गाँव का पता पूछते। किस्सा मशहूर था, "जोड़ी बैल बेचो तो रामलाल का नाच कराओ। नगद नौ के नीचे मोमिला न फरियता।" आल्हा-ऊदल, सोरठी-बृजाभार, बिहुला-बाला लखंदर और गोपीचंद जैसे खेल जब शुरू होते तो मय रात चलते रहते। क्या मजाल कि कोई पलक झपकाए! साँझ होते-होते नाच देखनेवालों का भारी जुटान हो जाता। रामलाल खुद आल्हा व चंदूसाह सौदागर का पार्ट खेलते। 'शारदा तोहरे बा आस, शारदा तोहरे बा आस, तोहरे भरोसे नाटक गावत बानी...' सुमिरन पर जब आलाप भरते तो समाँ बँध जाता। उस दिन प्यारेपुर की जामुनवाली परती में नाच खत्म कर चलने लगे तो वह पीछे लग गया। कई बार कोशिश की कि कुछ अपने बारे में कहे, लेकिन वह चुप ही

रहा। सिर्फ हँसता था। एकाध बार डाँटा भी, लेकिन पीछा न छोड़ा। उँगली पकड़ ली उसने। तब रामलाल को क्या मालूम कि जिससे पीछा छुड़ाने के लिए परेशान थे, वही एक दिन पार्टी का सिरमौर कलाकार बनेगा! बेटे की तरह परवरिश की। कंठ खोला। कला का मर्म समझाया। देखते-देखते वह नन्हा बालक मशहूर हरबोलिया बन गया। नाच में आते ही गुलटेनिया मार खड़ा हो जाता। लोगों की हँसी छूट पड़ती। चेहरे पर चूना पोते, कालिख की मूँछ बनाए, चितकबरे कपड़े में जब मुँह नचाकर, आँखें मटकाकर बोलता तो पेट में मरोड़ पड़ जाते। खेल शुरू होता तो राजा का दरबान बन बोलता—'महाराज की क्षय हो।' राजा साहब आँखें तरेरते तो बोलता—'ना, ना लय हो।' फिर आगबबूला होते देख कान पकड़ कहता—'महाराज की जय हो।' लोग खूब हँसते। लफ्जों की रफूगीरी में महारत हासिल थी बंदे को। समय के साथ हरबोलिया का हुनर दूर-दूर तक फैल गया। सट्टा करने आए लोग हरबोलिया के नाम पर बीस बेसी देने को तैयार रहते। नाच तो खत्म हो जाता, लेकिन हरबोलिया की चर्चा घर-आँगन व खेत-खलिहान में सालों भर चलती रहती। साक्षात् सरस्वती जब सिर बैठी थीं, कला शिखर पर विराज रही थी, एक दिन रामलाल ने चुपके से आँखें मूँद लीं। नाच पार्टी बिखर गई। एक नाच से कई नाच बन गए। कइयों ने कोशिश की कि वह उनके गिरोह में आ जाए, लेकिन वह कहीं नहीं गया। पिता का प्यार देनेवाले बाबा न रहे तो हरबोलिया भी टूट गया। नाच ही छोड़ दिया। कोसी किनारे मैंनाटाड़ में रहने लगा। यहाँ से शहर-बाजार जाने के लिए चार कोस जमीन पैदल चलना पड़ता था। रेत-बालू पर चलना दुश्वारी भरा काम था। पाँतर रास्ते पर छिनतई होती रहती थी। लेकिन वह बिंदास चलता रहता। लोगों के बोरा-बस्ता कंधे पर उठा, घंटे भर में शहर पहुँचा देता। लौटानी में भी कोई-न-कोई काम मिल ही जाता। चार पैसे मिल जाते तो दो जून की रोटी भी मिल जाती। जिंदगी अपनी रौ में चलती रहती। अजीब अहमक था वह! हसन-हुसैन की शहादत का माहे मुहर्रम आता तो छाती पीट-पीटकर मर्सिया गाता। सुनकर शरीर में सिहरन-सी हो जाती। आँखों से आँसू छलक पड़ते। तब लोग उसे मुस्लिम करार देते। वहीं जब महावीरी मेले में हनुमान चालीसा पर उड़ान भरता तो लोग 'वाह-वाह' कर उठते। बजरंगबली की भक्ति देख लोग हिंदू होने का भ्रम पाल लेते। अलबत्ता कभी किसी ने जानने की कोशिश न की कि उसका धर्म क्या था? मजहब के मायने वह खुद भी तो नहीं जानता था? कोई पूछे भी तो क्या बताए? बहन-बेटी, बच्चे जब भी पुकारते,

बंदा मदद में हाजिर हो जाता। उस दिन कोसी में डूब रहे चौधरी के बेटे को जान पर खेलकर उसी ने बचाया। तब चौधरी ने गले लगाकर कहा था, "हरबोलिया, तेरी नेकी मैं जिंदगी भर नहीं भूलूँगा। आज से तू मेरा बेटा है।" पिछले साल जब कोशी ने करवट ली तो भयंकर तांडव मचाया। बाढ़ की जद में फँसी मौलाद्दीन मियाँ की नन्ही बेटी को धार से उसी ने निकाला। मौलाद्दीन मियाँ का मय कुनबा सिर-आँखों पर उठा लिया। दिल से दुआएँ दीं।

शिवपुर से जब किसी की मृत्यु की सूचना मिलती, बंदा हाजिर हो जाता। चिता की लकड़ियाँ तैयार करता, फिर अर्थी को कंधा लगाता। मौलाबारी से जब किसी की मौत की खबर आती, कब्र खोदने में पहली कुदाल उसी की उठती। फिर जनाजे में हाजिर रहता। शादी-ब्याह के मौके पर उसकी विशेष खोज होती। हँसते-हँसाते सारा काम निपटा देता। सर्दी जाती, गरमी आती, लेकिन हरफनमौला हर मौसम में मस्त रहता। चेहरे पर कभी शिकन न होती। उस दिन शिवदेनी साव की बेटी विदा हो रही थी। बंदा तीन दिन से काम में लगा था। अचानक वायु बिगड़ी और पेट में जोरों का दर्द उठा। छटपटाने लगा। लोग हरबोलाई समझ हँसने लगे। दर्द बढ़ता रहा, वह चीखता रहा और लोग हँसते रहे। संयोग ठीक था कि सावजी की माँ ने मर्म को समझ लिया, तब जाकर दवा-इलाज हुआ। आषाढ़-सावन में जब मेघ गिरते तो कोसी उफना जाती। किनारे कटने लगते। त्राहिमाम मच जाता। जीना मुहाल हो जाता। लेकिन घोर आश्चर्य की बात यह देखी जाती कि उसकी झोंपड़ी कभी न कटती। लोग कहा करते, हरबोलिया पर मइया कोसी की विशेष कृपा रहती है। वह भी तो बड़ी नेह-छोह रखता था। किनारे बैठ जाता और कोशी का कीर्तन गाता।

अबकी आषाढ़-सावन सामान्य रूप से निकल गए तो घरों में चैन की बंसी बजी। लेकिन यह खुशी कोई खास न रही। उस दिन सुबह से ही पुरवाई बह रही थी। अचानक भंडार कोना लाल हो गया। भयंकर बवंडर उठा। लोग माल-मवेशी ले भागने लगे। देखते-देखते दुपहरिया अन्हरिया में बदल गई। फिर मूसलाधार बारिश शुरू हो गई। अबकी सिंघा न गरजा था, सो हथिया सूँड़ लफा-लफाकर बरसती रही। रात गहराती गई। लोग घरों में दुबके रहे। तिजहरिया की धूप और भादों-कुआर की बारिश अक्सर जानलेवा साबित हुई है। तीन दिन तक यही हाल रहा। चौथे दिन मेघ थमा तो लोग कोशी की तरफ भागे। कोशी उफान पर आ गई थी। किनारों पर कटाव जारी था। हरबोलिया की झोंपड़ी का कहीं पता न था। अनहोनी की आशंका घर करने लगी। लोग आगे बढ़े। सामने जो देखा तो चीख

निकल गई। हरबोलिया औंधे मुँह गिरा पड़ा था। चौधरी व मौलाद्दीन मियाँ ने पास जाकर मुआयना किया। हरबोलिया जिंदगी की जंग हार चुका था, लेकिन मुख पर वही मुस्कान थी। चौधरी बोले, "भाई, कफन-दफन का इंतजाम कर लो। जनाजे में हम लोग भी शामिल होंगे।" आखिर हरबोलिया हमारा भी था। मौलाद्दीन मियाँ बोले, "चौधरी, ये मजाक का वक्त नहीं है। लाश जलाने का प्रबंध करो। अर्थी को कंधा हम लोग भी देंगे। हरबोलिया से निस्बत हमारा भी था।" चौधरी ताव में आ गए, "वाह रे ईमानवाले, जब मुहर्रम में मर्सिया गाता था तो सीना तानकर बोलते थे कि हरबोलिया अहले ईमान है। आज क्यों पाला झाड़ने लगे? मौलाद्दीन मियाँ तैश में आ गए, "अब मुँह न खुलवाओ चौधरी, महावीरी मेले में जब हनुमान चालीसा गाता था, तब तो फूले न समाते थे। कैसे कहते थे कि हरबोलिया किसी उच्च कुल का बालक है! आज तेरी मानवता क्यों मरी जा रही है?" बात बढ़ गई। न शिवपुरी अर्थी उठाने को तैयार हुआ और न मौलाबारी मैयत को कंधा देने आगे आया। एक-दूसरे को अनाप-शनाप बकते लोग घरों को चले गए। हर अर्थी व मैयत को दौड़कर कंधा देनेवाला हरबोलिया आज खुद चंद कंधों का मोहताज था। फिर भी चेहरे पर मुस्कान कायम थी। साँझ हुई। एक बार फिर लोग दड़बों में दुबक गए। हार-के-हार कुत्ते, गीदड़ व सियार किनारे पहुँचने लगे। फिर जानवरों की जंग शुरू हो गई, जो रात भर चलती रही। लोग ये मानकर सो गए कि हरबोलिया को जानवर आज रात नोच-नोच के खा जाएँगे। चलो, अच्छा ही होगा—न दफनाना पड़ेगा, न जलाना पड़ेगा। हम लोग क्यों इस अदने आदमी के लिए आपस में बैर मोल लें? उधर जंग बढ़ती गई। गीदड़ और सियारों का समूह चाहता था कि यह हमारा भोजन है। हम इसे खाएँगे ही। उधर कुत्तों का कहना था कि यह हमारा यार है। हम अपनी आखिरी साँस तक यारी निभाएँगे ही। किसी को छूने नहीं देंगे। तीन दिन से जगे लोग बैल-बाछा बेचकर सोते रहे। जंग जारी रही। रात लंबी तन गई।

सुबह के साथ ही बात मटिया तेल की तरह कई गाँव तक फैल गई—'हर मायूस मन को ताजगी देनेवाला हरबोलिया आज सदा के लिए खामोश पड़ा है।' लोग किनारे को भागे। बच्चे-बूढ़े, औरत-मर्द का ताँता लग गया। अलबत्ता शिवपुर और मौलाबारी के लोग तनिक विलंब से पहुँचे। भारी भीड़ उमड़ पड़ी। लोगों ने देखा कि हरबोलिया जस-का-तस पड़ा था। कुत्ते उसे घेरकर बैठे हुए थे। बगल में दो कुत्ते मरे पड़े थे। कई लहूलुहान भी थे। समझते देर न लगी कि कुत्तों ने अपने यार को बचा लिया था। चौधरी व मौलाद्दीन ने एक-दूसरे को देखा। फिर अपनी

ही नजरों में गिरने लगे। बगल गाँव के लोगों ने ऐलान कर दिया, "हम हरबोलिया को ले जाएँगे। पूरी निष्ठा व ईमान से इसका अंतिम संस्कार करेंगे। लानत है, इन दोनों गाँवों पर, जो मरे का मजहब पूछते हैं!" सबने सिर झुका लिये। और सचमुच कुछ युवक आगे बढ़े। तभी चमत्कार हो गया। कुत्तों ने रोना शुरू कर दिया। फिर वो उछलकर बाहर भागे। तुरंत किनारा कट गया। इसी के साथ हरबोलिया भी कोशी में समा गया। एक तूफानी धार आई और उसे अपने साथ बहाकर ले जाने लगी। आँखें भीगने लगीं। बच्चे फूट-फूटकर रोने लगे। फिर एक तेज लहर उठी। लहर के साथ हरबोलिया भी ऊपर उठा। बच्चों को लगा कि वह गुलबाजी मार रहा है। भीगी पलकें मुस्करा उठीं। फिर वह धारा के साथ तेजी से जाने लगा। सबने देखा, हरबोलिया बड़े आराम से चला जा रहा था। और...और, अब उसे किसी कंधे की जरूरत भी न थी!

□

हाल-ए-हलीम

आखिर आज मंजूर मौलवी साहब हफ्ता दिन बाद आ ही गए। मदरसा भरा देखा तो ताज्जुब हुआ। कहाँ यकीन कर चले थे कि बच्चों को घूम-घूमकर बुलाना पड़ेगा और गाँववालों के तीखे सवालों से दो-चार होना पड़ेगा, लेकिन उम्मीद के उलट तमाम बच्चों को हाजिर-नाजिर पाकर बड़ी तसल्ली हुई। बरामदे में साइकिल खड़ी की। टोपी उतार माथे का पसीना पोंछा और सनसनाते अंदर दाखिल हुए। सामने का नजारा काफी दिलचस्प था। कतार में तमाम बच्चे बाइत्मीनान झूम-झूमकर सबक याद कर रहे थे—'अलिफ दो पेश उन, बे दो पेश बुन, ते दो पेश तुन...!' सामने कुरसी करीने से रखी हुई थी। बगल की बेंच पर बैठा हलीम पूरी क्लास की निगहबानी कर रहा था। बीच-बीच में खड़े होकर सबक से गाफिल बच्चों को झिड़की भी देता। बच्चे अपने काम में यूँ मशगूल थे कि उन्हें मौलवी साहब की आमद का जरा सा भी ख्याल न रहा। तभी हलीम की नजर पड़ी। उछलकर खड़ा हुआ और जोर से चिल्लाया—"मो...मो...ल...ल...वी...वी...साहब! स...ला...म...!" एकबारगी पूरी क्लास ने दोहराया—"मौलवी साहब...सलाम वालेकुम।" 'वालेकुम सलाम' कह मौलवी साहब बैठ गए और बड़े प्यार से हलीम के सिर पर हाथ फेरते हुए बोले, "शाबास बेटा! तूने तो कमाल कर दिया। दिल जीत लिया। आज से तुम्हीं पूरे क्लास के मॉनिटर रहोगे।" हलीम मुस्कराया और समझने के अंदाज में सिर हिलाया। अभी बातों का सिलसिला शुरू ही हुआ था कि ऐन मौके पर झबरा आ गया और हलीम ने अपना बोरिया-बस्ता वहीं छोड़ चल दिया। मौलवी साहब आगे बढ़ रोकते रह गए, लेकिन हलीम ने पलटकर न देखा और झबरा के पीछे-पीछे हो लिया। हजरत जानते थे, झबरा के आ जाने के बाद हलीम की वापसी मुमकिन न रह जाती है, सो मन मसोसकर वापस हो गए।

मातबर मियाँ खाते-पीते खानदान से थे। खेत-खलिहान कुछ खास न थे। लेकिन जो थे, उनसे काम चल जाता था। गेहूँ तो काम लायक हो जाता, लेकिन धान की फसलें हर दूसरे साल दगा दे जातीं। कुछ दलहन और सब्जियों का सहारा मिल जाता तो गृहस्थी चल जाती थी। जिंदगी मुश्किल में जीते, लेकिन अल्लाह के नेक बंदे थे, सो नमाज कभी कजा न होती। मुअज्जिन की अजान खत्म होने से पहले ही मस्जिद में हाजिर रहते। नमाज से फारिग हो धंधे में लग जाते। मियाँ-बीवी ईमान के सच्चे और उसूल के पक्के थे। तीन बच्चों में हलीम सबसे बड़ा था। उमर तो दस पार कर गई थी, लेकिन अक्ल जामुन की जड़ पकड़ी जस-की-तस बैठी थी। छोटे भाई-बहन खरगोश-से उछलते, तोते की तरह बोलते, लेकिन हलीम खामोश ही रहता। कुछ हलके-फुलके अल्फाज से अधिक बोलने में हलकान हो जाता। इनमें तीन ही लफ्ज थे, जिन पर उसकी पकड़ बन पाई थी—अ...ब्बा, अ...म्माँ और मौ...ल...वी सा...ह...ब। नाक बहती रहती और मुँह से लार टपकती रहती। डॉक्टर, वैद्य, हकीम के तमाम नुस्खे आजमा लिये गए थे। कोई फायदा न हुआ। अम्माँ गले में तावीज बाँधे रखती, जिसे वह बराबर चबाया करता। झबरा पिल्ले से गाढ़ी दोस्ती थी। दोनों साथ सोते और साथ ही जगते। झबरा जहाँ जाता, हलीम पीछे-पीछे जाता। जब अम्माँ हलीम को कहीं ले जाती, झबरा भी साथ होता। मदरसे का सबसे पुराना तालिब-ए-इल्म था हलीम। संगी-साथी ऊँची जमात में जा चुके थे, लेकिन उसे इसका कोई मलाल न था। उसका असली साथी तो झबरा था। वह तैयार हुआ तो मदरसा गया, वरना हाथ में डंडा लिये झबरा के पीछे कहीं और चल दिया। कभी-कभार तो तीन-चार गाँव का फेरा लग जाता। दोनों साथ रहते और मजे करते। गाँव से गुजरते वक्त झबरा किसी को खाते देखता तो पूँछ हिलाने लगता। तब हलीम को भी अपने भूखे होने का एहसास होता। उसके लिए अमीर-गरीब, छोटे-बड़े का कोई मतलब न था। दौड़कर खानेवाले के पास पाल्थी मार बैठ जाता और थाली में हाथ डाल खाने लगता। शुरू में तो लोग उसकी इस आदत से बिदके, लेकिन धीरे-धीरे आदी हो गए। जितना दिल करता खाता, कुछ झबरा को खिलाता, फिर दोनों उठकर चल देते। अम्माँ देखती तो सिर पीट लेती और बेटे की नासमझी की दुहाई देती फिरती। बात मोहल्ले में तो चल जाती, लेकिन दीगर गाँव के लोगों को नागवार गुजरती। कहीं-कहीं तो मजहब आड़े आ जाता और भारी बखेड़ा खड़ा हो जाता। मियाँ-बीवी सुनते तो भागे जाते और सामनेवाले से हाथ जोड़ माफी माँगते। बात बर्दाश्त से बाहर होती तो अम्माँ खूब मारती। फिर बैठकर रोने भी लगती। हलीम

समझ न पाता और खड़े होकर चुपचाप निहारता रहता। हलीम के लिए मारपीट कोई मायने नहीं रखती। अम्माँ के सिलाई मशीन पर बैठते ही झबरा 'कूँ...कूँ' करता और दोनों अपनी जिंदगी जीने निकल जाते।

बेनीपुर और कमालपुर का बैर सौतिया डाह से जरा भी कम न था। बात-बात में लाठी-भाले निकल जाते। लोग मरने-मारने पर आमादा हो जाते। हालाँकि दोनों गाँवों में हिंदू-मुस्लिम सभी धर्म के लोग थे, लेकिन उनकी वफादारी मजहब से न होकर गाँव से थी। तब मजहब की मीनारें बहुत ऊँची न थीं, लेकिन मोहब्बतें बहुत गहरी थीं। धर्म की शाखें बूढ़े बरगद की तरह दूर तक फैली हुई थीं। यह लोगों को अपनी शीतल छाँव में पनाह देने के लिए काफी थीं। गाँव के पूरब में शंकर मिसिर का बीघे भर में फैला हुआ मकान था। पीछे नौ कोठरियों का दालान था। काठियावाड़ी नस्ल की छह गाएँ और ऊँचे डील-डौल के तीन जोड़ी बैलों से दुआर भरा रहता। कई कारिंदे और ढेरों नौकर-चाकर। मिसिरजी की धर्मपत्नी अक्सर कहा करतीं, 'जिसके जागे भाग तो नाद-खूँटे हों आबाद।' मिसिरजी बेनीपुर के पंच होने के साथ सबके सुख-दुःख के संगी-साथी भी थे। दरवाजे से सटे नीम-पीपल के कई बड़े दरख्त थे। दोपहर में सगरी गाँव का यहीं जुटान होता था, जहाँ छोटे-बड़े तमाम मसलों का निपटान होता।

उधर कमालपुर के नंबरदार लियाकत हुसैन थे। मस्जिद-मदरसे की निजामत से लेकर आम व खास की नेकी-बदी में बढ़-चढ़कर हिस्सा लेते थे। मदद के हाथ सभी के लिए खुले थे, लेकिन मातबर मियाँ पर खास नजरें इनायत रहतीं। वैसे अल्लाह ने दिल खोलकर दौलत दी थी। दो साल पहले जब हज करके लौटे तो भारी भोज करवाया। नामी-गिरामी आलिम-ए-दीन को दावत दी गई। जमकर जलसा हुआ। लोग कई दिन तक याद कर अघाते रहे।

बेनीपुर की बेटी कमालपुर में ब्याही गई। दोनों गाँवों के बीच फसाद की जड़ यहीं से पनपी। हुआ यूँ कि कमालपुर से बारात आई। तब बेटा-बेटी किसी के हों, लेकिन बारात की कमान गाँव के नंबरदार के हाथों होती थी। सो उधर से लियाकत हुसैन बड़ी पगड़ी बाँधे हाथी पर आए। गाजे-बाजे से गाँव गूँज उठा। बारात ऐसी कि देखनेवाले दाँतों तले उँगलियाँ दबाते रह गए। बहरहाल, बेनीपुर ने खातिरदारी में कोई कोर-कसर न छोड़ी। शंकर मिसिर ने पत्नी और अपने अमला-फजला के साथ बेटीवाले के दरवाजे पर आसन जमा लिया। इंतजाम की कमान खुद अपने हाथों में ले ली। बारात में तब नामी नाच लाना बेटेवालों की हैसियत और रुतबे को

दिखाता था। बाराती–साराती सब खाकर जब शामियाने में बैठे तो नाच शुरू हुआ। हरबोलिया की कोई बात बेनीपुरवालों को लग गई। छोटी सी बात पर बड़ा बखेड़ा खड़ा हो गया। जमकर मारपीट हुई। दोनों तरफ के कई लोग जख्मी हुए। सुबह–सवेरे बेटी तो बिदा हो गई, लेकिन साँझ के साथ दोनों गाँवों के बीच गहरी खाई खुद गई। दिन भर दोनों गाँव अपनी–अपनी गोलबंदी करते रहे। नतीजा अच्छा न हुआ। गाँव के बीच का छोटा सा मसला बड़े फासले में तब्दील हो गया। आना–जाना, नेवता–हंकारी सब बंद हो गए। विडंबना तो यह रही कि गाँव के नंबरदार होने के चलते शंकर मिसिर और लियाकत हुसैन के बीच जो खानदानी यारी–दोस्ती थी, इसके साथ ही नेस्तनाबूद हो गई। दोनों ने इसे दिल पर ले लिया। तब से बेनीपुर के तमाम हिंदू–मुस्लिम एक साथ हो लिये। उधर कमालपुरवालों ने भी अपनी घेराबंदी कर ली। दोनों ने एक–दूसरे का हुक्का–पानी बंद कर दिया। अब मेला–बाजार में जब यहाँ के लोग मिलते हैं तो वैसे ही जैसे तलवार से ढाल मिलती है। बच्चे होश सँभालते हैं तो उन्हें पहला सबक यही सिखाया जाता है कि फलाँ गाँव से हमारी जाति दुश्मनी है। उससे सावधान रहना। बचपन में दी गई सीख जवानी में कुछ ज्यादा ही जवान हो जाती है। हालाँकि देश–दुनिया को देखते दोनों गाँव अपनी खाई पाटना भी चाहते हैं। लेकिन पहल के लिए कोई आगे नहीं आता। सवाल मूँछों का जो ठहरा!

वह पूस की अँधेरी रात थी। साँझ होते ही गहरा कुहासा छा जाता। हाथ को हाथ नहीं सूझता। इधर कई दिनों से आते–जाते मेघ कुछ अच्छा संकेत नहीं कर रहे थे। ओलों का अलग डर था। धान की फसल मारी जा चुकी थी। दार–मदार रबी पर ही था। कड़ाके की ठंडक के मारे लोग घरों में दुबके पड़े थे। रात का पहला पहर समाप्त हुआ तो दूर कहीं कुत्तों का शोर सुनाई पड़ा। झबरा हलीम के पायताने सोया हुआ था। शोर सुनकर जगा और 'कूँ–कूँ' कर हलीम को जगाया। हलीम उठ बैठा। डंडा लिया और झबरे के पीछे–पीछे चल दिया। उसे नहीं मालूम था कि झबरा इस वक्त कहाँ जाएगा? अब यारी है तो निभानी तो पड़ेगी। सो पीछे–पीछे चलता रहा। कमालपुर का सीमाना पार कर दोनों सरेह में आ गए। सामने बेनीपुर की सीमा शुरू होती थी। थोड़ी देर में बूँदाबाँदी शुरू हो गई। रह–रहकर बिजली चमकती तो राह खड़े पेड़ों का आभास होता। बड़े वीर–बाँकुरे भी इस वक्त इधर आने में हथियार डाल देते। दु:ख–सुख, मोह–माया, अपना–पराया और राग–द्वेष की सारी जड़ तो अक्ल होती है। वह तो यहाँ पोखर के पानी की तरह शांत पड़ी थी। फिर हलीम

को क्या खौफ! बंदा बिंदास झबरा के पीछे चला जा रहा था। उसे जर-जिन्नात या भूत-पिशाच का भी कोई भय नहीं था।

बेनीपुर के बगल से एक छोटी नदी बहती थी। झबरा एक मोड़ पर रुका। हवा में मुँह उठाकर कुछ सूँघा, पैरों से थोड़ी मिट्टी कुरेदी और फिर तेजी से नदी किनारे चलने लगा। हलीम ने भी रफ्तार बढ़ा दी। तभी बिजली चमकी। रोशनी में कुछ और कुत्ते दिखे, जो उसी दिशा में चले जा रहे थे। अब नदी का ढलान आ गया। आगे का मंजर अजीब खौफ पैदा कर रहा था। सामने कोई बड़ा जानवर मरा पड़ा था। वहाँ बड़ी संख्या में गिद्ध उतर आए थे, जो मांस खाने के लिए एक-दूसरे से जूझ रहे थे। एक झपट्टा मारकर हटता, तब तक दूसरा टूट पड़ता। कुत्तों को जल्दी से जगह नहीं मिल रही थी। वे भी दर्जनों की तादाद में थे, सो एक साथ हमला करते और जिसे जो मिलता, लेकर भागते। फिर गिद्धों की जमात हावी हो जाती। हलीम किनारे बैठा झबरा के आने का इंतजार करता रहा। हाड़ कँपानेवाली ठंड से उसका बुरा हाल था। दाँत तेजी से किटिकटा रहे थे। गले में महज एक गांती थी, जो इस जानलेवा ठंड के लिए नाकाफी थी। लिहाजा लहू धमनियों में जमने लगा। लेकिन झबरा के बिना उसका वहाँ से हटना कहाँ मुमकिन था! अस्तित्व और आहार की यह जंग पूरी रात चलती रही। झबरा भी अपनी हिम्मत और ताकत के मुतअल्लिक जूझता रहा और हलीम उसके लौटने के इंतजार में हाड़ कँपाती ठंड में ठिठुरता रहा।

शंकर मिसिर की ज्यादातर खेतियाँ इस नदी किनारे थीं। सुबह हुई तो थोड़ा कुहासा छँटा। लोग घरों से निकलने लगे। मिसिरजी के कारिंदे भी खेतों की तरफ आए। सामने नदी के ढलान पर सैकड़ों गिद्ध मँडरा रहे थे। दर्जनों कुत्ते शोरगुल करते लड़ रहे थे। तभी एक कारिंदे की नजर नदी किनारे लावारिस पड़े एक बच्चे पर गई। कुछ कुत्ते उसे घेरकर बैठे थे। एक कुत्ता बच्चे के शरीर पर पड़ा था। गिद्धों का समूह एक साथ बच्चे पर हमला कर रहा था और कुत्ते थे कि जान पर खेलकर बच्चे को बचा रहे थे। माजरा समझते देर न लगी और कारिंदे ने जोर की आवाज लगाई। अगल-बगल आए लोग दौड़ पड़े। बड़ी मुश्किल से गिद्धों को भगाया गया। कुत्तों को हटाकर जब बच्चे की नब्ज टटोली गई तो मालूम हुआ कि साँसें अभी चल रही हैं। गोया कि शरीर में जान बाकी थी। आनन-फानन में उसे मिसिरजी के दरवाजे पर लाया गया। मिसिरजी स्नान कर पूजा पर बैठने ही जा रहे थे कि उनकी नजर पड़ी। दौड़कर बच्चे की साँसों का अनुमान लगाया। बच्चा अभी जिंदा था। फिर क्या था, पूरा गाँव बच्चे की सेवा में लग गया। मिसिरजी के कहे अनुसार आग

जलाई गई, ताकि बच्चे के शरीर को गरमी दी जा सके। उनकी धर्मपत्नी दौड़कर कड़ुआ तेल गरम कर लाईं और पूरे शरीर में जल्दी-जल्दी लगाने लगीं। घंटा भर उपचार चलता रहा। जब शरीर को गरमी मिली तो बच्चे ने आँखें खोल दी। लोगों की जान-में-जान आई। फिर हल्दी मिला गरम दूध पिलाया गया। बच्चा अब आँखें घुमा-घुमाकर लोगों को पहचानने की कोशिश करने लगा। लोग भी उसे पहचानने में जुट गए। तभी बिनेसर साव भीड़ से बाहर आए और बच्चे को पहचानते हुए बोले, "अरे, ये तो कमालपुर के मातबर मियाँ का बेटा है! मैंने इसे मेले में एक बार देखा था। शायद यह बोलता-चालता नहीं है। लेकिन अपने पिल्ले के साथ दिन भर यहाँ-वहाँ घूमता फिरता है।" तभी घायल झबरा लँगड़ाता हुआ आया और बच्चे के पास बैठकर 'कूँ-कूँ' करने लगा। उसकी आँखें भी लगातार बरसती जा रही थीं। शायद वह मासूम भी अपनी गलती पर पछता रहा था कि पिछली रात वह वहाँ क्योंकर गया! यह दृश्य देख सबकी आँखें पनीली हो गईं। मिसिरजी की पत्नी ने उसके जख्मों पर भी हल्दी-चूना लगाया और गरम दूध पिलाया।

उधर कमालपुर में कोहराम मचा था। मातबर मियाँ गाँववालों के साथ कई गाँव का फेरा लगा चुके थे। चँवर-चाँचर, खेत-खलिहान सब छान मार लिये गए थे, लेकिन न तो हलीम ही मिला और न झबरा का ही कोई पता चला। अम्माँ का रो-रोकर बुरा हाल था। पूरा गाँव जमा था। लियाकत हुसैन मियाँ-बीवी को सांत्वना दे रहे थे। तभी बिनेसर साव भागते हुए आए और बोले, "मैं बेनीपुर से आया हूँ। मुझे शंकर मिसिरजी ने यहाँ भेजा है। नदी किनारे लावारिस हाल में आज सुबह-सवेरे एक बच्चा मिला है। ठंड के मारे उस बच्चे की बुरी हालत थी। बड़ी मुश्किल से उसे बचाया गया है। बच्चा अब खतरे से बाहर है। उसके साथ एक पिल्ला भी है।" फिर सुबह हुई घटना को सावजी ने विस्तार से बताया कि बच्चा कैसे मिला, मिसिरजी और उनकी पत्नी ने कैसे जी-जान से बच्चे की सेवा की और उसके प्राण बचाए। सुनते ही लियाकत हुसैन के होश उड़ गए। फिर क्या था! तमाम बंदिशें तोड़कर पूरा कमालपुर बेनीपुर पहुँचा। अम्माँ ने बेटे को जिंदा देखा तो मिसिरजी के पाँव पकड़ बोली, "अपनी जिंदगी की तमाम नेकियाँ आपके हवाले करती हूँ हुजूर!" फिर वो दामन फैला दुआ देती रही और आँखों से आँसू बहाती रही। मातबर मियाँ के हलक से कुछ न निकला। हाँ, बहती आँखों से सबकुछ बयाँ कर दिया। मिसिरजी उठे, हाथ पकड़ बगल में बैठाया। तभी उनकी नजर लियाकत हुसैन पर पड़ी। देखा कि हुसैन साहब भीड़ में सबसे पीछे

सिर झुकाए खड़े थे। शायद उनमें मिसिरजी का सामना करने की हिम्मत न थी। मिसिरजी बिना देर किए उठे और जाकर लियाकत हुसैन को गले लगा लिया। पकड़कर साथ लाए और पत्नी को जोर की आवाज लगाई, "अजी, सुन रही हैं! दरवाजे पर रूठे-बिछड़े समधी आए हैं। कुछ जर-जलपान तो होना चाहिए।" इतना कहना था कि लियाकत हुसैन बुक्का फाड़कर रो पड़े। मिसिरजी भी अपने आँसू छुपा न सके। आज बीस साल बाद दोनों गाँव साथ रो रहे थे। गंगा-जमुना का संगम हुआ तो बहाव भी तेज हो गया। और इसी बहाव ने तमाम दूरियाँ पाट दीं। लम्हे न लगे, नफरत की दीवारें धराशायी हो गईं। जल्दी-जल्दी कारिंदों ने नाश्ता तैयार किया। मिसिरजी की पत्नी नाश्ता लगाने लगीं। पूड़ी परोसते मिसिरजी बोले, "भाई साहब, मैंने तो सुना है कि अक्ल इंसान को बुद्धिमान बनाती है, लेकिन आज यह साबित हो गया कि गाँव में हलीम जैसे कुछ नासमझ बच्चों का होना भी कितना जरूरी है!" युगों बाद हुसैन साहब के होंठों पर ठहरी मुस्कान लौटी। लोग खाने में मशगूल हो गए। उधर झबरा ने फिर एक बार 'कूँ-कूँ' किया। फिर क्या था! हलीम उठा और उसके पीछे-पीछे चल दिया। लोग उसे तब तक देखते रहे, जब तक वह आँखों से ओझल न हो गया।

□

बाबूराम का बाईस्कोप

लाउडस्पीकर पर ऐलान हो रहा था—देश-दुनिया के कोने-कोने में कामयाबी का परचम लहराता अब आपके शहर आ गया...आ गया...सरकस का शहंशाह! हाँ, तो बहादुर बाजीगरों के कारनामे देखना न भूलें। जरूर आएँ—सिटी चौक मैदान में, रोजाना तीन शो। ऐसा सरकस जहाँ हाथी हिसाब बनाता है। जहाँ छोटी बंदरिया जंगल के राजा शेर से ठुमके लगवाती है। जहाँ नन्हा तोता दीवाली के पटाखे फोड़ता है और डेढ़ फुटिया जोकर खूब हँसाता है। झूले पर साथ, चार कलाकार जब कलाबाजियाँ करते हैं तो देखकर कलेजा मुँह को आ जाता है। तो आना न भूलें। कल से खेल शुरू हो रहा है। एडवांस बुकिंग शुरू हो चुकी है! याद रखें, सरकस का शहंशाह—रोजाना तीन शो। गाड़ी बढ़ती जा रही थी और परचे फेंके जा रहे थे। लड़कों का झुंड दौड़-दौड़कर उठा रहा था। सब बाबू-मइया को पटाने की फिराक में थे कि कैसे सरकस देखने का जुगाड़ लगे! शहर के चौक-चौराहे चर्चा की जगह बन गए। गाँव-देहात के लिए बड़ी बात थी। रात में सरकस की फ्लैश लाइट जब चक्कर लगाती तो सैकड़ों सतरंगी सपने साथ आसमान में तैरने लगते। लोग निहारते और निहाल हो जाते।

उत्सवी माहौल हो गया। जहाँ सरकस की खबर सुन सारा गाँव खुश था, वहीं एक शख्स ऐसा भी था, जिसके घर मातम पसरा था। ये था—बाबूराम बाईस्कोपवाला। बात भी जायज थी। आज महीने भर के मियादी बुखार से कुछ आफियत मिली तो सोचा, कल बाईस्कोप लेकर धंधे पर निकल जाएगा। कर्ज चढ़ गया था। बड़ी मुश्किल से सँवरी पाई-पाई जोड़ घर चला रही थी। वह तो शुक्रिया शहर के उस सेठ का, जिसने बेटे को अपने घर रख लिया था और दो साँझ रोटी दे देता था। बदले में भोलू घर का छोटा-मोटा काम निबटा देता था। गुरबत

गरीब का गिरेबाँ जब पकड़ लेती है तो जल्दी से छोड़ती भी नहीं है। खेतों में कोई काम नहीं रह गया था। सो कोई मजदूरी पर रखता भी नहीं था। जीना मुहाल हो रहा था। अब यही बाईस्कोप सहारा था। बाबूराम बीवी से बोला, "लगता है, यह सरकस जीने नहीं देगा।" सँवरी ने शंका जाहिर की और पूछा, "क्यों?" "क्योंकि सब सरकस की तरफ भागेंगे। कौन हमारा बाईस्कोप देखेगा? महँगाई की मार से घर-गृहस्थी तो चरमरा ही गई थी। दो माह पहले जब फसलें उतरीं तो उम्मीद थी कि अच्छी कमाई हो जाएगी, लेकिन ऐन मौके पर शहर में ऐसा सिनेमा लगा कि सारा धंधा ही चौपट हो गया। गाँव-के-गाँव उमड़ पड़े। अब भला सितारों की चकाचौंध के सामने लखनऊ की भूलभुलैया और दिल्ली का कुतुबमीनार कौन देखता है! बाईस्कोप की दहीवाली गुजरिया राह ताकती रह गई और लोग सिनेमा पर टूट पड़े। धत, महीने भर कुछ भी तो कमाई नहीं हुई थी। फिर जर-बुखार ने देह तोड़ दिया। अब, जबकि कुछ उम्मीद बनी तो मुआ यह सरकस आ धमका।" बाबूराम बुझे स्वर में बोला।

बाबूराम को गुजरे दिन याद आए—ओह, वो भी क्या दिन थे! सुबह-सवेरे बाईस्कोप लिये निकल जाता। डुगडुगी बजी नहीं कि भीड़ जुटनी शुरू हो जाती। झुंड-के-झुंड बच्चे जमा हो जाते। फिर शुरू होता—देखो, देखो, बाईस्कोप देखो। गजब का स्वर था। आलाप भरता तो सिहरन-सी हो जाती। बच्चों की बारी खत्म होते ही घर की कनिया-पुतरिया देखने बैठ जातीं। कभी सोरठी-बिरजाभार तो कभी गोपीचंद की कहानी खूब जमती। सती अनुसुइया और बिहुला-बखान तो रुला ही देते। याद है, श्रवण कुमार और सत्यवादी राजा हरिश्चंद्र के खेल से इतनी कमाई हुई कि सँवरी के लिए साड़ी और अपने लिए धोती-कुरता खरीद लिया था। तमाशा दिन भर चलता। जब लौटता तो झोली में कुछ नगद और ढेर सारे अनाज होते। दिन मजे से गुजर रहे थे। बेटी सयानी हुई तो खाते-पीते घर में ब्याह भी हो गया। लेकिन ढलती उमर के साथ धंधा भी ढलता चला गया। अतीत याद कर बाबूराम की आँखें भर आईं। सोचा, चाहे जो हो, कल वह धंधे पर जरूर जाएगा। आखिर, दूसरा रास्ता भी तो नहीं था।

सुबह होते ही बाबूराम ने स्नान-ध्यान किया। बाईस्कोप पर अगरबत्ती दिखाई, सँवरी से थोड़ा चबैना लिया और बजरंगबली का सुमिरन कर धंधे पर निकल गया। परानपुर पार करते-करते सूरुज महाराज सिर पर आ गए। बंदा चलता रहा।

तीन कोस बाद माधोपुर की महतो टोली मिलती थी। यहाँ कई बार खेल दिखा चुका था। लोग उसे नाम से जानते थे। गाँव में अच्छे काश्तकार थे। खूब अनाज देते। महतो टोली के बीचोबीच बम बाबू का बैठका था। बगल में सुंदर बगीचा। सारे खेल-तमाशे यहीं होते थे। अपनी पुरानी जगह पहुँच इत्मीनान की साँस ली। तनिक सुस्ताया। फिर डुगडुगी बजानी शुरू कर दी। कोई आधे घंटे बजाता रहा। लेकिन कोई नजर न आया। तभी बम बाबू की बूढ़ी माँ बाहर आईं और बोलीं, "अरे बाबूराम, नाहक क्यों बजाए जा रहे हो? कोई हो, तब तो तुम्हारा खेल देखे! सभी सरकस देखने शहर गए हैं।" शंका सही साबित हुई। पूरा गाँव घूम लिया, लेकिन देखनेवाले न मिले। महतो टोली ने बहुत निराश किया। आगे बबुआन का गाँव था। वहाँ भी गया, लेकिन कहाँ कोई मिला! थक-हारकर नेमी टोले की राह पकड़ी। यहाँ बड़े असामी हुआ करते थे। अफसोस, नेमी टोले ने भी निराश ही किया। दोपहर हो गई थी। रास्ते में सड़क किनारे कुएँ पर चबैना खाया, ठंडा पानी पिया और तनिक आराम कर आगे बढ़ा। लेकिन कई गाँव के चक्कर लगाने के बावजूद चार पैसे और मुट्ठी भर अनाज नसीब न हुआ। पाँच कोस का फेरा लग गया। तिजहरिया ढल रही थी। बीमारी से बावला बदन जवाब देने लगा। मजबूरन बाबूराम को खाली हाथ लौटना पड़ा। पहर भर रात गए घर पहुँचा। सँवरी राह ताक रही थी। कहते हैं, ऊपरवाला इंसान को भूखा उठाता जरूर है, लेकिन भूखा सुलाता नहीं। बाबूराम को भी भूखा सोना नहीं पड़ा। सँवरी ने कहीं से इंतजाम करके चार रोटियाँ बना ली थी।

दूसरे-तीसरे दिन भी यही हुआ। जब चौथे दिन भी कुछ न मिला तो हिम्मत जवाब देने लगी। बड़े-बुजुर्ग कह गए हैं, 'रोजी रोज का भला।' सो बाबूराम ने हिकमत न छोड़ी। चलता रहा, फेरा लगाता रहा। लेकिन अफसोस, सरकस-सिनेमा से अघाए लोग बाईस्कोप की तरफ मुँह फेरकर भी न ताके। दसवें दिन जब लौटा तो सिर भारी था। रह-रहकर खाँसी आती थी। सँवरी देह छुई तो सन्न रह गई। बाबूराम को फिर बुखार आ गया था। ठंडे पानी में कपड़ा भिगो बुखार उतारने लगी। लेकिन कोई फायदा नहीं। फिर भागकर वैद्यजी के पास गई। सबकुछ सुन वैद्यजी ने बहुत डाँटा। बोले, "रे बुड़बक! मैंने पहले ही कहा था, बाबूराम को कुछ दिन आराम की सख्त जरूरत है। लेकिन तुम लोग न माने। अब भोगो।" सँवरी आँख में आँसू लिये बोली, "का करें, मन तो नहीं करता था, लेकिन घर में मुट्ठी भर

मटर का दाना भी तो नहीं था। सो मजबूरन जाना पड़ा। आखिर कोई फायदा भी न हुआ। चार पैसे तो न मिले, उलटे यह बुखार उठा लाए। अब आप ही माई-बाप हैं।" फिर दवा देते वैद्यजी बोले, "कह दो बाबूराम को, बुड़बक यह धंधा छोड़ कुछ और करे। चाहे तो आसाम-बंगाल ही चला जाए। अपने पट्टीदार परदेसिया को ही देख लो। कलकत्ता की कमाई से खपरैल घर बना लिया कि नहीं? बेटे के बरतुहार आते हैं तो दहेज में साइकिल माँगता है। अब भला सरकस-सिनेमा के आगे बाईस्कोप का क्या मोल! युग बदल रहा है। समय के साथ अगर धंधा न बदले तो गृहस्थी भी धम्म से गिर जाती है।" सँवरी दवा ले भागती आई और पति को खिलाई। थोड़ी देर में बुखार उतर गया तो जान-में-जान आई। दूसरे दिन पति को काम पर न जाने दिया। लेकिन हाय रे नसीबा, शाम को फिर बुखार आ गया। इस बार वैद्यजी को आना पड़ा। नाड़ी देखी। आँखों का रंग देखा और बता दिया कि मियादी बुखार ने दोबारा जकड़ लिया है। सँवरी के पाँव तले जमीन खिसक गई। खैर, वैद्यजी दवा देकर चले गए। जाते-जाते चेता गए कि अगर अब बीमारी से बदमाशी हुई तो बाबूराम उठ न पाएगा।

खेतों में धान की फसलें तैयार थीं। आजकल में कटनी लगनेवाली थी। अब काम मिलने की पूरी उम्मीद थी। इसी आस-उम्मीद में सँवरी उधार-पैंचा लिये जा रही थी। उधर बाबूराम की तबीयत में कुछ सुधार न था। आगे-पीछे भी कोई न था। मजबूरन बेटी को बुलाना पड़ा। बाबूराम बार-बार बेटे को याद कर रहा था। सो सँवरी शहर गई और बेटे को बुला लाई। भले सेठ ने चलते समय भोलू के हाथ में कुछ पैसे रख दिए थे। इससे बड़ा काम यह हुआ कि वैद्यजी की उधारी चुका दी गई और बाबूराम के लिए पाव भर दूध आने लगा। अब भाई-बहन घर रहते और मइया काम पर निकल जाती। दिन बदले तो दस दिन में महीने भर खाने का अनाज आ गया। बाबूराम की तबीयत भी सुधरने लगी। बेटा बाबूजी के पैर दबाता और शहर के किस्से सुनाता। बाबूराम का वश चलता तो बेटे को शहर न भेजता, लेकिन उसे इस बात का संतोष था कि बेटा अच्छे घर में था। सेठ के बच्चों को पढ़ानेवाले मास्टर उसे प्यार से पास बैठा लेते और कुछ-कुछ बताते रहते। भोलू भी भाग-भागकर मास्टर साहब के लिए चाय-नाश्ता लाया करता। बच्चे अपनी कॉपी-किताबें जहाँ-तहाँ फेंक देते तो उन्हें करीने से सजाता और देर तक कागज पर लिखे हरफों को पकड़ने की कोशिश करता। कुछ आसानी से पकड़ में आ जाते। जो

मुश्किलन भी न आते तो दूसरे दिन मास्टर साहब के सामने उन हरफों पर उँगली रख देता। मास्टर साहब मुस्कराते और बता देते। जब बाबूजी को अंग्रेजी के कुछ लफ्ज सुनाए तो वे अवाक् रह गए। माथे पर हाथ फेरते हुए बोले—बेटा! इसीलिए कहते हैं, पढ़े तो पढ़ाओ, नहीं तो शहर में बसाओ...! मन-ही-मन सोचते—काश! भोलू के लिए कुछ कर पाता!

धीरे-धीरे सब सामान्य होने लगा। बुखार ने तो बाबूराम का पल्ला छोड़ दिया, लेकिन कमजोरी अभी काफी थी। पाव भर दूध तो ऊँट के मुँह में जीरे के समान था। सुबह-शाम धान के भात से पेट तो भर जाता, लेकिन रोटी न मिलने से मजबूती न आ रही थी। उधर वैद्यजी ने बता दिया था कि एक साँझ रोटी जरूरी है। अब गेहूँ कहाँ से आए? सँवरी किसी जतन से बाबूराम को ठीक देखना चाहती थी। इसी चिंता में घुली जा रही थी।

दोपहर का समय था। मइया काम पर गई थी। बाबूराम सोया था। अचानक खटपट की आवाज से नींद उखड़ गई। देखा, भोलू बाईस्कोप चला रहा था और सबकुछ वैसे ही कर रहा था, जैसे वह करता था। बड़ी बारीकी से बाईस्कोप का हैंडिल घुमाता। अंदर चलते चित्रों का बाहर सटीक बखान करता। कभी डुगडुगी बजाता, कभी दर्शकों को रिझाने का अभिनय करता। बाबूराम ने बेटे को बाईस्कोप चलाते देखा तो अंदर तक हिल गया। 'तो क्या यह भी यही करेगा? चार पैसे और मुट्ठी भर अनाज के लिए गाँव-गाँव फेरी लगाएगा? नहीं-नहीं, यह धंधा अब आगे न जाएगा। सरकस-सिनेमा के युग में बाईस्कोप कहीं नहीं ठहरता। अब बहुत हो चुका। वह बाईस्कोप को किसी कुएँ के हवाले कर देगा, लेकिन बेटे को छूने न देगा।' उधर भोलू अपनी रौ में गाए जा रहा था—"ए रामा, विधना के करनवा राजा काशी बिकायो ना...ए रामा, राज गयो, बेटा गयो, रानी बिकायो ना...ए रामा हरीश चंदर जेके नामो सोही श्मशान धरायो ना...!" आँखें छलछला आईं बाबूराम की। बर्दाश्त न हुआ तो जाकर बेटे को पकड़ लिया और अपने आँसू छिपाते हुए गुस्से में बोला, "खबरदार! आइंदा कभी बाईस्कोप के पास भी न फटकना। ये खेल अब खत्म हो गया। तुम कुछ और कर लेना, लेकिन इस मनहूस बाईस्कोप से दूर ही रहना। ये तुझे भूखों मार देगा। जान लो, अब यह मर चुका है। फिर मरे के पास क्या जाना!" बाबूराम ने खींचकर बेटे को बाईस्कोप से दूर कर दिया। बेटा कभी बाप को, कभी बाईस्कोप को देर तक देखता रहा!

दिन गुजरने लगे। समय ने एक छोटी छलाँग ली। बाबूराम ने वैद्यजी के कहे अनुसार कलकत्ता जाने का मन बना लिया है। अब राह खर्च का इंतजाम किया जा रहा है। सँवरी कई घर घूम आई है, लेकिन सबने हाथ खड़े कर दिए हैं। उधर शहर से सटे गंगा किनारे दशहरे का उत्सव है। भारी मेला लगा है। पाँच कोस तक आवाज गूँजती है। बेतहाशा भीड़ है। दूर-दूर से तीर्थयात्री आए हैं। गंगा-आरती के समय हजारों हाथ दीपक ले जब जयकारा करते हैं तो देखते बनता है। बाहरी सैलानियों का अलग खेमा है। विलायती बाबू फोटो खींचते हैं और जब कैमरों से बिजली-सी रोशनी फूटती है तो बरबस ध्यान चला जाता है। लोग मुड़-मुड़कर देखने लगते हैं। गोरे बदन विलायती बाबू मेले के खास आकर्षण हैं। वैसे मेले में मनोरंजन के सारे इंतजाम हैं। केसर बाई की थिएटर कंपनी का टिकट मिलना मुश्किल है। दो पैसे दो तो झूलेवाले महज पाँच चक्कर का मजा देते हैं। विदेशी खिलौनों का अपना संसार है। पैसे हों तो लो, वरना दूर से ही देखो। मेला किनारे एक बाईस्कोपवाला भी आया है। तो क्या वह बाबूराम है? नहीं-नहीं, उसने तो कसम खा रखी है। वह क्यों आएगा? तो फिर कौन है? जी, यह भोलू है। उसी की जिद पर मइया माथे पर बाईस्कोप लाद लाई है। बाबूराम को कुछ नहीं मालूम। वह सिर्फ इतना जानता है कि सँवरी बेटे को पहुँचाने शहर गई है। भोलू आलाप भरता है, "ए रामा विधना के करनवा राजा काशी बिकायो ना...।" फिर आवाज देता है—"आइए, आइए, सतयुग की कहानी देखिए! देखिए, कैसे राजा हरीश चंदर दान-दक्षिणा के लिए पत्नी को बेच दिए। सत्य की रक्षा के लिए श्मशान घाट के दास बन गए! आइए, आइए, दो पैसे में पूरा खेल देखिए!" मासूम मन को बोलते-बोलते दोपहर हो गई, लेकिन बोहनी तक न हुई। मइया बेटे की दशा देखती तो बिलख पड़ती। दौड़कर पानी पिलाती और आँचल से मुँह का पसीना पोंछती। बावजूद भोलू बिना रुके आवाज लगाता रहा। इसी बीच कुछ विलायती सैलानियों का जोड़ा गुजरा। भोलू की अदा भा गई तो खिंचे चले आए। एक ने पूछा, "व्हाट्स दिस?" भोलू ने उनकी भाषा का अंदाजा लगा लिया और उन्हीं की जुबान में बोला, "दिस इज बाईस्कोप।" "वावऽ...सो गुड। बट व्हाट स्टोरी यू आर टेलिंग?" विलायती बाबू का दूसरा सवाल। यह बात भी समझ में आ गई। अब मास्टर साहब का सिखाया काम आ गया। बोला, "ए स्टोरी ऑफ ए ऑनेस्ट किंग हरीश चंदर। ही सोल्ड हिज वाइफ एंड सन।" "व्हाई?" विलायती बाबू ने उत्सुकतावश पूछा। आगे बताना

मुश्किल हो रहा था। सो भोलू बोला, "यू गेट स्टोरी इनसाइड।" बाबू मुस्कराया और खेल देखने बैठ गया। उसके साथी भी बैठ गए। फिर टूटी-फूटी हिंदी-अंग्रेजी में बंदा बोलता रहा और बाईस्कोप का हैंडिल घुमाता रहा। बारी-बारी से चित्र आने लगे—राजा सोए हैं। विश्वामित्र आते हैं। स्वप्न में सारा राजपाट माँग लेते हैं। दूसरा चित्र आता है। दरबार लगा है। राजा परेशान हैं। तभी एक क्रोधित साधु आते हैं और राजा को स्वप्न की बात याद दिलाते हैं। राजा दान में अपना सबकुछ दे देते हैं। अब इतने बड़े दान की दक्षिणा की बात आती है। कहानी आगे बढ़ती है। चित्र सबकुछ बयाँ कर देते हैं। विलायती बाबू कहानी में रमने लगते हैं। जब दक्षिणा के लिए राजा पत्नी को बेचते हैं तो दर्शक रोने-रोने को हो जाते हैं। खेल में गति आती है। राजा खुद को बेच श्मशान घाट की चाकरी पर चले जाते हैं। भोलू पूरी तन्मयता से कथा सुना रहा था। बीच-बीच में हलके-फुलके अंग्रेजी के शब्दों को भी रखता जाता। पुत्र रोहित को जब साँप डँस लेता है और रानी तारामती उसे लेकर श्मशान घाट जाती है तो कहानी अजीब मोड़ पर पहुँचती है। राजा अपनी ही पत्नी से श्मशान घाट का कर माँगते हैं। जब रानी अपना आँचल फाड़, कर के रूप में देने लगती है, तभी आकाशवाणी होती है और इंद्र भगवान्, विश्वामित्र और अन्य देवता आ पहुँचते हैं। इंद्र भगवान् बताते हैं कि राजा अपने सत्य की परीक्षा में सफल हो गए हैं। फिर सारा राजपाट वापस मिल जाता है। पुत्र भी जी उठता है। इस तरह कहानी का सुखद अंत होता है। पूरी कथा सुना भोलू हाथ जोड़ खड़ा हो गया। देखा, विलायती बाबुओं की आँखें अब भी नम थीं। फिर क्या था! ढेरों बख्शीश मिली। एक ने भोलू की फोटो खींची। दूसरा इतना खुश हुआ कि उसे अपने माथे की टोपी पहना दी। फिर तो सिलसिला ही चल निकला। सैकड़ों सैलानियों ने भोलू का बाईस्कोप देखा और दिल खोलकर इनाम दिया। मजे की बात ये हुई कि विलायती बाबू बाईस्कोप देखते थे और यहाँ के लोग उन्हें देखते हुए देखते थे।

दूसरे दिन मइया घर लौट आई। भोलू अपने सेठ के घर चला गया। बाबूराम राह निहार रहा था। मइया झोले से उसके लिए धोती-कुरता, बेटी के लिए साड़ी और नगद बत्तीस रुपए सौंपते हुए बोली, "लो, अपने बेटे की कमाई।" बाबूराम अवाक् रह गया। फिर उसने विस्तार से सबकुछ बयाँ कर दिया कि कैसे बेटे की जिद पर बाईस्कोप को छुपाकर मेले ले गई थी और कैसे यह कमाई हुई। सुनकर बाबूराम का मुँह खुला तो खुला ही रह गया। बड़ी मुश्किल से कह सका, "कहाँ

है मेरा बाईस्कोप?" सँवरी बोली, "तुम्हरे डर से घर के पीछे छुपा दिया है।" बाबूराम दौड़कर गया और बाईस्कोप उठा लाया। फिर बहुत देर तक बाईस्कोप को चूमता रहा। तभी सँवरी बोली, "अब क्या कहते हो, परसों पूरब का जतरा है और राह-खर्च का भी इंतजाम हो गया है। क्या कलकत्ता जाओगे?" बाबूराम साफ मुकर गया। बोला, "बाबू की पसंद का कुछ बढ़िया बना दो। मैं कल सुबह-सवेरे शहर जा रहा हूँ। मुझे सबसे पहले अपने बेटे से मिलना है।" सँवरी ने गौर किया कि पति के चेहरे से जमाने की उदासी छँट गई थी और आज मुद्दतों बाद उसका पति बहुत सुंदर लग रहा था!

□

ए फॉर एप्पल

कुछ ही दिन सस्पेंस में बिताने पड़े। बाद में सबकुछ साफ-साफ दिखने लगा। हालाँकि आँखें अक्सर बंद ही रहतीं। छोटा, लेकिन प्यारा संसार था हमारा। पाँच महीने मौज से कट गए। जैसे-जैसे जिंदगी दुनिया की दहलीज पर खड़ी होने लगी, अजीब सी कैफियत समा गई। माँ से खूब बातें करना चाहता था, लेकिन वह तो खुद में खोई रहती। मैंने कई बार कोशिश की, कई संकेत भी किए, लेकिन उसे कहाँ फुरसत! पापा सुबह-सवेरे ड्यूटी पर निकल जाते और गए शाम लौटते। इस बीच माँ के जिम्मे दो ही काम होते—धारावाहिक देखना या मोबाइल पर बातें करना। कभी-कभार बैटरी डिस्चार्ज हो जाती या वाउचर खत्म हो जाता तो बेचैनी बढ़ जाती। डॉक्टरनी दी के लाख मना करने के बावजूद माँ नहीं मानती, खूब तीखे-खट्टे खाती। बर्गर-पिज्जा पसंदीदा आहार थे। पनीर दो प्याजा से परहेज न था। मुझे बड़ी घुटन होती। पापा भी कहाँ कम थे! लौटते ही धम्म से सोफे पर पड़ जाते और चैनल बदल-बदलकर सिर्फ समाचार देखते। सुबह होते ही आँखें अखबारों पर गड़ा देते। जैसे-तैसे खाते और बस पकड़ने दौड़ पड़ते। माँ अपने में मस्त, पापा खुद में व्यस्त और इधर मैं त्रस्त! मेरे तो रोंगटे खड़े होने लगे। क्या इसी संसार में जीना पड़ेगा? क्या इसीलिए रचयिता वजूद में लाया हमें? कहाँ तो उसने कहा था—'बड़े भाग्य से मानुष तन पाए हो। जाओ, एक स्वर्णिम संसार तुम्हारा स्वागत कर रहा है। माँ लोरियाँ सुनाएगी। बाप कंधे पर झुलाएगा। दादी बलैयाँ लेगी और नानी नई-नई कहानियाँ सुनाएगी। बुआ बलिहारी जाएगी और मौसी नाच-नाच के गाएगी।' लेकिन यहाँ ऐसी कोई आहट न मिल रही थी। दो साल की एक बच्ची माँ के पास मँडराया करती। मालूम हुआ, वह मेरी बड़ी बहन है। लेकिन उसे भी माँ कहाँ वक्त देती! मन मायूस होने लगा तो सोचा कि लौट जाते हैं। लेकिन अब वापसी की गुंजाइश न बची थी। उस दिन बुआ

जब किसी काम से आई तो माँ से कहने लगी—'दुलहन, याद रहे, अबकी भारी निछावर लूँगी, तभी नेग-चार करूँगी। छागल बिन छठियार पर सोहर न गाऊँगी।' मुझे लगा, सपने सच होनेवाले हैं। मुझे बुआ का आना खूब अच्छा लगा। दो दिन बाद जाने लगी तो माँ ने रोका भी नहीं। इधर मेरे आने का वक्त हो रहा था। लेकिन न नानी नजर आ रही थी और न दादी दिख रही थी। उस दिन पहली बार माँ ने मेरे माथे पर हाथ फेरा और पापा से बोली, 'ऐजी, सुन रहे हो? हफ्ते दिन की छुट्टी ले लो और मेरी छोटी बहन को बुला लो। ये कभी भी... !' पापा पहली बार मुस्कराए और दूसरे दिन छुट्टी ले ली। तीसरे दिन मौसी भी आ गई। मौसी किसी दूसरे ग्रह की प्राणी-सी लग रही थी। हेडफोन, ब्लूटूथ और उजले-काले तारों से जुड़ा बड़ा एंड्रॉएड मोबाइल! चिड़ियों के घोंसले जैसे बाल। चाल ऐसी जैसे पुलिसिया परेड! आते ही शुरू हो गई, 'जीजू, आप दीदी की बिल्कुल केयर नहीं करते। बॉडी में आयरन की कमी साफ दिख रही है। डॉक्टर से फाइनल चेकअप कराया कि नहीं? नॉर्मल डिलीवरी के लिए बहुत कुछ करना पड़ता है।' फिर वो अपने आबंटित कमरे की ओर बढ़ी और मोबाइल में बिजी हो गई। मैं देखता रह गया! क्या मौसी ऐसी ही होती है? मैं तो सोच रहा था कि प्यारे-प्यारे खिलौने लेकर आएगी। साथ में मोहक मोजे होंगे। लेकिन यहाँ सावन से भादो कम न था। आखिर माँ से मौसी अलग तो हो नहीं सकती! अब सारा दारोमदार छोटी बहन पर था!

अलसाया शहर संडे को देर से जागता है, लेकिन मेरा मय कुनबा तो हॉस्पिटल में पड़ा था। भोर का समय था। मौसी माँ के पास थी। बाहर बरामदे में पापा परेशान हाल टहल रहे थे। माँ को दर्द शुरू हो चुका था। शारीरिक रूप से तैयार होने के बावजूद मैं मानसिक रूप से तैयार न था। लेकिन मेरी एक न चली और मुझे ईश्वरीय सत्ता का सुख छोड़ दुनिया के गमकदे में कदम रखने पड़े। यहाँ की रोशनी का बोझ आँखें न सँभाल सकीं, सो पलकें बंद कर लीं मैंने। अजीब एहसास था। सुनहरा संसार लम्हा पहले अपना था। अब ओझल हो चुका था। खूब रोया। लेकिन हाय रे जमाना! मैं रो रहा था और लोग हँस रहे थे। नर्स दीदी ने मुबारकबाद दी और पापा ने खूब मिठाइयाँ बाँटीं। माँ पहली दफा मुस्कराई। मौसी ने उसी दिन बड़े मॉल से मार्केटिंग के लिए पापा को राजी कर लिया। शाम होते-होते हम लोग घर आ गए। दीदी देखते ही भागी आई और मुझे गोद में लेना चाहा, लेकिन उसे हटा दिया गया। मुझे अच्छा न लगा। महीने-दो महीने बड़े मौज से बीते। इस बीच माँ

मेरे पास ही रही। दीदी मुझसे खूब बातें करती। एक दिन पापा आए और माँ को लंबा लाल कार्ड थमाए। बोले, 'देखो, समय से ये सारी सुइयाँ लग जानी चाहिए।' मेरा तो हलक सूखने लगा। जन्म लेते ही टेटनसवाली सूई लगी थी। बाप रे, कितना दर्द दे गई थी! अब नियमित अंतराल पर तमाम सुइयाँ लेनी पड़ेंगी। धरती पर जीने के लिए इतना इंतजाम!

समय सरकने लगा। जिंदगी पुराने ढर्रे पर फिर आ गई। पापा मेरे जगने से पहले निकल जाते और लौटते तो मैं सो गया रहता। माँ अपनी रौ में रमी रहती। ढाई साल की दीदी मेरी दोस्त बन गई थी। हमारी खूब बातें होतीं। सोने में मैं माहिर था। सोता तो सपने आते। महज छह माह पहले ओझल हुई दुनिया आँखों में उतर जाती। बादलों से ऊपर उड़ान भरता। परियाँ पहेलियाँ बुझातीं। पंछी गीत गाते और भौंरे गुनगुनाते। तितलियाँ मुझे चूमने आतीं। इस बीच दीदी खिलौनों से खेलती रहती। कभी दीवार पर बॉल फेंकती, जो सामने से उछलकर वापस उसी दीवार पर जा टकराती। इस बॉल की तरह हमारा वजूद भी दीवारों से टकराकर रह जाता। कोई सुननेवाला न था। इन्हीं चंद दीवारों में सिमटा संसार था हमारा। हम खुद बोलते और खुद सुनते। उस दिन अजीब दुनिया देखी। अचानक एक दिन दीदी को 'ए फॉर एप्पल' रटाया जाने लगा। हालाँकि वह ठीक से अभी एप्पल खा भी न पाती थी। पापा पेपर छोड़ पहाड़े पर उतर आए और माँ ने मैथ से मोर्चा सँभाल लिया। दीदी की कुंडली में डॉक्टर और मेरी कुंडली में इंजीनियर का योग देख लिया गया। चौथा साल शुरू भी न हुआ कि घोषणा कर दी गई, श्यामली अब स्कूल जाएगी। ढेर सारी किताबें ला दी गईं। कटर, इरेजर, शार्पनर और पेंसिलों के अंबार से घर का कोना भर गया। टेबल-कुरसी लगा उसे स्टडी रूम डिक्लेयर कर दिया गया। मुझे वहाँ से दूर रहने की सख्त हिदायत दी गई। फिर एक दिन दीदी को नर्सरी में दाखिला दिला दिया गया। इसके साथ ही हमारे अच्छे दिन लद गए। रोज आठ बजे उठनेवाली माँ आज भोरे उठ गई और कच्ची नींद दीदी को जगा दिया। उसे फौरन तैयार होने का हुक्म जारी किया गया। दीदी नहाना न चाहती थी। लेकिन उसकी एक न चली और माँ ने खींचकर शॉवर के नीचे ला खड़ा किया। दीदी खूब रोई, लेकिन माँ न मानी। अक्सर अलसाई रहनेवाली सुबह आज गजब की फुरतीली हो गई। पापा पेपर से परे लंच-बॉक्स तैयार करने लगे। मैं दम साधे सब देख रहा था और मन-ही-मन अपने मुस्तकबिल पर मातम मना रहा था। उधर माँ दीदी को दुनिया की दलीलें दिए जा रही थी, 'देखो, अच्छे बच्चे रोते नहीं! आशा आंटी की बेटी स्कूल जाते कहाँ

रोती है ? अहमद अंकल के बेटे को देख लो, खुद नहा लेता है।' तमाम दलीलों के बावजूद दीदी का सुबुकना जारी रहा और आखिर पापा उसे लेकर स्कूल की बस पकड़वाने चले ही गए। दीदी के जाते ही माँ के चेहरे पर विजयी मुस्कान उभरी और उसने मुझे यूँ घूरा, जैसे सेंध लगाते शातिर चोर को पकड़ लिया हो। तीन सौ साठ डिग्री एंगल पर आँखें नचाते बोली, 'हाँ, तो तू अब तक सोया हुआ है ? चल, जल्दी तैयार हो ले।' माँ का हिटलरी हुक्म सुन सिहरन समा गई। मजबूरन मुझे भी अपने नाजुक पैरों पर खड़ा होना पड़ा। माँ आज पूरे दिन पी.टी. उषा बनी रही। भाग-भागकर सारा काम ऐसे निपटा रही थी, जैसे किसी तीज-त्योहार की तैयारी चल रही हो। मजे की बात ये रही कि आज न उसने टी.वी. खोला और न मोबाइल पर किसी से बात की। हाँ, बार-बार घड़ी जरूर देखती रही। दो बजते ही मुझे कामवाली के हवाले कर बस-स्टॉप भागी। जब लौटी तो साथ में दीदी थी। जल्दी-जल्दी स्कूल बैग खोला। देखा, दीदी ने लंच न खाया था। फिर तो बेचारी की शामत ही आ गई। डाँट-फटकार के साथ काफी देर समझाती रही। माँ डायरी के पन्ने पलट क्लास टीचर के नोट्स पढ़ने लगी और दीदी मुझे ताकने लगी। पहली बार हम इतनी देर के लिए अलग हुए थे। मैंने देखा, दीदी का चेहरा मुरझाया हुआ था। बाप रे, तो स्कूल ऐसे होते हैं! कुछ देर बाद जब माँ किचन में गई तो दीदी मेरे पास आई। उसके आते ही मैं हँस पड़ा। मेरा हँसना दीदी को अच्छा न लगा, सो धमकी भरे अंदाज में बोली, 'मजे कर ले अप्पू, खूब मजे कर ले! थोड़े दिन बाद जब तू भी स्कूल जाएगा तो आटे-दाल का सब भाव मालूम पड़ जाएगा। घुँघराले काले बालों व बड़े-बड़े दाँतोंवाली मैडम जब गॉगल्स उतार घुड़केगी, तब बूझा जाएगा कि स्कूल क्या होता है! अभी तो तेरे मस्ती के दिन हैं। लेकिन ये दिन भी ढेर दिन न रहनेवाले!' इत्ता कह दीदी हाथ-मुँह धोने वाशरूम चली गई। इधर मेरे हाथ-पाँव सुन्न पड़ गए!

समय के साथ जैसे ही मेरे दूधवाले दाँत टूटे, माँ ने मेरे बड़े होने का सर्टिफिकेट दे दिया। पापा की पैनी नजर घुमा-फिराकर मुझे तोलने लगी। उस दिन शाम को अपना बैट-बल्ला उठा ही रहा था कि माँ को इशारा कर पापा टोक बैठे, 'आरुषि, इसे भी श्यामली के सर के साथ बैठाओ न! देखता हूँ, दिन भर ऊधम मचाए रहता है।' इससे पहले कि माँ मुझे रोकती, मैं यूँ निकल गया, जैसे कुछ सुना ही नहीं। उस दिन बड़ी मुश्किल से जान बची! गए शाम खेलता रहा और तभी लौटा, जब दीदी के ट्यूशन सर निकल गए। फिर तो ये रोजमर्रा की बात हो गई। दिन चाहे जैसे कटे, शाम को गायब होना रोजनामचा में शामिल हो गया। अब जानबूझकर रिस्क

कौन लेता है! लेकिन एक दिन गड़बड़ हो गई। दोपहर के बाद अचानक मौसम बदला और बूँदाबाँदी शुरू हो गई, जो पाँच बजे तक चलती रही। गोया कि बाहर जाकर खेलना कैंसिल! बारिश कब बंद होगी, कहना मुश्किल था। लेकिन एक बात तो तय मानी जा रही थी, बब्बन सर नहीं आएँगे! सो अपनी डफली अपने राग से कौन रोकता है और लूडो-कैरम किस दिन काम आएँगे? दीदी को पटाने में देर न लगी। हम लगे लूडो खेलने। अभी साँप-सीढ़ी सरक ही रहे थे कि किसी ने दरवाजे पर दस्तक दी। मैंने दौड़कर दरवाजा खोला। सामने जो देखा तो पसीने छूट गए। बब्बन सर छाता लगाए खड़े थे और गौर से निहार रहे थे। मेरी सिट्टी-पिट्टी गुम हो गई। लगा, साक्षात् मलकुल मौत आ धमके। अगर बारिश ने बाहर का रास्ता न रोका होता तो मैं जंप ले ही लेता। लेकिन अब मजबूरी थी। सर मेरा एक्स-रे करते हुए बोले, 'तो तुम अप्पू हो? रतनजी तुम्हें भी पढ़ाने को बोले हैं। आओ, बैठो।' फिर तो साँसें सामान्य न रहीं। खुद को टटोला। दाँत में टीस न थी। सब दिन साथ देनेवाला कमबख्त पेटदर्द आज दगा दे गया। जब किस्मत काम नहीं करती है तो ऐसे ही उलटा-पुलटा होता है! तभी छठी इंद्रिय जाग उठी। मैंने आव देखा न ताव, सीधे बाथरूम भागा। लेकिन हाय रे नसीबा, अकेला सू-सू कितना सहारा बनता! मान लिया कि बुरे दिन आ चुके हैं। अब हारे जुआरी से हिम्मत की उम्मीद बेमानी थी। मैंने आत्मसमर्पण कर खुद को गुरुजी के हवाले कर दिया। दीदी ने देखा तो ऐसे मुस्कराई, जैसे कह रही हो—बच्चे गए दिन बहार के, आ शुरू हो जा 'ए फॉर एप्पल... !' सच कहता हूँ, उस दिन बड़ा बुरा अनुभव हुआ। दीदी फर्राटे से पढ़े जा रही थी और मुझे कागज के हरफ काली चलती चींटियों-से जान पड़ते थे। घंटे भर का समय पहाड़-सा हो गया।

दस दिन भी न गुजरे होंगे कि पापा के लिए बुरी खबर आई—गाँव में दादी की तबीयत बहुत खराब थी। बचने की उम्मीद न थी। लिहाजा पापा ने फिर छुट्टी ली और हम मय कुनबा गाँव रवाना हो गए। पापा काफी चिंतित चल रहे थे। लेकिन मेरे मन में बताशे फूट रहे थे कि चलो, इसी बहाने बब्बन सर से छुटकारा तो मिला। पूरी रात ट्रेन में बीती। फिर स्टेशन उतर हमने बस पकड़ी। यहाँ से तीन घंटे का सफर था। पूरब में सूरज का लाल गोला धीरे-धीरे ऊपर उठ रहा था। बड़ा दिलकश नजारा था। पंछी घोंसलों से निकल आसमाँ की बुलंदियों पर परवाज करने लगे थे। शहर का साथ छूटा तो खेत-खलिहान, बाग-बगीचे शुरू हो गए। दादी को लेकर कभी-कभार मन उदास हो जाता था। खुशी इस बात की थी कि इन चार सालों में पहली बार दादी

से मिलने जा रहा था। मैं बगल में बैठी दीदी के कान में फुसफुसाया, 'सुना है, गाँव में बड़े-बड़े खेल के मैदान होते हैं। लड़के वहाँ दिन भर खेलते रहते हैं और कोई उन्हें रोकता-टोकता भी नहीं है!' इससे पहले कि दीदी कुछ कहती, माँ ने आँखें तरेरीं, 'तुम वहाँ खेलने नहीं जा रहे हो! दादी को देखकर चुपचाप चले आना है। अगले हफ्ते तुम्हारा दाखिला दीदी के स्कूल में होनेवाला है। पापा ने सारी बातें पक्की कर ली हैं।' वज्रपात हुआ मुझ पर। बब्बन सर ही कम थे क्या कि घुँघराले काले बालों और बड़े-बड़े दाँतोंवाली मैम सिर पर बैठा दी गई? लगा, जैसे माँ ने सश्रम कारावास की सजा सुना दी। पता नहीं ये मम्मियाँ कभी-कभार इतनी कठोर क्यों हो जाती हैं? पापा में परिवर्तन तो दिख रहा था, लेकिन माँ में बदलाव समझ से परे था। अब इसे घोर कलियुग न कहें तो क्या कहें! उधर बस पूरी रफ्तार से चली जा रही थी। सड़क किनारे झुंड-के-झुंड भेड़-बकरियाँ देख दीदी ताली पीटी और मेरी गुरु बन ज्ञान बाँटने लगी। चूँकि दीदी एक बार दादी-घर घूम आई थी, सो थोड़ी-बहुत समझ थी उसे। मैं तो खैर कोरा कागज ही था। मुझे दीदी का बताना बहुत अच्छा लगा। इतना सवेरे लोगों को काम करते देख भारी कौतूहल हुआ। शहर तो अब तक सोया रहता है। यहाँ किसी कंधे पर कुदाल था तो कुछ लोग हल-बैल लिये खेत-खलिहान जा रहे थे। कहीं सब्जियाँ तोड़ी जा रही थीं, कहीं सिंचाई हो रही थी। कुछ माँएँ मटकों में पानी लिये जा रही थीं। मंदिर में कहीं कीर्तन हो रहा था तो मस्जिद से कहीं अजान की सदाएँ आ रही थीं। बस के साथ मेरा मन भी तेज भाग रहा था। दूरदर्शन पर जो कुछ देखा था, यहाँ जीवंत हो रहा था। शहर की तरह कोई आपा-धापी न थी। धीरे-धीरे दिन चढ़ने लगा। पापा ने बताया कि अगले स्टॉप पर उतरना है। वहाँ से गाँव चलने के लिए हमें टमटम की सवारी मिलेगी। दीदी की किताबों में जिस टमटम को देखा था, उस पर चढ़ने मात्र के ख्याल से मन-मयूर नाच उठा। अच्छा हुआ कि दादी की तबीयत खराब हुई, वरना पापा तो कभी लाते ही नहीं!

श्यामपुर मोड़ पर हमें टमटम मिल गया। नेमीचंद टमटमवाला पापा को पहचानता था। उसने जब मुझे 'बबुआ' कहा तो अटपटा सा लगा, लेकिन जब गोद में उठाकर टमटम पर बैठाया तो बहुत मजा आया। उसके पुचकारते ही घोड़ी चल पड़ी। गले में बँधी घुँघुर-घंटियाँ रुन-झुन...रुन-झुन बजने लगीं। घोड़ी जब धीमी पड़ती, नेमीचंद आवाज लगाता और वह फिर रफ्तार पकड़ लेती। बाग-बगीचे में खेलते बच्चों को देख मन करता कि कूदकर भागें और उनमें शामिल हो जाएँ, लेकिन बगल बैठी माँ को देख यह मुनासिब न लगा। आधे घंटे बाद हमारा गाँव

आ गया। छोटे चाचू आ चुके थे। देखते ही दौड़े और पापा-मम्मी के पैर छुए। फिर हमें टमटम से उतारा और घर के अंदर ले गए। बुआ भी आई थी। उनके बच्चे भी थे। घर भरा हुआ था। हम लोग भागकर दादी के कमरे में दाखिल हुए। दादी सो रही थी। उन्हें कोई सूई दी गई थी। मैंने दादी को निहारा—ऐसा लगा, जैसे सालों से जानता हूँ। मेरी चलती तो उन्हें उसी क्षण जगा देता और कहता—'वाह, हमें बुला लिया और खुद खर्राटे भर रही हो?' लेकिन मन मसोसकर रह गया। बुआ, पापा और चाचू आपस में बातें करने लगे। हम बच्चे जैसे ही बाहर निकले, हमें हमारा संसार मिल गया। बुआ की बेटी दीदी की दोस्त बन गई। मैंने बुआ के बेटे से यारी गाँठ ली। गाँव के ढेर सारे बच्चे आ गए और किसिम-किसिम के खेल शुरू हो गए। गाँव से सटी नदी बहती थी। हम वहाँ भी गए। वाह, कितना मोहक नजारा था! बालू पर दौड़ना और एक-दूसरे को पकड़ना बहुत देर तक चलता रहा। दोपहर में बुआ आई और हमें पकड़कर घर ले गई। हमने छककर खाना खाया। शाम के चार बजे दादी ने आँखें खोलीं। सभी दौड़कर गए। हमें देख दादी ने इशारे से बुलाया। मैं और दीदी पास गए। दादी मुस्कराई और अपने काँपते हाथ हमारे सिर पर रख दिए। धीरे से बोली, 'तू आ गया लल्ला, अब मैं जल्दी ठीक हो जाऊँगी।' दादी कभी मुझे, कभी दीदी को निहारती, हमारे बाल सहलाती और खूब प्यार करती रही। मजे की बात ये रही कि दो ही दिन में दादी उठ बैठी और हमसे हँस-हँसकर बातें करने लगी। अब इसे कारगर दवा का कमाल कहें या हमारे जाने का संयोग, कुछ ही दिन में वह घूमने-फिरने लगी। फिर तो हम उनकी जान ही बन गए। गुजरे दिनों की गठरी खुल गई और हमें परत-दर-परत देखने का मौका मिल गया। दादी ने दादा से जुड़ी कई बातें बताईं, "वो इलाके के नामी पहलवान हुआ करते थे। दो गाय का दूध दोनों साँझ पी जाते थे। बिगड़ैल बैलों को नाथ-पगहा पहनाने में माहिर उस्ताद माने जाते थे। तब रतन तेरी तरह महज चार साल का था। तेरे दादा चाहते थे कि वह उन्हीं की तरह भारी पहलवान बने और दुनिया का बड़ा-बड़ा दंगल फतह करे। लेकिन तेरा बप्पा तो दूध देख बिदक जाता था। कुश्ती तो दूर, कभी दस उठक-बैठक भी न किया। हाँ, किताबों से यारी जरूर कर ली। जब पढ़ने शहर गया तो शहर का ही होकर रह गया।" कहते-कहते दादी रुआँसी हो गई। तभी मैं बोल पड़ा, "लेकिन दादी, हम शहरी होना नहीं चाहते। हमें हमारा गाँव ही सुहाता है।" दादी एकटक देखने लगी मुझे। "लेकिन तेरा बप्पा तुझे यहाँ रहने नहीं देगा। कल ही कह रहा था कि उसकी छुट्टियाँ खत्म हो गई हैं और तुम्हारी पढ़ाई रुकी पड़ी है।

ऐसे में तुम कैसे रहोगे?" "एक उपाय है," मैं उनके कान में फुसफुसाया। सुनकर दादी की आँखों में आँसू आ गए। उस दिन बहुत प्यार किया उन्होंने।

हमारी तो लॉटरी लग गई। आम, अमरूद, बेल-बेर व शहतूत जैसे ताजे फल खूब खाए। एक दिन दादी मेला दिखाने ले गई। गाँव से बाहर नदी किनारे मुखलाल माट साहेब का मेला! ऊँची डिग्रियों के बड़े आदमी छोटे बच्चों का मेला लगाते थे। कई गाँव के बच्चे आ जाते। बरगद, पीपल और नीम की घनेरी छाँव में खूब मजमा लगता। देश-विदेश की खाक छान चुके मुखलाल माट साहेब को शहर सुकून न दे सका। सो जनम-धरती लौट आए और इन बच्चों में अपनी खुशी तलाश ली। हफ्ते के पाँच दिन बच्चे अपने स्कूलों में होते और रविवार को यहाँ आ जाते। स्कूलों से मुरझाई जिंदगी यहाँ आते ही लहलहा जाती। तोता, मैना, तीतर, बटेर और सारस पक्षियों का बसेरा बच्चों को खूब लुभाता। कबूतर तो बच्चों के दोस्त बन गए थे। मेले में पहुँचते ही देखा, बच्चे लाल-पीली पेंसिलों से कबूतर के चित्र बना रहे थे। कहीं कई टोलियाँ नाटक कर रही थीं। कहीं कुश्ती तो सामने के मैदान में क्रिकेट, सभी साथ चल रहे थे। कुछ बच्चे अपने साथियों को समझा भी रहे थे। खेल-खेल में बच्चे सीख भी रहे थे। यहाँ 'ए फॉर एप्पल' तो न मिला, लेकिन 'क से कबूतर' जरूर सीख लिया। दादी ने मेरा व दीदी का परिचय मुखलाल माट साहेब से कराया। बड़े प्यार से माट साहेब ने हमें पास बैठाया और खाने को केले दिए। हम गए शाम तक मेले का मजा लेते रहे।

घर लौटे तो पापा बोले, "माँ, कल का टिकट हमने करा लिया है। निकलना जरूरी है। क्या कहती हो?" दादी मुस्कराई और मेरी तरफ देखी। मैंने धीरे से उनकी बाँह में चिकोटी काटी। फिर हम अंदर चले गए। दूसरे दिन दादी की तबीयत फिर खराब हो गई। गोया कि हमारा जाना कैंसिल। इस तरह कई बार हुआ। पापा निकलने का जब प्रोग्राम बनाते, दादी की तबीयत अचानक खराब हो जाती। माँ तो खींसें निपोरकर रह जाती। कुछ दिन यूँ ही मस्ती में गुजर गए।

वह बड़ी प्यारी रात थी। दादी के विशेष आग्रह पर श्रीराम कथा कहनेवाले पंडितजी पधारे थे। मय गाँव का बिटोर हमारे दरवाजे पर हुआ था। पूरी रात कथा चलती रही। जैसे ही भगवान् राम, लंका से सीता को लेकर अयोध्या पधारे, दादी स्वर्ग सिधार गई। रोना-धोना शुरू हो गया। दादी से बिछड़ना बड़ा कष्टदायी रहा। मैं खूब रोया।

नेमीचंद ने फिर 'बबुआ' कह मुझे टमटम से उतारा। हमने बस पकड़ी। तीन

घंटे के सफर के बाद ट्रेन पकड़नी थी। बस चली जा रही थी। मन मायूस था। काश, दादी द्वारा तबीयत खराब होने का यह भी एक बहाना होता! क्योंकि, सिर्फ मैं ही जानता था, महज मेरे रुकने के लिए, मेरे ही कहने पर उन्होंने कितने बहाने बनाए थे! आज दीदी कुछ न बोल रही थी। माँ-पापा भी खामोश थे। थोड़े दिनों में बना बड़ा संसार विदा हो चुका था। सड़क किनारे खड़े पेड़-पौधे भी साथ चल रहे थे। लेकिन आज वे भी मेरी तरह उदास थे। मैं जानता था कि शायद फिर कभी पापा मुझे गाँव न ले जाएँ, क्योंकि जड़ों से जुड़ाव रखनेवाली दादी जो न रही! आज रात बीतेगी और कल हम शहर पहुँच जाएँगे। समय जब किसी के लिए नहीं ठहरा है तो मेरे लिए भी नहीं ठहरेगा। 'क से कबूतर' उड़ चुके थे। सामने सिर्फ 'ए फॉर एप्पल' ही दिख रहा था। आँखें भर्रा गईं। नाजुक पलकें आँसुओं का बोझ न सँभाल सकीं। तभी रुमाल बढ़ाती दीदी बोली, "नहीं रोते अप्पू!" मैंने देखा, वह खुद भी रो रही थी। फिर पलटकर देखा, बाग-बगीचे, खेत-खलिहान सब पीछे छूट गए थे!

□

वतन वापसी

"आज ज्ञानप्रकाश का फोन आया था। कह रहा था कि जल्द इंडिया लौटेगा।" चाय देती प्रभा पति से बोली। "ऐसे में उसका आना क्या ठीक रहेगा?" प्रेम बाबू ने शंका जाहिर की। "मैंने बहुत समझाया। स्थिति से अवगत कराया, लेकिन जिद पकड़े बैठा है। कहता है, बड़ी अम्मा के गुजर जाने के बाद मन बड़ा बेचैन रहता है। एक बार घूम लूँगा तो शायद कुछ नॉर्मल हो जाए।" "बहू क्या कहती है?" चाय लेते हुए प्रेम बाबू ने जानना चाहा। "उसने भी तो बड़ा समझाया। लेकिन ज्ञान मानने को तैयार नहीं।" प्रभा एक साँस में बोल गई। प्रेम बाबू के माथे पर बल पड़ गए। चाय रख सोचने लगे, 'ऐसे में ज्ञान का आना बिल्कुल ठीक न रहेगा। सारी दुनिया में कोहराम मचा हुआ है। अखबार उठाओ तो मौत की खबरें मिलती हैं। टी.वी. पर तांडव मचा हुआ है। जब तक कोरोना का कहर शांत नहीं हो जाता, ज्ञान का आना कतई ठीक नहीं। भाभी को जाना था, सो चली गईं। हमने अपने स्तर पर हर कोशिश की। बड़े हॉस्पिटल में रखा। तमाम इलाज कराए। फिर होनी को कौन टाल सकता है? अब आकर क्या करेगा? साथ में दो छोटे बच्चे हैं। बहू है। फिर लंदन से आना कोई मामूली बात भी नहीं।' प्रेम परेशान हो चहलकदमी करने लगे। उधर चाय ठंडी हो गई।

कहने के लिए प्रभा माँ थी, लेकिन लालन-पालन तो रमा ने ही किया था। बड़े ताऊ के गुजर ज़ाने के बाद बड़ी माँ एकदम अकेली पड़ गईं। तब ज्ञान को रमा की गोद में डालते हुए प्रभा बोली, "दीदी, लो अपने लाड़ले को सँभालो। यह मेरे बस-बूते से बाहर का है।" बेटे को सौंप प्रभा बिल्कुल निश्चिंत हो गई। ज्ञान भी रमा में रमता गया और भूल गया कि कहीं अपनी माँ भी रहती है। दिन, महीने, साल गुजरते गए। बाबूजी का तबादला शहर-दर-शहर होता रहा। पत्नी पास रही, परंतु ज्ञान तो बड़ी माँ की गोद में ही परवरिश पाता रहा। हाई स्कूल पास कर गया,

लेकिन कभी रमा से अलग न हुआ। याद है, आगे की पढ़ाई के लिए शहर जाते समय कैसे बिलख-बिलखकर रोया था। रमा का आँचल छोड़ने को तैयार न था। बड़ी मुश्किल से बाबूजी ने समझा-बुझाकर गाड़ी में बैठाया था। जब भी छुट्टियाँ होतीं, भागकर गाँव आ जाता। खूब ऊधम मचाता। दिन चाहे जहाँ गुजरे, रात तो रमा की गोद में ही गुजरती। रमा भी बेटे में रमी रहती। आम-अमरूद के दरख्तों पर फल लगते तो वह उनमें से नमूने फलों को ज्ञान के लिए छाँटकर रखती। 'दूध पी लो, दही खा लो, अब थोड़ा घी खा लो बेटा,' मईया बार-बार दोहराती रहती। अपने हाथ से नहलाती, कपड़े साफ करती और बेटे को बड़ा होते देख निहाल होती रहती!

□

समय समंदर-सा फैलता गया। मामूली मुलाजिम का बेटा बड़ा डॉक्टर बन गया। फिर फेलो ऑफ रॉयल कॉलेज ऑफ सर्जन की डिग्री लेने लंदन गया तो इतना कमाल किया कि वहीं बड़े हॉस्पिटल में बड़ा डॉक्टर बन गया। प्रेम बाबू को मन की मुराद मिल गई। इलाके में इज्जत व पंचायत में प्रतिष्ठा बढ़ी तो बड़े रसूखवाले अवध बाबू की इकलौती बेटी नेहा से ज्ञान की शादी हो गई। अब तो पाँचों उँगलियाँ घी में। घर बढ़ा तो गृहस्थी भी बढ़ती गई।

□

साल दो हजार बीस बढ़िया साबित न हुआ। सर्दियाँ जब शबाब पर थीं तो वह मनहूस खबर आई कि कोई 'कोरोना' नाम की बीमारी आई है, जो नाक-मुँह के रास्ते शरीर में प्रवेश करती है। फिर गले, फेफड़े और साँसों पर कब्जा जमा लेती है और आदमी घुट-घुटकर दम तोड़ देता है। पहले तो यह बीमारी समाचारों में सिमटी रही, लेकिन पाँच-छह महीने में ही इसकी जड़ें तमाम सीमाओं को लाँघ दुनिया के कोने-कोने में फैल गईं। शहर की सड़कें सूनी होने लगीं। कल-कारखानों से कामगारों का पलायन शुरू हो गया। जो जहाँ था, वहीं से भाग खड़ा हुआ। सबका एक ही लक्ष्य था—जैसे भी हो, घर भागो। फिर क्या था! लोग कमरों में कैद होते गए। बड़े-बुजुर्ग कहते हैं कि कभी प्लेग जैसी महामारी भी आई थी। जब घर-के-घर स्वाहा हो गए और लाखों जानें चली गईं। आखिरकार वह टीका भी खोज लिया गया, जिससे उस बीमारी पर काबू पाया जा सका। अब प्लेग तो इतिहास के पन्नों में सिमट गई, लेकिन दूसरी महामारी कोरोना पूरे साल परेशान करती रही। गनीमत रही कि इसने अपना प्रभाव सिर्फ शहरों तक ही सीमित रखा। गाँव अक्सर इससे अछूते ही रहे। तब डॉ. ज्ञानप्रकाश ने भी कितनी मेहनत की थी। महीनों अपने फ्लैट

पर नहीं गए। जैसे वीर सैनिक की परीक्षा रणक्षेत्र में होती है, वैसी ही परीक्षा एक कुशल चिकित्सक की इन महामारियों में होती है; और ज्ञान इसमें कतई पीछे न रहे। पी.पी.ई. किट पहन रात-दिन कोरोना पीड़ितों की सेवा में लगे रहे। हफ्ता-दिन पर कभी फुरसत पाते तो फोन पर बड़ी माँ से बातें कर लेते। बीमारी के बारे में समझाते और बचाव के तमाम उपाय बताते—माँ, बिना बहुत जरूरी घर से बाहर न जाना। कोई घर आए तो मास्क पहन, दो गज दूर से ही बातें करना। साबुन से हमेशा हाथ धोते रहना।' खैर, ये दिन भी बीते और दो हजार इक्कीस भी आया। नया साल नया उत्साह लेकर आया। घरों से निकल लोगों ने खुली हवा में चैन की साँस ली। जिंदगी फिर से पटरी पर लौटने लगी। कामगार कारखानों को लौटने लगे। साल से रुकी परीक्षाएँ भी होने लगीं। तभी कोरोना की दूसरी लहर आई और इस बार इसने यूँ कहर बरपाया कि सामान्य होता जनजीवन एक बार फिर चहारदीवारी में कैद होता चला गया। इस बार इसकी भयंकर तीव्रता शहर की सरहदों को लाँघ कतिपय गाँवों तक पहुँच गई और इसी चपेट में बड़ी माँ आ गईं... ! खबर मिली तो ज्ञान बदहवास हो गए। तब मुल्क की सीमाएँ सील कर दी गई थीं। सो चाहकर भी ज्ञान वतन न जा सके। अब जबकि कुछ आफियत आई, लोग टीके लेने लगे तो भरोसे की चादर ने जिंदगी को उम्मीद की राह दिखाई। मुल्क की सीमाएँ खुलने लगीं। कड़ी शर्तों के साथ आना-जाना शुरू हुआ।

□

ज्ञान नेहा और बच्चों के साथ लंदन हीथ्रो एयरपोर्ट आ चुके हैं। थोड़ी देर में बोर्डिंग पास मिल जाएगा। बच्चे चहक रहे हैं। इस बार गरमी की छुट्टियाँ दादा-दादी के साथ गाँव में गुजारेंगे। ज्ञान बोर्डिंग पास के लिए बढ़ ही रहे थे कि नेहा टोकी, "अरे, डॉ. हसन को तो आपने बताया ही नहीं कि हम लोग गाँव जा रहे हैं! क्या कहेंगे? कुछ जरूरी सामान बताते तो उनके घर के लिए भी ले लेते। दो साल पहले जब वो गाँव गए थे तो कितना सामान अपने घर के लिए ले गए थे।" ज्ञान को गलती का भारी अफसोस हुआ। बोले, "क्या करता, बाबूजी को समझाने में ही छुट्टी के कई दिन गुजर गए। इस बीच ख्याल ही न रहा। क्या ही बेहतर होता कि डॉ. हसन भी साथ चलते!" "लेकिन चेल्सी वेल्स तो न जा पाती।" नेहा ने शंका जाहिर की। "सही कह रही हो। इनवायरमेंट साइंस की प्रोफेसर होने के कारण उसे अभी ऑनलाइन क्लासेज लेनी पड़ती होंगी। और भले ही हसन ने उससे शादी कर ली, लेकिन अपने वतन की रस्म-रिवाज में ढलने में तो उसे युग लग

जाएँगे। खैर, फोन करके सॉरी बोल दूँगा। बंदा लँगोटिया यार है, सो बिना हिचक माफ भी कर देगा।" तभी एनाउंसमेंट होने लगा और एयर इंडिया से दिल्ली के लिए प्रस्थान करनेवाले यात्री मुख्य सिक्योरिटी जाँच के लिए आगे बढ़ने लगे। ज्ञान अनुमान लगाए—"यही कोई साढ़े आठ घंटे बाद विमान दिल्ली लैंड कर जाएगा। फिर पटना के लिए कनेक्टिंग फ्लाइट मिल जाएगी। सूबे की सड़कें इतनी अच्छी हैं कि गाँव पहुँचने में कोई खास देर न होगी। बाबू-अम्मा तो मिल जाएँगे। बड़ी माँ का बिस्तर भी होगा, लेकिन शायद पहली दफा वह गोद न मिलेगी, जिसमें प्यारी नींद सोया करता था।" नेहा ने पति को देखा। आँखें भीगने लगी थीं। टोकना चाहा, लेकिन ज्ञान आगे बढ़ गए।

□

समय से जयप्रकाश नारायण अंतरराष्ट्रीय एयरपोर्ट, पटना पहुँच गए। बाहर निकलते ही गनपत मिल गए। वे गाहे-बगाहे पटना आते रहते थे। इस बार गाँव से गाड़ी लेकर यही आए थे। रिश्ते में बड़े थे, सो नेहा सिर पर आँचल लिये बच्चों के साथ थोड़ा आगे निकल गई। ज्ञान गनपत के साथ खड़े-खड़े चाय पीने लगे। गाँव-जवार का हाल लेने लगे। ज्ञान ने पूछा, "भैया, डॉ. हसन के अब्बा-अम्मा का समाचार सुनाइए। सब खैरियत तो है? दरअसल आते समय फोन न कर सका।" "कौन, हसनैन चाचा? अफसोस, अब वो नहीं रहे। कोरोना ने हमसे एक और नेक इंसान को छीन लिया।" कातर स्वर में गनपत बोले। वज्रपात हुआ ज्ञान पर। बड़ी अम्माँ के सदमे से अभी उबर भी न पाए थे कि हसनैन चाचा की मौत ने दोहरा आघात दे दिया। फिर विह्वल हो पूछा, "डॉ. हसन को खबर हुई क्या?" "हुई न। लेकिन मिट्टी न मिल पाई। इकलौता बेटा बाप की मैयत को कंधा न दे सका। चार दिन हुए हसन को गाँव आए हुए। जब से आए हैं, गुमसुम रहते हैं। अम्मा भी बीमारी की जद में आ चुकी थीं। उन्हीं की खिदमत में लगे रहते हैं। ऊपरवाले का करम कहिए कि खतरा अब टल गया है। सेहत में सुधार हो रहा है।" आगे बताना गनपत ने मुनासिब न समझा। सो सामान उठाकर डिक्की में डालने लगे। ज्ञान नेहा के साथ पिछली सीट पर बच्चों को गोद में लिये बैठ गए। गनपत ने गाड़ी बढ़ा दी। कहीं कोई ट्रैफिक नहीं था। इक्का-दुक्का एंबुलेंस जब गुजरती तो सड़कों का सन्नाटा भंग होता। यह वाहिद सफर था कि राह चलते खामोशी पसरी हुई थी। कोई क्या बात करे और किससे करे? सामान्य दिनों में जब कहीं गाड़ी रुकती तो दर्जनों मौसमी फल बेचनेवाले बच्चे गाड़ी छेंक लेते थे। "ये ले लो बाबूजी, हाजीपुर के

केले हैं। ये इलाहाबादी अमरूद हैं और ये...ये देखिए बाबूजी, मुजफ्फरपुर की शाही लीची। बस मुँह में रखे नहीं कि गल जाएगी।" इसी बीच कोई नन्हा बच्चा उछलता, "बाबूजी, ये बारह मजा तेरह स्वादवाला चटपटिया भुजा न खाए तो क्या खाए!" ज्ञान इन मासूम विक्रेताओं का मन रखने के लिए कुछ-न-कुछ खरीद ही लेते। आज किसी का पता न था। यहाँ तक कि माँगनेवाले हाथ भी कहीं नजर न आए। गाड़ी जब पुल पार करने लगी तो नेहा ने हाथ में आँचल लिये गंगा मैया को प्रणाम किया। बच्चे भी माँ का अनुकरण किए। तभी बड़ी बेटी पूछ बैठी, "मम्मा, क्या यही गांधी सेतु है, जिसके बारे में तुम बताती थी?" "नहीं बेटी, हम लोग जे.पी. सेतु से गुजर रहे हैं। दाहिने हाजीपुर होता है। बाएँ बढ़े तो सोनपुर मिलता है।" बच्चे बड़ी तन्मयता से गंगा और उसके किनारों को निहार रहे थे। गनपत ने सड़क खाली देख गाड़ी की रफ्तार बढ़ा दी थी। उधर ज्ञान की आँखों में अतीत के अक्स धीरे-धीरे उतरने लगे।

□

धर्मपुर। ढाई-तीन सौ घरों का एक प्यारा सा गाँव। छोटे-छोटे कई टोले। एक नुरैन मियाँ के टोले के नाम से जाना जाता है। इसी में हसनैन मियाँ का घर है। छोटे कद के किसान, लेकिन ईमानदार इंसान। दो बेटियों के बाद हसन की पैदाइश हुई थी। पढ़ने में जहीन थे और दरजा-दर-दरजा अव्वल आते थे। सो सरकारी वजीफा मिल गया। कहीं कमी हुई तो ज्ञानप्रकाश ने दूर कर दी। एक क्लास आगे थे, सो मार्गदर्शन मिलता रहता। दोनों में गाढ़ी दोस्ती थी। जब ज्ञान अव्वल अंकों से हाई स्कूल पास कर गए तो अपने तमाम नोट्स व किताबें हसन को सौंपते हुए बोले, "यार, इन्हें रख लो। बड़े-बुजुर्गों का कहना है कि जिंदगी की सही राह इन किताबों से होकर ही गुजरती है। अगर एक बार सही दिशा में चलना शुरू कर दिया और बिना भटके सिर्फ चलते रहे तो मनमाफिक मंजिल खुद-ब-खुद पास आने लगती है।" यार की कही गई बात को हसन ने गिरह-गाँठ में बाँध लिया। जो राह पकड़ी, उस पर बिना मुड़े चलते रहे। मुश्किलें दिल के इरादों को आजमाती रहीं। स्वप्न के परदों को निगाहों से हटाती रहीं। लेकिन हसन हौसला न हारे। जरूरत पड़ी तो कभी अम्माँ के गहने बिके, कभी काश्तकारी जमीन बिकी। लेकिन हसन का सफर जारी रहा। नतीजा बेहतर हुआ। ज्ञान के दो ही साल बाद हसन ने भी मेडिकल प्रवेश परीक्षा अच्छे अंकों से पास कर ली। सफर का सिलसिला चलता रहा। मेडिकल की डिग्रियाँ लेकर पहले ज्ञान इंग्लैंड गए, फिर दो ही साल बाद हसन को भी बुला

लिया। शिखर पर पहुँचकर दोनों ने पूरी ईमानदारी से काम किया। पौंड पैसों में बदला तो घर भर गया। कच्चे घर की जगह शानदार पक्का मकान बन गया। मौला का करम हुआ तो अब्बा-अम्माँ को हज भी नसीब हो गया। लेकिन एक चूक हो गई। हॉस्टल में साथ रहनेवाली चेल्सी वेल्स से शादी की खबर ने अब्बू को झकझोरकर रख दिया। बेटे के गैर-मजहब में जाकर की गई शादी ने भारी बखेड़ा खड़ा कर दिया। लगा, खानदान की इज्जत सरेआम चौराहे पर नीलाम हो गई। भाई-भैवदी ताली बजा-बजाकर हँसे। हफ्तों अब्बू घर से न निकले। प्रेम बाबू ने कई बार समझाया। बदले युग-जमाने का हवाला दिया। इस बीच ज्ञान जब घर आए, अब्बू को समझाते रहे और बेटे की खुशी की खातिर उन्हें खुश करने की कोशिश करते रहे। देर-सवेर कोशिश कामयाब हुई। अब्बू मान गए। तय हुआ कि अगली छुट्टियों में हसन चेल्सी को लेकर घर आएँ। मय गाँव को भारी भोज दिया जाए, ताकि चेल्सी को सामाजिक रूप से बहू का दरजा मिल सके। लेकिन अफसोस, नियति कुछ और ही नियंत्रित कर रही थी। अब्बू बहू का मुख न देख सके... ! चेल्सी के चलने से पहले ही यह महामारी चली आई... ! सामने मोड़ पर गनपत ने ब्रेक लगाया तो ज्ञान खुद में लौटे। देखा, गाँव का सीमाना शुरू हो चुका था। यहाँ से एक सड़क धर्मपुर को जाती थी। दूसरी थोड़ी घूमकर नुरैन मियाँ के टोले में जाती थी। ज्ञान ने एक लंबी साँस ली और गनपत से बोले, "भैया, पहले डॉ. हसन के घर चलते हैं, फिर धर्मपुर चलेंगे।" गनपत ने वही किया। गाड़ी मोड़ ली और धीरे-धीरे डॉ. हसन के घर की तरफ बढ़ानी शुरू कर दी।

□

दोस्त को देखते ही हसन बिलख-बिलखकर रोने लगे। ज्ञान समझाते और दिलासा देते रहे। मोहल्ले के बहुत सारे लोग जमा हो गए थे। इनमें कुछ ऐसे भी थे, जिन्होंने बाल्यकाल में ही ज्ञान को देखा था। गनपत नेहा और बच्चों के साथ धर्मपुर जा चुके थे। दिन के बारह बज रहे थे। अभी तक किसी ने कुछ खाया नहीं था। ज्ञान उठे, हसन को उठाया। फिर दोनों गाँव के बाहर चले गए। बस्ती का कब्रिस्तान यहीं था। मरहूम हसनैन चाचा की कब्र के सामने खड़े हुए और दुआ के लिए हाथ उठाए। अगल-बगल तीन-चार और हाल की कब्रें थीं। मालूम हुआ कि ये सब भी इसी महामारी में मरे थे। मन बोझिल होने लगा। थोड़ी दूर पर श्मशान भी था। हसन ने ज्ञान को इशारा किया और आगे बढ़ गए। देर हो रही थी, सो गनपत भी आ गए थे। सामने बड़ी माँ की चिता की जगह दिखाई। अब वहाँ राख बिखरी थी। ज्ञान घुटनों

के बल बैठ गए और बच्चों-सा बिलख-बिलखकर रोने लगे। याद आया, ऐसे ही एक बार उन्होंने बड़ी माँ से पूछा था—'माँ, इस बार इंग्लैंड से तेरे लिए क्या लाऊँ?' माँ आँचल से मुँह पोंछते हुए बोली थी—'बेटा, जब मैं मरूँ तो मेरी चिता को आग दे देना। मुझे मोक्ष मिल जाएगा।' अतीत याद कर देर तक आँसू बहाते रहे—काश! बड़ी माँ की आखिरी इच्छा पूरी कर पाते! अब बारी हसन की थी। यार को उठाया और दोनों धर्मपुर की ओर मुड़ गए। हाल में जली अन्य चिताओं के बारे में गनपत से पूछते रहे। गनपत ने बताया कि परसों परमेश्वर काका भी गुजर गए। बड़ी दिक्कत हुई जलाने में। हम लोगों ने पूरा गाँव छान मारा, लेकिन जलाने के लिए लकड़ी न मिली। बड़ी मुश्किल से बाजार से व्यवस्था हो पाई। ज्ञान ने गाँव के बाहर खेत-खलिहान, सड़क और चँवर-चाँचर को भर नजर निहारा। कभी यहाँ बचपन गुजरा था। आज पूरा इलाका सूना पड़ा था। चौड़ी सड़क बनने में छोटे-छोटे तमाम दरख्तों को कुरबानी देनी पड़ी थी। चौराहे का बूढ़ा बरगद कब का धराशायी हो चुका था। बाबू की बाड़ी वीरान पड़ी थी। उधर सिर्फ बिजली के बड़े-बड़े खंभे बढ़ते विज्ञान की दुहाई दे रहे थे। तिरमुहानी के तीनों पुराने पाकड़ तीन साल पहले आई भयंकर आँधी से हार चुके थे। गाँव के किनारे-किनारे पुरखों के लगाए प्राणवायु देनेवाले पीपल को नई पीढ़ी सँभाल न पाई थी। बेचारे अपना वजूद खो बैठे थे। कभी इनकी पूजा होती थी। मय गाँव को पानी देनेवाला और इलाके की शान समझा जानेवाला ग्यारह एकड़ में फैला प्रधान का पोखर कई टुकड़ों में बँट चुका था। करमू काका का कुआँ अब भी था, लेकिन सालों पहले लोगों ने इससे पानी लेना छोड़ दिया था। उसकी जगह बगल बाजार में बने पानी के प्लांट ने ले रखी थी। लोग प्लास्टिक के बड़े जारों में पानी लेने लगे थे। महतो टोली में दर्जनों जोड़ी बड़े-बड़े बैल हुआ करते थे। अब उनका नामोनिशान नहीं था। गाय-भैंसों के खूँटे खाली थे। सो थन से निकले ताजे दूध बीते दिनों की बात हो गए थे। लोग प्लास्टिक के पैकेट में बाजारू दूध लेने लगे थे। दोनों दोस्तों ने अपने ही गाँव में खुद को खोजने की हर मुमकिन कोशिश की, लेकिन मायूसी ही मयस्सर हुई। अजीब कैफियत होने लगी। पद, पैसा, प्रतिष्ठा के पीछे कितना कुछ रेत की तरह मुट्ठी से फिसल चुका था! होली, ईद, दीवाली, दशहरा किताबी पन्नों में पनाह ले चुके थे। जिंदगी जा चुकी थी। फिर रह क्या गया था? फिलवक्त इसका कोई जवाब न था। खामोशी तारी थी। तभी भागता हुआ चुन्नू चला आया। गनपत को इशारे से बुलाया और कहने लगा, "भैया, कुछ मदद कर दो। घरवाली की तबीयत खराब है। तीन दिन से जर-बुखार है। खाँसती है और

लंबी-लंबी साँसें लेती है। कहीं उसे भी कोरोना तो नहीं हो गया? मेरे तीन छोटे-छोटे बच्चे हैं। कुछ उलटा-पुलटा हो गया तो मैं कहीं का न रहूँगा।" फिर चुन्नू खड़ा न रह सका। वहीं बैठ गया और सिसकने लगा। गनपत पॉकेट में हाथ डाल कुछ पैसे निकाले और चुन्नू को देने लगे। तभी ज्ञान बोले, "भैया, जरा ठहरिए।" फिर उन्होंने दोस्त को देखा। हसन उनका आशय समझ गए और वहीं से घर को भागे। थोड़ी देर में दोनों दोस्त चुन्नू के दरवाजे पर थे। हसन के पास पी.पी.ई. और एंटीजेन टेस्ट की कई किट थीं। जरूरी दवाएँ भी थीं। तुरंत जाँच की गई। चुन्नू की शंका सही साबित हुई। पत्नी पॉजिटिव हो चुकी थी। तुरंत उसका बिस्तर अलग किया गया। जरूरी एहतियात बरतने को कहा गया और बच्चों को दूर कर दिया गया। ज्ञान बोले, "हसन, शाम तक देखते हैं। बुखार उतर जाना चाहिए। उम्मीद करते हैं, ऑक्सीजन लेवल ठीक रहना चाहिए। माइल्ड केस है, लेकिन सावधानी बेहद जरूरी है।" शाम को फिर आने का वादा कर दोनों दोस्त निकलने लगे। तभी गनपत का मोबाइल बजा। कॉलर ट्यून ऐसी थी कि जाते कदम ठिठक गए। ज्ञान ने गनपत को इशारा कर फोन बजने दिया। किसी फिल्मी गीत की एक ही पंक्ति बार-बार बज रही थी—

दुनिया में कितना गम है, मेरा गम कितना कम है।
औरों का गम देखा तो मैं अपना गम भूल गया... !

गीत ने सोचने पर विवश कर दिया। स्वयं का बनाया संसार सिमटने लगा। खुद को लेकर खड़ी की गई संकीर्ण दीवारें दरकने लगीं। फिर क्या था, सेवा को समर्पित चिकित्सक जाग उठा। दोनों के चेहरों पर उभरी स्मित रेखा इसकी साफ-साफ गवाही दे रही थी। तभी एक बार फिर मोबाइल बजा। इस बार गनपत की हिम्मत न हुई कि कॉलर ट्यून को लंबा बजने दें। फौरन मोबाइल ज्ञान को थमा दिया। उधर बाबूजी बोल रहे थे। अब पल भर भी ठहरने की गुंजाइश नहीं थी। सो शाम को आने का वादा कर ज्ञान लंबे-लंबे डग भरते घर की तरफ बढ़ गए।

□

ज्ञान घर पहुँचे तो दोपहर हो गई थी। बाबूजी बेसब्री से बाट देख रहे थे और लाल-पीले हो रहे थे। अड़ोस-पड़ोस के कुछ लोग भी ज्ञान के आने की खबर सुनकर आ गए थे। ज्ञान ने सामाजिक दूरी का ख्याल रखते हुए सबका समुचित अभिवादन किया। उधर अवध बाबू को खबर हो गई थी, सो बेटी बुलाने के लिए गाड़ी भेज दी थी। जानते थे, परदेशी पूत का क्या भरोसा, एक पैर गाड़िए-घोड़े पर टँगा रहता है! छोटे-बड़े दोनों साले सामने खड़े थे। माँ पोता-पोती को नहलाने-

धुलाने में मशगूल थीं। मूलधन तो अपना है ही, गरचे सूद सामने आ जाए तो कौन छोड़ता है! सो बच्चों में निहाल हुई जा रही थीं। बाबूजी की एक्स-रे करती आँखों ने नीचे से ऊपर और ऊपर से नीचे, बेटे को कई बार निहारा। कहने को कुछ था नहीं, फिर भी कुछ-न-कुछ कहना ही था। और, अधिकार कौन छोड़ता है? सो तनिक तैश में बोले, "तुझे खाने-पीने की सुध-बुध है कि नहीं? देखो तो बहू कब से इंतजार कर रही है। अब तक कहाँ थे?" बोलकर बाबूजी ज्ञान के उत्तर की प्रतीक्षा करने लगे। जैसा कि हरदम होता था, ज्ञान सिर झुकाए धीरे से बोले, "जी, उधर चुन्नू के घर की तरफ चला गया था। उसकी पत्नी की तबीयत अचानक खराब हो गई थी।" "अच्छा तो यहाँ भी शुरू हो गए? अरे, चार दिन के लिए आए हो, फिर चले जाओगे। घूमो-फिरो, खाओ-पीओ, तनिक गाँव-समाज, हित-नात, कर-कुटुंब से मिलो-जुलो कि...आए नहीं कि लगे डॉक्टरी करने! जगहे पर कोई चीज शोभा देती है।" ज्ञान कैसे समझाएँ कि चिकित्सक एक ऐसा योद्धा होता है, जिसे चौबीसों घंटे तैयार रहना पड़ता है। बीमारी तो तनिक धमस देकर आती भी है, लेकिन महामारी तो चौतरफा हमला करती है। रेल-जहाज में आरक्षण कराने जाओ तो परची भरते समय पूछा जाता है—'क्या आप डॉक्टर हैं? यदि हाँ तो इस स्तंभ में पूरा विवरण लिखिए। आकस्मिकता की स्थिति में आपकी सेवा ली जा सकती है।' बेचारे सब दिन की तरह आज भी खामोश ही रहे। बाबूजी यही चाहते थे। उन्हें ज्ञान के उत्तर की कोई जरूरत नहीं थी। उन्हें तो पास बैठे बिगन महतो को बताना था कि देखो, कमासुत और आज्ञाकारी सवांग किसे कहते हैं! सो एक बार फिर फटकारा, "अब बैठे क्या हो? अंदर जाओ। बढ़िया से स्नान-ध्यान करो, फिर खाना खाओ। पता नहीं फालतू में कहाँ-कहाँ घूमते-फिरते रहे!" ज्ञान चुपचाप उठे और अंदर चले गए। बाबूजी का नहले पे दहला काम कर गया। बिगन महतो पर करारी चोट की। बेचारे बुझ-से गए। इनका एकमात्र सवांग इधर कई महीनों से बात-बात पर बिगड़ जाता था। बाप कहते थे पूरब, तो जाता था पश्चिम। हजरत चुपचाप उठे और चल दिए। बाबूजी ने गहरी साँस ली और गर्व से बोले, "अरे गनपत, कुछ चाय-वाय कराओ भाई! देखो, ई लोग कब से बैठे हैं।" गनपत बुझे मन से उठे और चाय लाने चले गए। अब कैसे कहें कि इससे पहले ही चाय तीन बार चल चुकी है!

□

अंदर-ही-अंदर बाबूजी को अपने कमाऊ सवांग पर गर्व हो रहा था। और हो क्यों नहीं? बीते आठ-दस साल में ज्ञान ने क्या नहीं दिया था? बड़ा तीन मंजिला

मकान, सामने नौ कोठरी का दालान, ट्रैक्टर-ट्रॉली, चार पहिए की दो-दो गाड़ी। सरकार में साख व समाज में धाक, सबकुछ तो हो गया था। गाँव में किसी को जमीन उठानी रहती तो वह पहले प्रेम बाबू का ही दरवाजा खटखटाता। चटपट सौदा होता और कचहरी में जाकर ही हजरत दातुन करते। लक्ष्मी की महती माया बरसी तो देखते-ही-देखते पंद्रह-बीस बीघा जमीन काश्तकारी में शामिल हो गई। भगवान् देता है तो छप्पर फाड़कर देता है भाई!

□

नेहा शाम को बाबूजी से अनुमति लेकर मैके चली गई। हसन चुन्नू के घर से हो आए थे, सो फोन कर ज्ञान को बता दिया कि बुखार उतर गया है। गार्गेलिंग से गले की खराश भी कम हुई है। साँसें सामान्य हैं, सो घबराने की बात नहीं है। आप आराम कीजिए। ज्ञान को इत्मीनान हुआ। ढलते दिन भोजन किया था, सो रात में कुछ खाने की इच्छा न हुई। एक गिलास दूध लिया, कुछ चहलकदमी की और सोने चले गए। उधर हसन अम्माँ को खिला-पिलाकर सोने चले गए। बिस्तर पर बैठते ही मोबाइल पर नजर पड़ी। चेल्सी के ढेरों मैसेज थे। सोचा, आज बाइत्मीनान बातें करूँगा। नंबर डायल कर ही रहे थे कि बाहर किसी ने दरवाजा खटखटाया। इस वक्त कौन हो सकता है? अनुमान लगाते हुए दरवाजा खोला। सामने काँपती काया रहमत मियाँ खड़े थे। देखते ही गिड़गिड़ाने लगे, "बाबू, हमरी बुढ़िया कल नैहरा से लौटी है। वहाँ शादी में गई थी। आज सुबह से बेचैन है। बुखार आ गया है। बार-बार खाँसती है और लंबी-लंबी साँसें लेती है। महतो टोली के भोला के घर गया था। लेकिन वह कहीं और सुइया देने चला गया है। हिम्मत तो न हो रही थी, लेकिन बुढ़िया की दशा देखी न गई। सो मजबूरन आ गया। कोई दर-दवाई हो तो दे दीजिए। जब तक जिऊँगा, दुआ देता रहूँगा।" हसन ने गौर किया। रहमत चाचा की आवाज लरजने लगी थी। फौरन अंदर गए। जरूरी दवाएँ व कीट ली और निकल पड़े। रास्ता चलते रहमत मियाँ से शिकायती लहजे में पूछा, "चाचा, आपने इस महामारी में चाची को शादी में क्यों भेजा? जानते नहीं, भीड़भाड़वाली जगह ही इस बीमारी की खुराक है। जो समझदार हैं, वे बिना जरूरी बाहर नहीं निकलते। मुँह पर बढ़िया मास्क लगाते हैं। दो गज दूर से बातें करते हैं। अनावश्यक कोई चीज नहीं छूते और बार-बार साबुन से हाथ धोते हैं। आखिर सरकारिया ऐलान तो हम ही लोगों के लिए न किया जा रहा है।" चाचा चलते रहे और अपनी गलती पर पछताते रहे। तभी दर्जनों लोग गुजरे, जो बातें करते जा रहे थे, "भाई, मानना पड़ेगा। बहुत

दिन के बाद किसी ने ऐसा बढ़िया भोज खिलाया है। कतरनी चिउड़ा पर सजाव दही का गजब मेल था। इतनी मुलायम पूड़ी तो हमने इससे पहले कहीं नहीं खाई।" तभी बगलगीर बोला, "और मिठाई न देखे! बाद लोग तो बुनिया-जलेबी से ही काम चला लेते हैं। यहाँ गुलाबजामुन, इमरती और रसगुल्ले की तो कोई गिनती ही न थी। वाह, बंदा दिल खोलकर खिलाया। रामजी उसके धिया-पुता को बढ़ंती दें।" जब आवाज दूर हो गई तो हसन ने पूछा, "चाचा, ये लोग कहाँ से आ रहे हैं?" "बाबू दक्खिन टोला से दावत खा के आ रहे हैं। उहाँ मथुरा महतो के घर भोज था। जाना तो हमको भी था, लेकिन बुढ़िया की तबीयत बिगड़ गई, सो जा न सके। अब ऐसे भोज का पछतावा तो हमेशा रहेगा।" हसन मुस्कराए, फिर गंभीर होकर बोले, "अच्छा किए कि आप नहीं गए। जिंदगी दाँव पर लगाकर दावत खाना कहीं से समझदारी नहीं है।" मुहल्ला आ गया था, सो दोनों मुड़ गए।

□

रात गहराने लगी थी। सतहवा सात बाँस ऊपर आ गया था। बड़े दरख्तों के झुरमुट में चमकते जुगनू अपना आशियाना ढूँढ़ कहीं शांत हो गए थे। कमरे में पंखा चल रहा था। बावजूद ज्ञान पसीने से तर-ब-तर हो रहे थे। उठना चाहते थे, लेकिन उठ नहीं पा रहे थे। लगता था कि कमर के नीचे के अंग सुन्न हो गए हैं। जोरों की प्यास लगी है। हलक सूख रहा है। पानी-पानी चिल्ला रहे हैं। रेंगते हुए खिड़की तक आते हैं। फिर बाहर देखते हैं। बड़ा खौफनाक नजारा है। दर्जनों स्त्री-पुरुष गला पकड़ चीखने की कोशिश कर रहे हैं, लेकिन उनकी आवाज बाहर नहीं निकल पा रही है। कोई सुननेवाला नहीं है। तभी कोई साया कमरे में प्रवेश करता है। उजाला हो जाता है। साया आगे बढ़ ज्ञान के सिर पर हाथ रखता है। ज्ञान पहचानने की कोशिश करते हैं। "अरे, ये तो बड़ी माँ हैं।" "तो क्या बड़ी माँ जिंदा हैं?" "हाँ बेटा, तुम्हारे लिए तो मैं सब दिन जिंदा रहूँगी। देखो, मैंने कितना इंतजार किया। तुम नहीं आए। लेकिन मैंने देर नहीं की। तेरे आते ही चली आई। अब हमेशा तेरे पास रहूँगी। वादा करो, अब मुझे छोड़कर नहीं जाओगे। मेरे लाल, तुझे मेरे एक-एक निवाले की कसम! आज इस गाँव को तेरी ही जरूरत है। बाहर चीखते लोग तुझे बड़ी आस-उम्मीद से देख रहे हैं। तुम रुकोगे ना?" फिर माँ आगे बढ़ पानी पिलाने लगी। प्यास की शिद्दत समाप्त हो गई तो ज्ञान बड़ी माँ की तरफ बढ़े। गोद में सिर रखते ही गाढ़ी नींद में सो गए। पता ही न चला कि रात कब खत्म हो गई। बाहर आहट हुई तो नींद खुली। देखा, दिन के आठ बज रहे थे। सामने बाबूजी दरवाजा

खटखटा रहे थे और माँ को डाँटे जा रहे थे, "मैं पूछता हूँ कि ज्ञान को इस कमरे में किसने सुलाया?" ज्ञान को स्वप्न की बात याद हो आई। देखा, कमरा सचमुच बड़ी माँ का ही था।

□

ज्ञान देर तक परेशान रहे। स्वप्न की बातें बार-बार याद आती रहीं। बड़ी माँ का चेहरा आँखों से ओझल न हो रहा था। उधर गाँव के हालात कुछ ज्यादा ही खराब हो रहे थे। कई घटनाओं के बावजूद लोग चेत नहीं रहे थे। सरकार अपने स्तर से हर जरूरी इंतजाम कर रही थी। अखबार व समाचार चैनल्स महामारी की भयावह स्थिति से बार-बार आगाह कर रहे थे, लेकिन लोग इसे गंभीरता से नहीं ले रहे थे। शादी-ब्याह और भोज-भात का सिलसिला बदस्तूर जारी था। खुद बाबूजी ही अपनी आदत से बाज नहीं आ रहे थे। माँ कहती थी कि उन पर नारद भगवान् का पहरा पड़ा रहता है। जब तक चारमुहानी का चार चक्कर लगा नहीं लेते, भोजन हजम नहीं होता। दुआरे बैठते तो मजमा लगाए रहते। सामने घर से शिवदेनी काका आ जाते। बाबूराम बाबा भारी बतगूँजन मनई थे। चलते तो चार-पाँच जोड़ीदार साथ होते। आस मोहम्मद चाचा कभी असालतन आसाम रहते थे। अब गाँव रहने लगे थे। हजरत भोरे-भोर हाजिर हो जाते और सारे दिन जस-के-तस जमे रहते। थोड़ी देर ताश-पचीसी होती, फिर पूरे दिन देस-दुनिया की चर्चा होती रहती। बाबूजी खुद कभी विदेश नहीं गए थे, लेकिन बखान ऐसे करते, जैसे अमेरिका, ऑस्ट्रेलिया अक्सर आते-जाते रहे हों। इसमें इंग्लैंड की तारीफ कुछ ज्यादा ही होती। गेनिया मुड़ी गिनकर माँ को बता देता। चाय-नाश्ता चलता रहता। तिजहरिया ढल जाती, लेकिन बाबूजी की मजलिस खत्म नहीं होती। माँ खींसें निपोरकर रह जाती। ज्ञान ने कई बार गनपत भैया को इस बैठकी के विरुद्ध चेताया, लेकिन उनकी हिम्मत न हुई कि बाबूजी को बोलें। माँ ने भी दो टूक जवाब दे दिया, "बेटा, तेरे बाबूजी को समझाना मेरे बस-बूते की बात नहीं है। घर में घटना घट चुकी है, फिर भी उनके कान पर जूँ नहीं रेंगती। अब मैं क्या करूँ?" ऐसे आठ दिन गुजर गए। इसमें यह हुआ कि ज्ञान और हसन मिलकर अपने स्तर से जहाँ तक हो सका, लोगों को बाखबर किए और बीमारों की सेवा की। लेकिन यह ऊँट के मुँह में जीरे के समान था। उधर छुट्टियाँ खत्म हो रही थीं। जाना जरूरी था। चेल्सी के बार-बार फोन आ रहे थे। वहाँ वह परेशान थी। गनीमत रही कि अम्माँ की तबीयत ठीक हो गई। सो हसन ने मन बना लिया कि ज्ञान के साथ ही आठवें दिन निकल

चला जाए। अब नेहा को लाना जरूरी था। वैसे बच्चों के लिए माँ ने भी नाक में दम कर दिया था।

☐

दूसरे दिन गनपत को लेकर ज्ञान ससुराल के लिए रवाना हो गए। दूरी हालाँकि चार घंटे की ही थी, लेकिन रास्ते में दो जगह पुल निर्माण का काम चल रहा था, सो पाँच मील अंदर दियारा होकर जाना पड़ता था। स्वयं तो सालों बाद जा रहे थे, लेकिन गनपत को पत्ते-पत्ते की जानकारी थी। जब दियारा क्षेत्र में घुसे तो चार बज रहे थे। चाय की इच्छा हुई तो सामने एक हाट देख गाड़ी खड़ी कर दी। हाट क्या थी, दो-तीन हिलती-डुलती झोंपड़ियों की जगह भर थी। पूरी हाट में महज एक चाय की दुकान थी। टीन के डब्बे पर बैठा एक बंदा गोइंठा सुलगाकर चाय बना रहा था। खूँटे पर पटरा रख बेंच बना दी गई थी, जिस पर दो-तीन आदमी बैठे हुए थे। बगल में ईंट पर बैठा दूसरा बंदा लोगों की दाढ़ी बना रहा था। कुछेक दुकानें सोडा-साबुन और बीड़ी-माचिस की थीं। एकाध पंसारी ने जमीन पर ही चादर बिछाकर दुकान लगा ली थी, जिनमें हल्दी, मिर्च और धनिया रखे हुए थे। मुट्ठी भर मनिहारी की दुकानों में गरीब सुहागनों के लिए लहठी-चूड़ी और सिंदूर-बिंदी सजे हुए थे। कुछ औरतें मोल-भाव कर रही थीं। कुछेक ललचाई नजरें अपने खूँटे में पड़े पैसों का अंदाजा लगा रही थीं कि इसमें क्या-क्या आ सकता है ? जिनके बस-बूते की बात नहीं थी, वे हाट से निकलती जा रही थीं, लेकिन बार-बार पलटकर एक नजर देख लिया करती थीं। कुछ औरतें कोन-सुतनी लेकर बैठी थीं। कुछेक दुकानदार मोटे चावल-दाल भी लिये हुए थे, लेकिन वहाँ कोई खरीदार नहीं था। ज्ञान ने गौर किया, पूरी हाट में खरीदनेवाले से ज्यादा बेचनेवाले बैठे थे। पूछा तो चायवाला बताया, "बाबू, ई पूरा इलाका साल के आधे दिनों पानी से भरा रहता है। कोई रोजी-रोजगार नहीं मिलता, सो गाँव-के-गाँव हरियाणा, पंजाब और लुधियाना ही रहते हैं। जब से वह अफतिया बीमारी चली है, लोगों के आते-जाते ही साल निकल गया। अब चेटे चार पैसे हों, तब न बर-बिक्री! बाजार की दशा देख ही रहे हैं। धन्य भाग्य हो उन हाकिम-हुकामजी का कि कुछ दिन गाँव-गाँव लंगर चलाते रहे। भात-दाल पर आलू, बैगन की तरकारी ढेर दिन पर मिली थी। कभी-कभी तो चटनी के साथ पापड़ भी मिल जाता था। ओह, दिन कितने मजे से कटे थे! भगवान् उन हाकिमजी को खूबे बढ़ंती दें।" चायवाला बिंदास बोले जा रहा था और बैठे लोग गुजरे दिन याद कर अघाने लगे थे। तभी ज्ञान टोके, "भाई, बीमारी तो इस साल भी आई है।

क्या तुम्हें मालूम नहीं?" चायवाले की ही नहीं, बैठे तमाम लोगों की आँखें चमकने लगीं। दाढ़ी बनाते बंदे से रहा न गया। उछलकर खड़ा हो गया और चिल्ला-चिल्लाकर कहने लगा—"सुनो...सुनो...सुनो! ई बाबूजी बता रहे हैं कि पिछले सालवाली वह बउरकी बीमारी फिर चली है। मतलब साफ है। भात-दाल के ऊपर चोखा-चटनी का इंतजाम फिर हो गया...! हा...हा...! जय हो...जय हो...!" ज्ञान ने देखा, लोग खुशी में उछलने लगे थे। गनपत ने उन्हें इशारा कर गाड़ी की तरफ बुलाया। अब वहाँ बैठना मुश्किल होने लगा। सो ज्ञान बोझिल मन से चायवाले को पैसे दिए और चुपचाप चल दिए।

□

नेहा और बच्चों को लेकर ज्ञान दूसरे दिन ही गाँव लौट आए। आठ दिन बीतते देर न लगी। लंदन लौटने का समय हो गया। यह वाहिद सफर था कि लौटते समय कोई खुश न था। बच्चों को दादा-दादी और नाना-नानी की तिलस्मी दुनिया से निकलना कुछ ज्यादा ही अखर रहा था। सो पूरा सफर खामोश ही चल रहे थे। वही सितलपुर, वही सोनपुर, वही जे.पी. सेतु और वही शांत बहती पतित पावनी गंगा मैया, सब वही थे, लेकिन उनमें आते समय जैसा आकर्षण नहीं था। दुर्भाग्यवश डॉ. हसन का टिकेट कंफर्म नहीं हुआ, सो उन्हें मजबूरन गाँव रुक जाना पड़ा। पटना पहुँचाकर गनपत चलने को हुए तो ज्ञान बोले, "भैया, बाबूजी को बोलिएगा कि तनिक सूझ-बूझ से काम लें। समय की संवेदनशीलता को पहचानें। वक्त समझदारी का है और बचाव ही बीमारी से बचने का सबसे बड़ा उपाय है। हसन को भी हिम्मत देते रहिएगा।" फिर बच्चों को आशीर्वाद देकर गनपत उदास मन लौट गए। ज्ञान बोर्डिंग पास और सिक्योरिटी जाँच के लिए आगे बढ़ गए।

□

चेल्सी वेल्स बड़ी प्यारी बंदी थी। मम्मा के गुजर जाने के बाद पिता ने जब दूसरी शादी कर ली तो आँगन में उदासी उतर आई। सुबह से लेकर शाम तक चहकनेवाली चिड़िया चंचलता खो बैठी। पिता नई माँ को लेकर सुबह-सवेरे निकल जाते और गई शाम लौटते। अकेलापन सालता तो खिड़की से लंदन की गलियों से गुजरते राहगीरों को निहारती। पिता से कुछ पूछती तो नई माँ कूदकर बीच में आ जाती। बात-बात में कहासुनी हो जाती। बेटी को सीने से लगाए रखनेवाले पिता अब बेटी से दूरी बनाने लगे। और हद तो तब हो गई, जब एक दिन यूनिवर्सिटी हॉस्टल में डाल आए। यहीं हसन से पहली बार चेल्सी की मुलाकात हुई। पहली मुलाकात

ही इतनी अहम रही कि दोनों एक-दूजे में खुद की तलाश करने लगे। प्रेम परवान चढ़ता रहा। जब दोनों सेटल्ड हो गए तो शादी भी कर ली। आज उनका अपना घर-संसार है। इधर हसन जब से गाँव गए हैं, चेल्सी परेशान रहती है। दिन के चार घंटे तो ऑनलाइन क्लास लेने में निकल जाते हैं, लेकिन निगोड़ी रात विरहन-सी डँसती है। पति को सुबह-शाम फोन करती है। आजकल कुछ अजीब कैफियत-सी हो रही है। दो बार हॉस्पिटल हो आई है। हसन भी परेशान हैं। चाहकर भी कुछ कर नहीं पाते। जब तक टिकट कंफर्म नहीं हो जाता, लंदन लौट नहीं सकते।

□

धर्मपुर। बाबूजी का रोजनामचा बदस्तूर जारी रहा। गनपत दबी जुबान ज्ञान की बात दोहराने की कोशिश करते रहे, लेकिन बात आई-गई, समाप्त हो गई। जिनके घर महामारी ने हलकी-फुलकी दस्तक दे दी थी, वे जरूर सँभल गए थे, लेकिन इनकी तादाद बहुत कम थी। गाँव की बड़ी आबादी अब भी पुराने ढर्रे पर जिए जा रही थी। भोज-भात और शादियों का सिलसिला चल ही रहा था। लेकिन ऐसा लंबा चल न सका। खबर आई कि शहर में एक बार फिर बीमारी ने भयंकर रूप ले लिया है और इस बार इसकी लहर कुछ ज्यादा ही प्रलयंकारी है। मनहूस बीमारी राक्षसी सुरसा की तरह विकराल रूप धारण किए जा रही थी। इसका ग्रास पहले वे ही लोग हो रहे थे, जो बिला वजह बाहर निकलते थे। जो न मास्क लगाते और न सामाजिक दूरी का पालन ही करते थे। फिर ये जहाँ जाते, बीमारी को साथ लिये जाते। एक बीमार होता तो चार को बीमार कर देता। तफरीह में शहर जानेवाले लोग गाँव लौटते तो बीमारी भी साथ लाते। फिर घर, परिवार, अड़ोस-पड़ोस में फैलाते रहते। नतीजा बुरा हुआ। धीरे-धीरे परिजनों के गुजरने की संख्या बढ़ने लगी। और जब यह आँकड़ा हद पार करने लगा तो कुछ कड़े कदम भी उठाने पड़े। चौक-चौराहों पर सख्ती की जाने लगी। लेकिन लोग फिर भी बाज नहीं आ रहे थे। जब मुख्य मार्गों पर कड़ाई होती तो पगडंडियों से निकल जाते। उधर बड़ी मुश्किल से हसन को जाने का कंफर्म टिकट मिला था।

हसन दूसरे दिन जाने की तैयारी कर ही रहे थे कि गनपत भागे हुए आए और जो समाचार सुनाया तो पैरों तले जमीन खिसक गई। मालूम हुआ कि बाबूजी की हालत बिगड़ गई है और उधर जनहित में लॉकडाउन भी लग गया है।

□

दोहरी मार पड़ी हसन पर। बंदिशें बढ़ीं तो मुल्क से निकलना मुश्किल हो

गया। उधर बाबूजी की तबीयत बिगड़ती जा रही थी। ज्ञान और चेल्सी के लगातार फोन आ रहे थे। चेल्सी चाहती थी कि हसन जल्द-से-जल्द लंदन लौट जाएँ, जबकि ज्ञान चाहते थे कि जैसे भी हो, जितना भी पैसा लगे, लेकिन बाबूजी को बचाया जाए। अब किसको क्या जवाब दें? बाबूजी की थोड़ी सी लापरवाही ने बड़ी बीमारी को न्योता दे दिया था। नतीजा, आज शहर के बड़े अस्पताल में पड़े हैं और गिनती की साँसों के मोहताज हो रहे हैं। डॉ. हसन की पहचान के यहाँ कई दोस्त डॉक्टर हैं, जो रात-दिन एक किए हुए हैं। कहीं कोई कमी न रखी जा रही है। एहतियातन माँ को गाँव ही छोड़ दिया गया है। साथ में गनपत हैं, जो भाग-भागकर जरूरी दवाओं का इंतजाम कर रहे हैं। हसन साए की तरह साथ लगे हैं। अब आगे ऊपरवाले की मेहरबानी। आज चौथा दिन है। आई.सी.यू. का दरवाजा जब भी खुलता है, हसन दौड़ पड़ते हैं। स्थिति यथावत् बनी हुई है। सुबह से शाम तक ऐसे ही चलता रहता है। गनपत भागकर गाँव जाते हैं और माँ को दिलासा देकर चले आते हैं। ज्ञान चाहकर भी कुछ नहीं कर पा रहे हैं। जब भी फोन करते हैं, हसन हालात से वाकिफ करा देते हैं। जब ज्ञान का गला भरने लगता है तो सिर्फ इतना ही कहते हैं, "यार, उम्मीद का दामन न छोड़ो। दुनिया की तमाम दवाएँ कम पड़ सकती हैं, लेकिन सृष्टि के रचयिता की कृपा कभी कम नहीं पड़ती। मैंने खुद अपने अब्बू को खोया है, लेकिन यकीन रखना यार, अगर ऊपरवाले ने उनके हिस्से की उमर बचा रखी होगी तो मेरे जीते-जी बाबूजी का कुछ न बिगड़ेगा।" फिर दोनों तरफ आँखें बरसने लगतीं। एक परमपिता परमेश्वर के सान्निध्य में हाथ जोड़ लेता तो दूसरा रब्बुल आलमीन की मुकद्दस दरगाह में दुआ के लिए हाथ उठा लेता। और...और...सचमुच दिल की गहराई से की गई दुआ का नतीजा बहुत बेहतर हुआ। ठीक चौदहवें दिन बाबूजी की रिपोर्ट बढ़िया आ गई। आई.सी.यू. से निकाल सामान्य वार्ड में ला दिए गए। बीसवें दिन डॉक्टरों ने फिर जाँच की और सबकुछ सामान्य देख छुट्टी कर दी। जहाँ पूरे धर्मपुर में सन्नाटा छाया हुआ था, वहाँ फिर बल्ले-बल्ले होने लगी। ज्ञान रो-रोकर हसन का शुक्रिया अदा करते रहे।

□

बाबूजी के सही-सलामत लौटने की खबर केरासीन के तेल की तरह पूरे इलाके में फैल गई। लोग भाग-भागकर देखने आने लगे। जब पूरा गाँव जश्न में डूबा हुआ था तो एक बुरी खबर आई। मालूम हुआ कि डॉ. हसन खुद भी बीमारी की चपेट में आ गए हैं। फिर क्या था, लम्हों में मिली खुशी सुलगते कर्पूर की तरह

स्वाहा हो गई। सारा गाँव मायूस हो गया। दौड़-दौड़कर बीमारों को बचानेवाला खुद ही बीमारी की गिरफ्त में आ चुका था। हसन उसी हॉस्पिटल में रखे गए, जिसमें थोड़े दिन पहले बाबूजी रखे गए थे। एक बार फिर दुआ में हाथ उठने लगे। लेकिन शायद ऊपर वाले को कुछ और ही मंजूर था। तमाम दुआ और दवाओं के बावजूद हसन को बचाया न जा सका। किसी को विश्वास नहीं हो रहा था, लेकिन यह सच था। दर्जनों को जिंदगी की जंग में जितानेवाला योद्धा अपनी ही जंग हार चुका था। गाँव में मातम पसर गया। बूढ़ी अम्माँ की आँखों के आगे अँधेरा छा गया। खबर ज्ञान को मिली तो मूर्च्छित हो गए। चेल्सी को बताने की हिम्मत न हुई।

□

महज माह भर बीमारों की की गई खिदमत ने हसन को मसीहा बना दिया था। और जब इस मसीहे की मैयत चली तो पूरा धर्मपुर सड़कों पर उतर आया। सभी नम आँखों से विदा कर रहे थे। कहते हैं, जिंदगी तो ऊपरवाले की अमानत है। जो इस अमानत में खयानत नहीं करते, उन्हें ऐसी ही मौत मिलती है। वरना मरने-जीने का सिलसिला तो सृष्टि के साथ शुरू हुआ है और सृष्टि के साथ चलता ही रहेगा। कुछ लोग ऐसे नसीबवाले होते हैं, जिन्हें ऐसी प्यारी मौत मयस्सर होती है। जब जनाजा गाँव से बाहर जाने लगा तो अम्माँ सामने आकर बोली, "जानती हूँ बेटा! जहाँ जा रहे हो, वहाँ से कोई लौटता नहीं। देर-सवेर सबको वहीं जाना है। एक काम जो जिंदगी में कर न सकी, उसे अब कर लेना चाहती हूँ। वैसे तूने इस काम के लिए मुझे वक्त ही कहाँ दिया! मेरे लाल, मैं नहीं चाहती कि तेरे कंधे पर कोई बोझ साथ जाए। लिहाजा मैं तुझे अपना दूध बकसती हूँ।" फिर अम्माँ ने दामन फैलाकर दुआ दी और भीड़ से निकल गई। बाबूजी ही नहीं, जनाजे में शरीक तमाम लोग बिलख-बिलखकर रो पड़े। थोड़ी दूर पर कब्रिस्तान था। लोगों ने देखा, बाप के पायताने बेटे ने जगह ले ली और सुपुर्दे खाक हो गए।

□

कुछ हफ्ते, दिन, महीने बीते। गाँव ने जीने का ढंग बदल लिया। लेकिन यह जो बदलाव हुआ, वह दिल से हुआ। चौक-चौराहों से बेमतलब की भीड़ छँट गई। खेती-गृहस्थी पर पूरा ध्यान दिया जाने लगा। महामारी भी बहुत हद तक नियंत्रण में आ गई। बाबूजी की दिनचर्या तो बिल्कुल बदल गई। सुबह की शुरुआत श्रीरामचरितमानस से होने लगी। खुद में सिमटे हुए हाथ मदद के लिए खुल गए। माँ इस बदले व्यवहार को देखती तो निहाल हो जाती। बेटे को बढ़ा-चढ़ाकर

सुनाती। ऐसे ही एक दिन नजर पड़ी। ज्ञान का फोन आया था और बाबूजी कह रहे थे, "बेटा, अब बहुत हो गया। वतन लौट आओ। मैंने जिंदगी और मौत के बीच से गुजरकर देख लिया है। पैसा सबकुछ नहीं है। बीमारी के दौरान अपनी आँखों से करोड़पतियों को कराह-कराहकर मरते देखा है। अब और नहीं देख सकता। परिवार से बढ़कर दुनिया में कुछ भी नहीं। प्यारे पोते-पोतियों को आँख के सामने पलते-बढ़ते देखना चाहता हूँ। दुनियादारी के चक्कर में तुझे हमेशा ही दूर रखा। हो सके तो बूढ़े बाप को माफ कर देना और जितनी जल्दी हो सके, वतन वापस आ जाना। सुन रहे हो न बेटा, मैं इंतजार करूँगा।" सुनकर माँ देर तक सिसकती रही। उधर ज्ञान को लगा कि कारून का खजाना हाथ लग गया। वतन-वापसी का मन तो पहले से था, बाबूजी की बातों ने राह आसान कर दी। वैसे हसन के चले जाने के बाद मन बिल्कुल न लगता था।

□

ज्ञान ने लौटने की तमाम औपचारिकताएँ पूरी कर लीं। हॉस्पिटल से अपना पूरा हिसाब-किताब कर लिया। अब एक बोझ था, जिसे साथ नहीं ला सकते थे—चेल्सी को हसन के बारे में सही बात बता देना। अब तक हिम्मत न कर पाए थे, लेकिन बता देना अब मजबूरी थी। कलेजे पर पत्थर रखकर पत्नी सहित चेल्सी के पास पहुँचे। संजोग से चेल्सी घर पर ही थी। चेल्सी जानती थी कि ज्ञान हसन के गाँव से हैं और दोनों गहरे दोस्त भी हैं। सो देखते ही उछल पड़ी। दौड़कर चाय लाई और सर्व करते हुए बोली, "प्लीज, टेल मी एबाउट योर फ्रेंड। व्हाई ही इज नॉट कमिंग हियर? आई एम सो एंगजेस एबाउट हिम।" आगे के लिए ज्ञान तैयार नहीं थे। लेकिन हकीकत को कब तक दबाकर रखते! बोले, "सॉरी मि. चेल्सी, आई एम सो सॉरी टू से दैट मि. हसन इज नो मोर नाउ। ही पास्ड अवेय।" वज्रपात हुआ चेल्सी पर। आँखें फैलने लगीं। मुँह खुला तो चीख उभरी, "व्हाट... ! कांट बिलीव!" और चेल्सी संज्ञाशून्य-सी हो गई। ज्ञान और नेहा सँभालते रहे, सांत्वना देते रहे। लेकिन चेल्सी चुप न हो सकी। बहुत देर के बाद उसने सिर उठाया तो लरजते स्वर में बोली, "बट, हसन चीटेड मी... !"

□

समय तेजी से भागा। दो साल बीत गए। इस बीच बहुत कुछ बदल गया। बीमारी बीते दिनों की बात हो गई। जिंदगी फिर से ढर्रे पर लौट आई। स्कूल खुले तो बच्चों को अपना संसार मिल गया। रेलों ने रफ्तार पकड़ी तो रोजी-रोजगार के

अवसर भी आए। घरों में कैद जिंदगी को खुला आसमान मिला तो परवाज दूना हो गया। धर्मपुर गाँव भी फिर से गुलजार हो गया। जब से ज्ञान यहाँ रहने लगे, बहुत कुछ बदल गया। दरवाजे पर ही छोटा सा दवाखाना बन गया। गनपत और गेनिया को घर बैठे काम मिल गया। महतो टोली का भोला नहीं चाहता कि अब उसे कोई झोलाछाप कहे, सो मुकम्मल इल्म की खातिर ज्ञान के साथ रहने लगा।

□

ज्ञान सबकी नि:शुल्क सेवा करते हैं और खुश रहते हैं। अब किसी को शहर जाने की जरूरत नहीं पड़ती। बाबूजी का अधिकांश समय सत्संग में बीतता है। बच्चों को उँगली पकड़ स्कूल ले जाते हैं और मस्त रहते हैं। हसन की अम्माँ की जिंदगी भी बदल गई है। पड़ोस के छोटे-छोटे बच्चों को जमा कर लेती हैं। उन्हें नहलाती हैं, खिलाती हैं और पूरा दिन उन्हीं के साथ खेलती रहती हैं। नमाज कभी कजा नहीं होती। ज्ञान ने एक और बड़ा काम किया। दो समितियाँ बनाईं। एक बड़े-बुजुर्गों की और दूसरी युवकों की। बड़े-बुजुर्गों की समिति का काम अपने अनुभवों के आधार पर परामर्श देना था। जबकि युवा समिति का काम उसे लागू करना था। संसाधन जुटाने का कार्य ज्ञान ने अपने कंधों पर ले लिया। शिवदेनी काका कोषाध्यक्ष और आस मोहम्मद चाचा नायब सदर बना दिए गए। ज्ञान ने गौर किया। गाँव की अधिकतर आबादी महज दो जून की रोटी की खातिर परदेस-पलायन कर जाती थी। इसलिए सहकारी खेती को फिर से अमलीजामा पहनाया जाने लगा। काश्तकारों ने अपनी जमीनें दे दीं। खुद बाबूजी ने अपने हिस्से की तमाम खेतियाँ सहकारी समिति को सौंप दीं। मेड़ें टूटने लगीं। प्रधान का पोखर फिर से अपने पुराने रूप में आ गया। जो श्रम पंजाब, हरियाणा और लुधियाना के शहरों में लगते थे, अब गाँव में लगने लगे। माथे का पसीना जब जमीन में समाया तो फसलें लहलहा उठीं। गन्ने की गरिमा वापस आ गई। धान-गेहूँ, दलहन, तिलहन से गाँव भर गया। जब नाना प्रकार की हरी सब्जियाँ थाली में आने लगीं तो सबकी सेहत में सुधार होने लगा। पशु फिर से पाले जाने लगे। गाय-भैंसों की संख्या अप्रत्याशित रूप से बढ़ गई। अब दूध-दही के लिए शहर-बाजार पर निर्भरता न रही। करमू काका का कुआँ फिर से निर्मल जल देने लगा। चंद ही दिनों में धरती सोना उगलने लगी। बापू अक्सर कहा करते थे—"पृथ्वी सभी मनुष्यों की जरूरत पूरी करने के लिए पर्याप्त संसाधन प्रदान करती है, लेकिन लालच पूरी करने के लिए नहीं।" यहाँ यह स्पष्ट दिख रहा था। लेकिन एक कमी रह गई थी। लोगों ने लालच में जिन दरख्तों की

जिंदगी ले ली थी, उनकी सूद समेत वापसी। सो अभियान चलाकर पेड़ लगाए जाने लगे। बरसात का दिन वृक्षारोपण के लिए समर्पित रहता। परिणाम मिलने लगे। बीजों ने जब मेहनत की नमी पाई तो उनसे निकलीं कोंपलें धरती का सीना चाककर बाहर आने लगीं। मनोरम दृश्य आँखों को सुहाने लगा। कतार में लगे प्यारे पीपल-नीम के पौधे अपने पत्ते हिला-हिलाकर नई पीढ़ी का शुक्रिया अदा करने लगे। पटसन की पैदावार से कुटीर उद्योग चल पड़े। यह घर बैठी औरतों की कमाई का जरिया बन गया। हौसले बुलंद हुए तो हुनरवाले हाथों ने कमाल दिखाने शुरू कर दिए। एक ईमानदार कोशिश ने गाँव की दशा और दिशा बदल दी। गाँव आत्मनिर्भर हुआ तो बचे-खुचे प्रवासी भी लौट आए। कल तक गाँव अपनी जरूरतों के लिए शहर जाता था, अब शहर अपनी आवश्यकताओं के लिए गाँव आने लगा। देखते-देखते धर्मपुर का अनुकरण अन्य गाँव के लोग भी करने लगे।

□

आज एक अजीब वाक्या हुआ। सुबह-सवेरे स्नान-ध्यान करके बाबूजी मानस का पाठ कर रहे थे। तभी एक चमचमाती कार दरवाजे पर आकर खड़ी हुई। कार का गेट खोल ड्राइवर बाहर आया और पूछा, "क्या यही डॉ. ज्ञानप्रकाश का घर है?" बाबूजी ने 'हाँ' में सिर हिलाया। फिर ड्राइवर दौड़कर कार तक गया और अंदर बैठी सवारी को बताया। सवारी ने दूसरा सवाल किया। ड्राइवर फिर पलटकर आया और पूछा, "क्या डॉ. ज्ञानप्रकाश से भेंट हो सकती है?" बाबूजी ने "क्यों नहीं?" कहकर बेटे को आवाज लगाई। ज्ञान ब्रश करते बाहर आए और कार के सामने खड़े हो गए। अनुमान किसी नतीजे पर पहुँचता, तब तक सवारी बाहर निकली। ज्ञान ने जो देखा तो आँखों पर सहज विश्वास न हुआ। यह दुनिया के अद्‌भुत नजारों में से एक था। लेकिन यह सच था। और इस सच ने ज्ञान को वह खुशी दी, जिसका अनुमान उन्हें सपने में भी नहीं था। फिर तो ज्ञान होश में न रहे। जोर से चीखे। सुनते ही माँ, नेहा, गनपत भागे आए। सबने देखा, सामने चेल्सी खड़ी थी और गोद में दो-ढाई साल का बच्चा खेल रहा था। नेहा दौड़कर चेल्सी के गले लग गई। ज्ञान ने बच्चे को गोद में उठा लिया और चूमते हुए बोले, "आखिर जाते-जाते मेरे यार ने हमें अपना अनमोल खजाना सौंप ही दिया। तेरा यह एहसान ताउम्र याद रखूँगा दोस्त! तुसी ग्रेट हो हसन! तुसी ग्रेट हो!" सुनना था कि बाबूजी चीख-चीखकर रो पड़े। कभी बहू को देखते, कभी बच्चे को निहारते। जान देकर जान बचानेवाला अपनी निशानी छोड़ गया था। नेहा चेल्सी के गले लग देर तक

रोती रही। फिर अंदर ले जाने लगी। तभी माँ को पता नहीं क्या सूझा कि तेजी से भागकर आँगन गई और आरती का थाल लिये बाहर आई। बहू की आरती उतारी, बलैया लीं, फिर घर में ले गई। विलंब से आई बड़ी खुशी ने बड़ा शोर मचाया। कानोकान पूरे गाँव को खबर हो गई। फिर क्या था? लम्हे न लगे, दुआरे एक बार फिर मजमा लग गया। अब बाबूजी तीन बच्चों को लेकर गाँव घूम रहे थे। बड़े दो उँगली पकड़कर चल रहे थे। नन्हा फरिश्ता कंधे पर बैठा था। कभी काटने से वक्त नहीं कटता था। आज वही वक्त तेजी से भागा जा रहा था। बहरहाल, साँझ हुई। धर्मपुर और नुरैन मियाँ के टोले के प्रमुख लोग साथ बैठे। बाबूजी दिल खोलकर बोले। आपस में कुछ मंत्रणा हुई और जो तय हुआ, उसे गुप्त रख लिया गया।

□

रात बीती। सवेरा हुआ। बाबूजी चेल्सी के भी बाबूजी बन गए। ज्ञान बड़े भाई की भूमिका में आ गए। लाख मना करने पर भी माँ न मानी। अपने हाथों से चेल्सी को दुलहन की तरह सजाया। फिर फूलों से सजी कार में बैठाया। नेहा बच्चे को गोद में लेकर बैठ गई। कार चल पड़ी। पूरा धर्मपुर पीछे-पीछे चलने लगा। लोग रो भी रहे थे, हँस भी रहे थे। इलाके के इतिहास में शायद पहली बार एक अभागन सुहागन के जोड़े में पिया के घर जा रही थी, जो पिया वहाँ था ही नहीं। थोड़ी ही देर में काफिला हसन के दरवाजे के करीब आ गया। अम्माँ से जानबूझकर खबर छिपा ली गई थी। वे कुछ बच्चों को नहला रही थीं। शोर सुनकर बाहर निकलीं। सामने प्रेमबाबू खड़े थे। उन्हें ठिठोली सूझी। अम्माँ की आँख पर हाथ रख दिए। नेहा चेल्सी को लेकर बाहर आई। फिर अम्माँ की आँख से अचानक हाथ हटाकर बोले, "भावज! पहचानिए, सामने कौन खड़ा है?" तभी ज्ञान बच्चे को एकदम सामने ले आए। अम्माँ देर तक देखती रहीं। फिर चेहरे पर मुस्कान उभरी। बोलीं, "मेरा हसन भी बचपन में बिल्कुल ऐसा ही था। मगर भाई साहब, यह दुलहन कौन है? यह बच्चा किसका है? और आप लोग अचानक इसे यहाँ क्यों लाए हैं?" अम्माँ के सवाल खत्म नहीं हो रहे थे। तभी ज्ञान की माँ आगे बढ़ीं और कहने लगीं, "दीदी, ये चाँद-सितारों सी दुलहन आपकी बहू है। ये फूल-सा बच्चा आपका पोता है।" "क्या... ? क्या ये सच है?" "हाँ दीदी, ये आप ही का खून है।" कहना था कि पोखर के पानी की तरह शांत पड़े अम्माँ के आँसू टप-टप गिरने लगे। पोते को गोद में उठाकर चूमने लगीं। अम्माँ आज रो रही थीं और कहे जा रही थीं, "मेरा वारिस, मेरे हसन का वारिस! मेरा हसनवारिस!" बच्चे ने दादी की उँगली पकड़

ली और जोर से खिलखिलाया। फिर तो बूढ़ी दादी बच्ची बन गईं। कभी वे पोते की नाक पकड़तीं, कभी पोता उनकी नाक पकड़ लेता। सबने देखा। चेल्सी दौड़कर अम्माँ के गले लग गई और देर तक रोती रही। मुल्क की सरहदों पर हम चाहे लाख खुरदार तार लगा लें, लेकिन इंसान के आँसुओं का रंग नहीं बदल सकते। यहाँ भी आँसुओं में कोई फर्क नहीं था। वे समान रूप से बहे जा रहे थे!

□

रहिमन पानी राखिए...!

चुनिया मय गाँव कह आई, मइया आज धान का भात बना रही है। रनिया न मानी—बक लबरी, सगरी गाँव तऽ कोदो, चीना, साँवाँ व मकई का भात खाता है। तोरे इहाँ सुरुज का पच्छिम में उगे हैं? धत्, जहाँ गाछ ना बृक्ष, तहाँ रेंड़ प्रधान! चुनिया किरिया खा बोली, "तू न पतियाती है तऽ चल के देख ले। भला मामा के आने पर धान का भात न बने तऽ कब बने? मइया भोरे-भोर सहुआइन से ले आई है। उ तऽ ना दे रही थी। बाकी मइया भी लिये बिना ठौर न छोड़ी। बोली, 'भले सेर भर चाऊर के बदले आषाढ़ में पाँच दिन रोपनी, चाहे सावन में सात दिन सोहनी करवा लेना बाकी आज इज्जत रख लो।'" चुनिया की बात में दम था। सो शक की गुंजाइश न रही। तब उधारी ऐसे ही मिलती थी। कर्ज के लिए खुद को दाँव पर लगाने से लोग बाज न आते थे। शक्तियाँ चंद मुट्ठियों में सिमटी थीं। "तब तो बताशे भी मिलेंगे?" जीभ चटकाती रनिया बोली। "काहे ना... ? तू तनिक हमरी बछिया-बकरी को साथ लिये आना। चितकबरी पर नजर रखना, रेहन में निरासी बड़ी तेज भागती है। मामा कभी आ सकते हैं।" चुनिया कुलाँचे मार फुर्र हो गई।

जब घर पहुँची तो मामा सचमुच आ गए थे। मइया उनके पैर पकड़ रो रही थी। बीच-बीच में मामा मइया को चुप करा रहे थे। बारे बरिस से थमे आँसू रिश्तों की नमी पा रिसने लगे। फिर बाँध तोड़ बह चले। इन आँसुओं में गोतिया-पड़ोसिया व दर-देयाद के ताने-बाने सब बहे जा रहे थे। धनुकी को डोली उतरे चार दिन भी न हुए थे कि निकम्मे पाहुन की परछाईं लाँघ बाबू खेते कटनी करने जाना पड़ा। बहके देवर महावर लगे पैरों पर कैसे फब्तियाँ कसते थे! कलिया आया तो उम्मीद जगी। लेकिन उहो बापे के मुड़ी हाथ धरे पैदा हुआ। जैसे बाँस के जरी बाँसे जनमता है। एक निकम्मा तऽ दूसरा निठल्ला। पिछले सोमारी बाप कटहल तोड़ते पकड़ा गया। उ तऽ मुखलाल माट साहेब भले आदमी थे, जे पाँच बार उठा-बैठी

करा छोड़ दिए। दोसर रहता तऽ हुक्का-पानी बंद करा देता। पानी उठ जाता परिवार का। कलिया तऽ सेर ऊपर पसेरी साबित हुआ। कई बार प्रधान के पोखर से मछली मारते पकड़ाया। खूब पिटाया, बाकी आदत से बाज न आया। अइसही एक दिन जुम्मन चाचा के गाछे चढ़ गया। करीकी जामुन के चक्कर में भुभुन फोड़वा लिया। अगिला दु दाँत स्वाहा हो गए। गाँव में कहीं कुछ खरखराता, लोग चट से पुरवा-साक करने पहुँच जाते। जब अपने सवांग पसंगा घाट निकल जाए तऽ अबरा के मेहरारू को भर गाँव के भौजाई बनने से के रोकेगा? बेचारी कोल्हू के बैल की तरह पिसती रही। कवनो गाछ न मिला जेके साया तले सुस्ताए। धनुकी ढेर देर रोती रही। जब चुप हुई तो गला बझ गया था। बड़की बेटी, मुनिया थरिया में पानी लाई। मइया मामा के पैरों को रगड़-रगड़कर धोती रही। फिर अपने आँचल से पोंछते हुए बोली, "भइया, भउजी का समाचार कइसा है, धिया-पुता सभे निरोग हैं न?" मामा ने सरसरी निगाह घर-दुआर पर डाली, "उफ, आपन पगरी देखें कि बहिन की लुगरी निहारें!" कुछ भी तो न बदला था! बाँस के डोलते खंभों पर हिलती पलानी। बरसात में बरसाती ओढ़ दिन काटता परिवार। सामने कदम का गाछ। बूढ़ा बरगद कब का गिर चुका था। पाकड़ भी उखड़ गई थी। बहन पेवन लगा लुगा पहनी थी। याद है, जब आखिरी बार आए थे तो मुनिया महज चार साल की थी। गोहाटी गए तो वहीं के होकर रह गए। जब लौटे तो सबकुछ बदल गया था। खैर, अब तो मुनिया सयानी भी हो गई थी। देखा, पियरी माटी से आँगन लीप चूल्हा जला ली थी और अब अदहन रखने जा रही थी। पॉकिट से बताशे निकाले और चुनिया को गोदी में बिठा खिलाने लगे। चुन्नी को लगा, चाँद के पार जा रही है। सितारों में सैर कर रही है। आज जानी, मामा कितने प्यारे होते हैं! दुनिया की सारी खुशी मिल गई। काश, इस घड़ी को संगी-सहेलियाँ देख लेतीं! तभी उसे रनिया से किया वादा याद आया। बताशे सहित भागी। मामा मुस्कराए और बहन से पूछा, "बबुनी, पाहुन व कलिया न दिख रहे हैं?" "होंगे दोनों प्रधान के पोखर पर! ना गाँव में घर, ना सरेह में डेरा! शायदे कवनो दिन गुजरे जेहिया बाप-बेटा के ओरहन न आए। ताड़ी-भाँग खा के मताईल होंगे। भूख लगते ही छाती पर असवार हो जाएँगे।" ताड़ का पंखा झलते धनुकी बोली। "रे, मुनिया खातिर कहीं लड़िका ना देखी?" मामा ने बात बदली। "का कहें भैया, घर मिलता है तो वर ना, आ वर मिलता है तो घर ना। चासा-बासा, हाड़-काठ देखे बिना कइसे हाँ कह दें? हम तऽ कछुई के लीला में पड़ गए हैं। एही चिंता आसमान ताकते-ताकते सताहवा

उग जाता है। पांडेपुर में पता चला है। खाता-पीता परिवार है। लड़का पंजाब के फारम में मुंशीगीरी करता है। परियार लड़के ने रामनवमी मेले में मुनिया को देख लिया। मुनिया ओके खूब पसंद है। बाकी बड़ घर में रिश्ता छोटन के बुता से बाहर है। हमन के कहाँ हिम्मत! सुनीला, वो गाँव में एको माटी के घर न है। सड़कियो पक्का है। अब तऽ उहाँ लोहा-लक्कड़ का भारी कारखाना बैठ रहा है। पांडेपुर का तो भागे जाग गया!"

गए तिजहरिया तीन जन खाने बैठे। भात-दाल पर आलू की भुजिया अउर ततवल धनिया की चटनी, ऊपर से सजाव दही। कलिया व उसके बाबू एक थाली में खा रहे थे, जबकि मामा अकेले बैठे थे। मुनिया परोस रही थी। मइया पंखा झल रही थी। चुनिया मामा से मिले नए कपड़ों में तितली-सी इठला रही थी। कभी ममहर न गई थी, लेकिन सखियों से मामा-गाँव का ऐसे बखान कर रही थी, जैसे कल ही लौटी हो। उधर धान के भात पर बाप-बेटे ऐसे टूट पड़े, जैसे हरखुआ मिल से गन्ना गिरा लौटे बैल सानी-पानी देख नाद में नाक डुबा लेते हैं। मइया बार-बार बाप-बेटे को मितव्ययिता का इशारा करती, लेकिन आज सुननेवाला कौन था? खुदा का खैर कहिए कि खाना कम न पड़ा और तीनों भरपेट खाकर उठे। मामा गई रात तक बाप-बेटे को समझाते रहे। सगरी ऊँच-खाल दिखाए। तोख-परतोख दिए। दोनों हुँकारी भरते रहे और वादा किया कि मेहनत से काम करेंगे। परिवार पर पूरा ध्यान देंगे। सुबह हुई। मामा जाने लगे। बहन को भरोसा दिया कि मुनिया की शादी में भरपूर मदद करेंगे। चलने लगे तो सोचा, बहन के हाथ में पाँच-दस दे दें। सो पॉकेट में हाथ डाला। अफसोस, पॉकेट खाली थी। मन मसोसकर रह गए। कुठहरा घाव आ भसुर ओझा! किससे क्या कहें! चुपचाप चल दिए। उधर प्रधान के पोखर पर जश्न जैसा माहौल था। मांस भूजा जा रहा था। तीन लबनी ताड़ी रखी जा चुकी थी। गुरदेलिया, रमसुरता व इंद्रासना जैसे कमासुत पहले से पहुँच चुके थे। भरदुलवा से रहा न गया, सो पूछ बैठा, "भाई, आज किधर हाथ मारे?" कलिया रुआब से बोला, "तुमको आम खाना है कि गुठली गिनना है?" दिन भर भोज चलता रहा। उधर मामा ढेबुआ बिना पाँच कोस पैदल खींच रहे थे। कोई असवारी ना मिली।

दियरी-बाती बाद गोधन कुटाई जब हो गया तो लगन-पताई का शुभ मुहूर्त शुरू हुआ। लोग जातरा बना जहाँ-तहाँ जाने लगे। धनुकी के लिए एक-एक दिन पहाड़-सा गुजरता था। मोलनापुर के महावीरी मेले की बात याद कर सिहरन हो

जाती थी। तब गाँव की ढेरों लड़कियों के साथ चुनिया-मुनिया भी मेला देखने गई थी। भारी भीड़ होने के चलते दोनों बहनें एक-दूसरे का हाथ पकड़ चल रही थीं। मनिहारी की दुकान देख मुनिया का मन ललच गया। किसिम-किसिम के साज-सिंगार मन मोह रहे थे। चूड़ी-लहठी, पायल, अँगूठी व सतरंगी रिबन पर लड़कियाँ टूट पड़ी थीं। लेकिन यहाँ पास में उतने पैसे कहाँ थे? दो रुपए बारह आने में सबकुछ कर लेना था। इसी में गाय के लिए पगहा, बछिया के लिए घुघुर और बाल्टी का उबहन खरीदना था। चुनिया चार बार लेमनचूस व हवा-मिठाई खा चुकी थी। इसमें चार आने निकल चुके थे। जांत-चकरी के लिए जिद पर अड़ी थी। मुनिया ने डाँटकर कह दिया था, "अब अधेले का भी कुछ न किनेगी।" तब से चुनिया ठुनुक रही थी। मइया का तकाजा था, सबकुछ किन-बेसह कर साँझ से पहले घर आ जाना है। और हाँ, पैसा उबरे तो एक जोड़ी खुरपी-हँसुआ भी ले लेना। अब एइमें कोई का खाए, का पिए आ का ले परदेस जाए! मन न माना तो पीछे लौट हिम्मत कर चोटी-जूड़ा अउर सगिया का दाम पूछी। बारह आने में सब आ रहे थे, लेकिन सिंगार के इन सामान के चलते जरूरी चीजों की अनदेखी नहीं की जा सकती थी, सो मन मसोसकर आगे बढ़ गई। मय मेला घूम-घामकर लौट रही थी कि अचानक निरंजना सामने आ गया। एक पोटली थमाते हुए बोला, "रे मुनिया, ई रख ले। सब तोरे लिए है।" और बिना रुके भाग गया। मुनिया हक्की-बक्की रह गई। निरंजना को आवाज लगाई, लेकिन वह तो भीड़ में समा गया था। मुनिया की सारी देह में सुरसुरी समा गई। पोटली खोलकर देखी, उसमें वही सारी चीजें थीं, जिनके भाव मोलाकर लौटी थी। घर वापसी अब आसान न थी। कदम रखना भारी पड़ रहा था। चुनिया को फुसलाया न जा सकता था। अपनी जात-चकरी न मिलने से वह मुँह फुलाए बैठी थी। दोनों चुपचाप चलने लगीं। तभी चुनिया टोक बैठी, "दीदी! ई कौन था? और ई सब तुझे क्यों दिया?" मुनिया ने भरमाने की कोशिश की। "जानती हो, ई परानपुर का निरंजन है।" बचपन में हम लोग साथ बकरी चराते थे। बस अउर कुछ नहीं।" तौलकर जवाब चुनिया दी, "हमरे भी तो बहुत साथी मेला आए थे, जो साथ बकरी चराते हैं, फिर उन लोगों ने मुझे कुछ क्यों न दिया?" क्या जवाब दे मुनिया? चुप हो जाने में ही भलाई थी। जैसे-तैसे घर आया। कलिया व उसके बाबू अभी मेले से लौटे नहीं थे। मइया को सामान दे मुनिया अंदर जाने लगी, तभी चुनिया बोल पड़ी, "दीदी, आ उ सामान दिखा ना, जिसे निरंजना ने तुझे दिया है।" वज्रपात हुआ मुनिया पर। वही हुआ,

जिसका डर था। इसके पहले कि मइया कुछ पूछे, वह खुद सबकुछ बताती चली गई। आखिर उसका कसूर क्या था ? जानबूझकर थोड़े कुछ लिया था ! अपनी बात कह चुपचाप खड़ी रही। ऊपर से भरसक खुद को सामान्य रखने की कोशिश कर रही थी, लेकिन अंदर तो कलेजा लोहार के भाथी की तरह चल रहा था। तभी तड़ाक, तड़ाक कई थप्पड़ जड़ दिए धनुकी ने, "अभागी, कहीं डूब-धँस के मर काहे ना गई कि उ निरंजना से चोटी-जुड़ा, सगिया ले आई। का तू ओकरे आँगन बैठना चाहती है ? रे करमजली तोके अतना भी मालूम नहीं कि ओ गाँव का पानी उठ गया है !" बाल पकड़ धनुकी ढेर देर मुनिया को मारती रही। बाद में बैठकर खुद रोने लगी, "अगर किसी तरह कलिया जान गया तऽ कच्चे चबा जाएगा। बपा तऽ माहुरे खिला देगा।" 'अब समझ में आया, काहे निरंजना पिछली सावनी पूजा पर मुनिया को बार-बार निहार रहा था ! कहीं मुनिया भी... !' सोचकर सिहरन होने लगी। उधर चुनिया अब भी समझ न पा रही थी कि ऐसा क्या हो गया कि मइया इतना आग-बबूला हो गई ? और, और उसी रात धनुकी निरंजना का सारा सामान उसके घर फेंक आई। आते-आते उसकी मइया से दो-दो हाथ भी कर आई। उस दिन चूल्हा न जला। सभी बिना खाए सोए। कलिया व उसके बप्पा से बता दिया गया कि घर में खर्ची खत्म थी। मुनिया मय रात सुबुकती रही। चुनिया ने चुप कराना चाहा तो उसे झिड़क दिया। अब चुनिया पछता रही थी, नाहक ही निरंजनावाली बात मइया से कही। शायद दीदी कभी उससे बात न करे। फिर वह भी सिसकने लगी। आज की रात कुछ लंबी तन गई... !

बात साल पुरानी हो गई, लेकिन टीस ताजी रही। बेटी को लेकर धनुकी कभी निरभेद सो न सकी। वैसे भी सयानी बेटी की माँ और बाढ़ में बाँध पर बसे लोग सो कहाँ पाते हैं ! बाप-बेटा को घर-गृहस्थी से कोई सरोकार न था। कई बार कही, लेकिन कान काटकर तो प्रधान के पोखर पर रखा था ! देखते-देखते होली बीती। चइत चढ़ गया। गाँव में कई घरों में माँड़ो गड़े। जब कई लड़कियाँ ब्याहकर विदा हो गईं तो धनुकी से रहा न गया। उसने मन बना लिया, परसों पांडेपुर खुद जाएगी। अगर साथ-समाज सही मिला और पटरी बैठ गया तो किसी तरह बेटी के हाथ पीले कर देगी। गाय, बछिया, बकरी व कड़ा-छड़ा सब इसी दिन के लिए सँजोकर रखे हैं। कमी-बेसी के लिए भैया की चौखट निराश न करेगी।

टिशन से निकलते ही पांडेपुर के लिए सवारी मिल गई। बारह बजते-बजते जब गाँव का सिमाना शुरू हुआ तो धूप माथे पर आ गई। कहीं गाछ-वृक्ष का पता

न था। पक्की सड़कों को अपने सीने से निकालने के लिए किनारे खड़े घनेरी, शीतल छाँव देनेवाले दरख्तों को अपनी कुरबानी देनी पड़ी थी। धूप इतनी तीखी हो गई कि राह चलना दूभर होने लगा। स्याह स्लेटी सड़क पर सगड़ भागता जा रहा था। बगल से बाबुओं की मोटरगाड़ी धुआँ उड़ाती सर्र से निकल जाती थी। लोहा-लक्कड़ का कारखाना बैठ चुका था। चिमनियों से निकलता धुआँ दूर से ही आसमान में पसरता नजर आ रहा था। मोड़ पर उतर उसने पांडेपुर को भर नजर निहारा, जहाँ बेटी ब्याहनी थी। मालूम हुआ कि काश्तकारों ने अपनी जमीनें कारखाने को दे दी थीं और उसके बदले उसी कारखाने का कुरता पहन उसी में काम करने लगे थे। मजे की बात, सब खुश भी थे! धनुकी ने गाँव को और करीब से देखा। कोई घर कच्चा न था। लेकिन वाह रे जमाना...उन घरों में पानी का पता न था! पिछले चार साल से इधर इंद्र भगवान् ने कृपा न की थी। बादल आए जरूर, मगर बरसे नहीं। भरी जवानी में विधवा हुई धरती के चेहरे से खूबसूरती खींच ली गई थी। धनुकी ने देखा, गाँव का एकमात्र कुआँ सूख गया था। दर्जनों औरतें दूर से पानी लाती दिखीं। तस्वीर धुँधली होने लगी। धनुकी को लगा कि उसकी मुनिया भी उन औरतों के साथ घड़े में पानी ला रही है। बेचारी पसीने से तर-ब-तर है, हलक सूख रहा है और गिरते-पड़ते घर को भागी चली जा रही है। अचानक उसकी नजर धनुकी पर पड़ती है। होंठों पर फीकी मुस्कान उभरती है—“मइया, परानपुर का तो पानी उठ गया था, लेकिन पांडेपुर कौन पानी बचा लिया था, जो मुझे यहाँ ब्याह गई? चलती हूँ माँ, मेरे प्यासे बच्चे पानी बिन बिलबिला रहे होंगे। और हाँ, एक निहोरा जरूर करूँगी, कम-से-कम चुनिया को चंद झूठी आन के नाम पर किसी बंजर जमीन पर मत फेंकना...!” फिर बिना मुड़े मुनिया तेजी से निकल गई। दृश्य साफ हो चुका था। औरतें ओझल हो चुकी थीं। धनुकी खुद में लौटी। इसी बीच पानी-गाड़ी पहुँची और जोर से घंटी बजाई। लोग घरों से निकल पानी के लिए यूँ दौड़ पड़े, जैसे सश्रम कारावास के कैदी घंटी लगते ही अपनी-अपनी थाली ले भोजन के लिए दौड़ पड़ते हैं और डंडे फटकारता जेल का जमादार सीटी मार उन्हें कतार में लगाने लगता है। अनपढ़ धनुकी समझ न सकी कि पांडेपुर का भाग जाग रहा है या बैठ रहा है? लेकिन इतना जरूर समझ में आ गया कि इस गाँव में बेटी न ब्याहेगी। सामने सड़क पर सगड़ टिशन जा रहा था। बिना देर किए धनुकी जा बैठी।

परानपुर! निरंजना के बाबू कलकत्ता के चटकल में जोड़ी ताँत चलाते थे।

हर बैशाखी जब गाँव आते तो खूब इज्जत होती थी। अफसोस, अबकी आए तो वापस न जा सके। भगवान् ने कुसमय ही उठा लिया। निरंजना अनाथ हो गया। आगे-पीछे कोई सहारा न रहा। दिन पहाड़-से लगते। रातें आँसुओं से भीगने लगीं। लेकिन पापी पेट पछतावे के आँसू से कहाँ भरते! मजबूरन, माई-बेटा मजदूरी पर जाने लगे।

साल लगने को आए। मोलनापुर का महावीरी मेला फिर लगा। भले भरदिनहा मेला था, बाकी बरिस भर के लिए जरूरी सामान दे जाता था। अबकी धनुकी खुद मेला गई। चुनिया तो कब से तैयार बैठी थी। दौड़कर मइया की उँगली पकड़ ली। मुनिया न जा रही थी, लेकिन मइया की जिद पर उसे भी जाना पड़ा।

मेला बम-बम बोल रहा था। ढोल-नगाड़े कान फाड़े जा रहे थे। कई गाँव के अखाड़ों का जब मिलान हो गया तो भारी भीड़ उमड़ पड़ी। धनुकी दोनों बेटियों के हाथ पकड़े सीधे मनिहारी की दुकान पहुँची। मुनिया की पसंद की चूड़ियाँ लीं। सगरी साज-सिंगार के सामान खरीदे। चुनिया के लिए गटा-कड़ाका ले रही थी, तभी उसकी नजर निरंजना पर पड़ी। बेचारा उदास खड़ा था। उसकी माँ बेटे के लिए अँगौछी-गंजी मोल ले रही थी। दाम अधिक होने के कारण दोनों जाने लगे। धनुकी तेज कदमों से उधर बढ़ गई। साँझ होने को आई। लोग लौटने लगे। निरंजना फिर दिख गया। जब बाबू जिंदा थे तो मय मेला खरीद लेता था। काँटे भी चुभने से डरते थे, लेकिन अब सँभलकर चलना पड़ रहा था। धनुकी ने देखा, बंदा एकाध सामान सहित चला जा रहा था। फटी गंजी दूर से ही दिख रही थी। तेज कदम भागी और बिल्कुल निरंजना के सामने जा खड़ी हुई। एक पोटली बढ़ाते हुए बोली, "निरंजन बेटा, ये सब तुम्हारे लिए हैं।" फिर उसकी मइया की बाँह पकड़ बोली, "बहन, मुझे माफ कर देना। साल पहले अपनी हुई गलती का बहुत पछतावा है। आज इसी महावीरी मेले में बजरंगबली को साक्षी मान निरंजन को मैं अपने दामाद के रूप में छेंक रही हूँ। शगुन के सवा रुपए रख लो बहन!" "लेकिन हमरे गाँव का तो पानी उठ चुका है। फिर ब्याह की बात... !" कहते हुए निरंजना-माई की आँखें पनीली हो गईं। अपने आँचल से उमड़ आए आँसुओं को पोंछते हुए धनुकी बोली, "मैं...मैं परानपुर का पानी रखूँगी। पुरखों से हुई किसी एक गलती की सजा कई पीढ़ियाँ क्यों भोगें? अपने बच्चों की खुशी में ही हमारी खुशी है।" "फिर मेरी बहू कहाँ है?" खुश हो निरंजना की माँ ने पूछा। धनुकी ने मुनिया की तरफ इशारा कर दिया, जो कुछ दूर खड़ी थी। मइया दौड़ी और मुनिया का माथा चूम लिया।

शगुन की चवन्नी हथेली पर रखते हुए बोली, "बाप रे, ई चाँद-सी दुलहन को कहाँ छुपाकर रखूँगी? जल्दी आ जा बहू, अब तो उँगलियों पर दिन गिनूँगी।" मुनिया की आँखों से आँसू बरसने लगे। दौड़कर मइया को पकड़ ली और चीख-चीखकर रोने लगी। साँझ गहरा रही थी। लोग घरों को भाग रहे थे, लेकिन यहाँ अब किसी को जल्दी न थी। सबने देखा कि सामने चुनिया निरंजना से पोटली खोलने की जिद कर रही थी। उसने पोटली खोली। उसमें वही सारी चीजें थीं, जिनका दाम अधिक होने के कारण मइया खरीद न पाई थी। चुनिया को ठिठोली सूझी। उसने अँगौछी निरंजना के सिर पर ढककर घूँघट-सा बना दिया। सबकी हँसी फूट पड़ी। रोती हुई मुनिया के चेहरे पर साल का सहमा सन्नाटा समाप्त हो गया। वह भी खिलखिलाकर हँस पड़ी!

□

समय पाय तरुवर फले

बब्बन बाबू से जब बर्दाश्त न हुआ तो पत्नी को बिना बताए बाहर चले गए। माया उनके नख-नख से वाकिफ थी, सो अंदर से साँकल लगा टी.वी. देखने लगी। जानती थी, मियाँ की दौड़ मस्जिद तक! आधे घंटे बाद लौटेंगे और शुरू हो जाएँगे—'देखो ना, आज वॉक करते समय पैर में मोच आ गई। सिर चक्कर दे रहा है। एक कप कड़क चाय मिल जाए तो कुछ आफियत हो। थोड़ा शुगर फ्री डाल दो तो मजा आ जाए। अक्सर ऐसा होता था। जब से बनगाँव रहने लगे, सारा रुटीन ही गड़बड़ा गया। कभी साँस लेने की फुरसत न होती थी, आज काटने से वक्त नहीं कटता। तीन बच्चों की शिक्षा-दीक्षा आसान न थी। अनन्या रितेश और राहुल से बड़ी थी। लॉ ग्रैजुएट थी और अब प्रयागराज में रहकर प्रैक्टिस सहित जुडिशियल सर्विस की तैयारी कर रही थी। दोनों भाई दिल्ली रहकर कमीशन की तैयारी कर रहे थे। किसी का चौथा तो किसी का पाँचवाँ अटेंप्ट था। आयोग ने अब तक कामयाबी का ठप्पा न लगाया था। इधर बब्बन बाबू रिटायर भी हो गए। सात साल से शुगर की दवा चल रही थी। बीवी बिना नागा बी.पी. की दवा लेती थी। बात-बात पर लड़ना-झगड़ना चलता रहता था। दोनों एक-दूसरे की कमी निकालने में कोई कोर-कसर न रखते थे। आज भी यही हुआ। बैंक की किश्त समय से जमा न हुई, सो नोटिस आ गया। छोटे के लिए पूरे पाँच लाख लिये थे। उम्मीद थी, बंदा बी.टेक. के बाद प्लेसमेंट पा जाएगा। लेकिन ऐसा नहीं हुआ। अव्वल तो कुछ अच्छी कंपनियाँ कैंपस आई ही नहीं, एकाध आई भी तो इंजीनियर को किरानी के भाव उठाने लगी, सो अच्छे लड़के बिदक गए। इनमें राहुल भी था। उसे तो थर्ड ईयर में ही ब्रांच हेड ने सनका दिया था, "राहुल, तू तो आई.ए.एस. मेटेरियल है यार! ये इंजीनियरिंग छोड़ और सिविल सर्विस की तरफ भाग।" और सचमुच उसने वहीं से दिल्ली

की राह धर ली। तब से मुखर्जी नगर में बड़े भाई के साथ रहता है और किताबों से होकर अपनी मंजिल तलाशता है।

बच्चों की बड़ी माँ यशोदा बगलवाले खपरैल घर में रहती थीं। यही पुश्तैनी मकान था। पेंशन के पैसों से तीन पक्की कोठरियाँ बन गई थीं, जिनमें बब्बन बाबू पत्नी सहित रह रहे थे। बच्चे बराएनाम ही गाँव आते। अरसा हुआ, कभी होली, दीवाली में न दिखे। एकाध बार आए भी तो समाज सौ सवाल ले खड़ा हो गया—'अनिया इतनी बड़ी हो गई, अब तक ब्याहा क्यों नहीं? बड़का के बाल पकने लगे, ई कब तक पढ़ेगा? छोटका का कलेक्टरे बनेगा?' बच्चे क्या जवाब दें! खीसें निपोरकर रह जाते। बड़ी माँ जरूर छतरी बन छा जातीं, "सब समय से हो जाएगा। माथा पीटने से क्या होता है?"

सच मानिए, बच्चों की माँ तो बस यशोदा ही थीं। शिवपुर के श्यामबिहारी बाबू को नंद कुमार में ऐसा क्या दिखा कि कम ही उम्र में बेटी ब्याह दी! तब छोटे बब्बन हाई स्कूल में पढ़ते थे। पढ़ने में जहीन थे और दरजा-दर-दरजा अव्वल आते थे। पारिवारिक हालात कुछ खास बेहतर न थे। माता बचपन में ही स्वर्ग सिधार गई थीं। जब पिता का साया भी सिर से उठ गया तो नंद ने अपनी पढ़ाई छोड़ दी और सारा ध्यान छोटे बब्बन पर लगा दिया। आमदनी का आखिरी जरिया खेती ही थी। खेत कोई खास न थे, लेकिन मेहनत से काम लायक कमाई हो जाती थी। सरकारी वजीफा मंजूर हो गया तो बड़ी मदद मिली। बब्बन और मेहनत से पढ़ने लगे। हाई स्कूल अव्वल दरजे से निकल गया। दो ही साल बाद बब्बन, बाबू बन गए। उनके नौकरी पर निकल जाने के बाद नंद अकेले पड़ गए। खेती-गृहस्थी के बाद चार रोटी बनाना भारी पड़ने लगा। तभी यशोदा ने इस परिवार में प्रवेश किया। बड़ी बारीकी से घर को निहारा। ओफ, औरत बिन आशियाने का क्या मतलब! घर-द्वार करीने से सजाना शुरू किया। चंद दिनों में ही गृहस्थी की गाड़ी पटरी पर आ गई। रब्बी फसलों से बखार भरने लगा। खासकर खरीफ ने तो डेहरियाँ भर दीं। बथान में साँभा-धनपत जब गरदन हिला-हिलाकर खाते और उनके गले में बँधी घंटियाँ बजतीं तो यशोदा को खूब भाता। ये बैल नहीं, घर के सवांग थे। तवे से उतरी पहली रोटी लक्ष्मी को मिलती। साँभा-धनपत को इस पर खासा ऐतराज रहता। अब उन्हें कौन समझाए कि वह गाय न होकर घर की लक्ष्मी थी! सभी नाम से पुकारे जाते। भूल से भी गाँव का कोई उन्हें गाय-बैल बोल देता तो उसे यशोदा की डाँट खानी पड़ती। घर के पिछवाड़े दरख्तों के झुरमुट में एक छोटा सा तालाब था।

यशोदा यहाँ अक्सर बैठा करती। मालकिन को देखते ही मैना, कबूतर, गौरैया हार-के-हार आ जाते। सबको बैठाकर दाना खिलाती। उनमें एक बड़ा ढीठ कबूतर था। यशोदा उसे पाजी कहती। वह इतना शैतान था कि उड़कर यशोदा के सिर पर बैठ जाता, फिर चोंच मारने लगता। यशोदा जब तक दो दाने अपने हाथ से न खिलाती, नीचे न उतरता। नंद देखते तो मन-ही-मन मुस्कराते, 'जब पशु-पक्षियों से यशोदा को इतना प्यार है तो अपने बच्चों के साथ क्या करेगी?' पूरे गाँव में इस परिवार की चर्चा होती। और हो भी क्यों न, नंद राम थे तो बब्बन लक्ष्मण!

बब्बन भी दरमाहे की पूरी रकम भावज को थमा देते। एक दिन की बात है, नंद खाना खा रहे थे। तभी पंखा झलते हुए यशोदा बोली, "कैसे बेदर्द बालम हो जी, मुझ पर तनिक भी तरस न खाते?" पहली बार पत्नी के मुँह से ये शब्द सुन नंद खाना छोड़ ताकने लगे, "क्या गलती हो गई?" यशोदा तनी आँखें नचाकर बोली, "उँगली पर गिनकर बता दो, अकेले मुझसे कब तक बरतन-बासन, चूल्हा-चौका कराते रहोगे? बाबू की शादी क्यों न कर देते? अब बाबूजी तो हैं नहीं, सो पहल तो तुम्हें ही करनी होगी।" बात पते की थी, सो सीधे सीने में उतर गई। रही कन्या की तलाश, तो उसे यशोदा ने चुटकियों में सुलझा दिया। अपनी मौसेरी बहन माया से देवर की शादी करा दी। दिन मजे से गुजरने लगे। दो साल बाद अनन्या का जन्म हुआ। ढेर दिन बाद घर में किलकारी गूँजी। बहन से बेटी पा यशोदा फूली न समाई।

आषाढ़ का महीना था। धान की रोपनी शुरू हो चुकी थी। नंद खेत में लेवाही कर लौट रहे थे। साँभा-धनपत को भूख लगी थी, सो दौड़े चले आ रहे थे। सरही नदी किनारे एक बिगड़ैल साँड़ खड़ा था। बैलों को देखा तो फुरना-फुरना कर आगे बढ़ने लगा। साँभा यह चुनौती बर्दाश्त न कर सका। धनपत ने रोकना चाहा, लेकिन वह न माना। इसके पहले कि नंद उसे सँभालते, वह जा भिड़ा। घमासान युद्ध छिड़ गया। छूटा खाया-पिया साँड़ बीस पड़ने लगा। सांभा को पीछे हटते देख धनपत से भी रहा न गया, वह जुआठ सहित साँड़ पर सींग भिड़ाया। स्थिति बिगड़ती देख नंद जोर से चिल्लाए। लोग खेतों से काम छोड़ दौड़े। लेकिन तब तक देर हो चुकी थी। बैलों को साँड़ से गुत्थम-गुत्था होते देख नंद ने हल से ही साँड़ को हटाना चाहा। दोतरफा हमले से खार खाए साँड़ ने अचानक हल पर जोर का झटका मारा। नतीजा, कंधे का हल हवा में लहराया और सीधे नंद पर आ गिरा। हल का फाल नंद के पेट में जा घुसा। भीड़ देख साँड़ तो भाग गया, लेकिन नंद लहूलुहान हो गए। असह्य पीड़ा उठी और मूर्च्छित हो गए। आनन-फानन में उपचार हेतु शहर

लाया गया, परंतु डॉक्टरों ने जवाब दे दिया। तीसरे दिन बब्बन भी भागे आए और बड़े डॉक्टर के यहाँ ले गए। लेकिन नंद को बचाया न जा सका। यशोदा बदहवास हो गई। आँखों के आगे अँधेरा छा गया। नियति ने चंद दिनों में ही हँसते-गाते छोटे परिवार के सामने दु:खों का बड़ा पहाड़ खड़ा कर दिया। यशोदा तो सुध-बुध ही खो बैठी। सांभा पछतावे में आँसू बहाता रहा। मैना, कबूतर और गौरैयों ने कई दिन तक दाना न खाया। यशोदा को घेर सब बैठ जाते और टुकुर-टुकुर ताकते रहते। कुछ दिन बाद श्यामबिहारी बाबू आए और यशोदा को बुला ले गए। जाते समय छोटी अनन्या ने बड़ी माँ को पकड़ लिया और जोर-जोर से रोने लगी, जैसे कह रही हो कि मइया! मुझे भी साथ ले चलो! बड़ी मुश्किल से बब्बन ने बेटी को अलग किया।

शिवपुर में माह भर बीत जाने के बाद भी यशोदा सामान्य न हुई। पथराई आँखें घंटों आसमान निहारा करतीं। कभी खुद से बातें करती, कभी हँसती तो कभी रोने लगती। बेटी की दारुण स्थिति देख श्यामबिहारी बाबू अंदर से हिल जाते। सगे-संबंधियों को बुलाते और बेटी को समझाते। कम उमर की दुहाई देते और सामने पहाड़-सी पड़ी जिंदगी के लिए हौसला बढ़ाते। माँ सगरी ऊँच-खाल दिखाती और जीने का जज्बा पैदा करती। पति-पत्नी जब अकेले होते तो बेटी की दशा देख बिलख-बिलखकर रोते। दामाद की मौत ने दूना सदमा दे दिया।

एक दिन बब्बन आए और श्यामबिहारी बाबू से बोले, "अनन्या को दूध न पच रहा है। सेहत काफी गिर गई है। रात-दिन चीखती रहती है। कई डॉक्टर को दिखाया, लेकिन कोई फायदा न हुआ। माया जिद पर अड़ी है, दीदी को बुला लाइए। आप कहते तो भाभी को साथ ले जाता... !" गहरी साँस ले श्यामबाबू बोले, "अच्छा किया, जो आप आ गए। हम खुद आनेवाले थे। देखिए, हमने एक फैसला किया है। इसमें सगे-संबंधियों की सहमति भी है।" फिर अगल-बगल देख जब सुनिश्चित हो गए कि उनकी बात कोई सुन नहीं रहा है तो बोले, "हम साल-छह महीने बाद यशोदा की दूसरी शादी कर देना चाहते हैं। मन-ही-मन एक लड़का भी देख लिया है। आखिर पहाड़-सी जिंदगी कैसे जिएगी मेरी बच्ची? देखिए, आप ना मत कहिएगा। खुद को मेरी जगह रखकर सोचिए।" बब्बन अवाक् रह गए। धीरे से बोले, "इसमें भला मैं क्या कह सकता हूँ? लेकिन भाभी की रजामंदी भी तो होनी चाहिए।" यशोदा दरवाजे से कान लगाए सबकुछ सुन रही थी। शादी की बात सुन भागी आई और पिता के पैर पकड़ रोते हुए बोली, "ऐसा अनर्थ न करो, बाबूजी!

आपकी सौगंध खाकर कहती हूँ, कभी इस खानदान की मान-मर्यादा पर आँच न आने दूँगी। बस, इतना रहम करो, मुझे कहीं और विदा न करो।" फिर वह बुक्का फाड़ रोने लगी। आवाज सुन माई, भाई, भौजाई सब चले आए। यशोदा बेतहाशा रोए जा रही थी। एक बार फिर मातम छा गया। अड़ोस-पड़ोस के लोग जमा हो गए। फिर अचानक उठी और देवर का हाथ पकड़ बोली, "बाबू, आप मुझे लेने न आए थे, फिर बैठे क्यों हो? चलो, मैं इसी समय बनगाँव चल रही हूँ।" बब्बन हक्के-बक्के रह गए। भाभी हाथ पकड़ उठा रही थी। उठे और चुपचाप चल दिए। लम्हें न लगे, यशोदा तेज कदमों से चली गई।

जब दोनों गाँव पहुँचे तो साँझ हो रही थी। यशोदा ने बथान पर पस्तहाल बैलों को देखा तो रोना आ गया। शरीर सिर्फ हड्डियों का ढाँचा भर रह गया था। मालकिन को देख धनपत उठ खड़ा हुआ और हुंकारने लगा। सांभा सिर झुकाए बैठा रहा। उसमें उठने की ताकत न रह गई थी। यशोदा भागी और बैठकर सांभा की गरदन सहलाने लगी। ढेर दिन बाद सांभा ने इन हाथों का स्पर्श पाया तो पथराई आँखों में चमक आ गई। नथुनों को यशोदा की हथेली पर रख टप-टप आँसू बहाने लगा। यशोदा बोली, "अब रोते क्यों हो सांभा, इसमें तेरा क्या कसूर? जो होना था, सो हो गया। फिर क्या पछताना! उठो, देखो, मैं आ गई हूँ। अब कभी यहाँ से नहीं जाऊँगी।" सुनकर सांभा ने सिर हिलाया। ताकत लगा उठने की कोशिश की, लेकिन थर-थराकर गिर गया। काफी देर तक यशोदा बैलों के पास बैठी उन्हें खिलाती, पुचकारती रही। लक्ष्मी ढेर दिन बाद आज खुश नजर आई। अनन्या बड़ी माँ के सीने से चिपकी तो फिर अलग ही न हुई। क्षण भर में रोना-धोना हवा हो गया। पैर पटक-पटककर खेलने लगी।

सुबह की सुनहली किरणें जब तालाब के ठहरे पानी से टकराईं और वापस लौटीं तो दरख्तों के झुरमुट में यशोदा दिख गई। पंछियों का कलरव लौट आया। सब यशोदा को घेर ढेर सारे सवाल करने लगे। यशोदा दौड़कर आँगन से दाना लाई। लेकिन कोई खाने को तैयार न हुआ। सबका एक ही सवाल था—'तू अब तक थी कहाँ?' बड़ी मान-मनौव्वल पर पंछियों ने दाना खाया। लाख मनाने पर भी 'पाजी' पास न आया और न दाना ही खाया। उसे कुछ ज्यादा ही शिकायत थी। यशोदा पास जाकर बोली, "क्यों पाजी, आज अपनी मालकिन के सिर न बैठोगे? क्या तुम भी मुझे अकेला छोड़कर चले जाओगे?" कहने भर की देर थी कि पाजी कूदकर गोद में आ बैठा और हथेलियों पर चोंच मार अपना दाना माँगने लगा।

अरसा बाद यशोदा के होंठों पर मुस्कान लौटी। दूसरी सुबह जब बथान गई तो देखा, सांभा अपने पैरों पर खड़ा था और गरदन हिला-हिलाकर सानी-पानी खा रहा था। समय सरकने लगा। घर-गृहस्थी फिर से सँभल गई। अनन्या जब तीन साल की हुई तो रितेश का जन्म हुआ। फिर राहुल आया। बच्चों का जब भी जन्मदिन आता, यशोदा आम-अमरूद का एक पेड़ जरूर लगाती। माया बच्चों से निश्चिंत पति के साथ परदेस ही रही। बच्चे बड़ी माँ की गोद में खेलते रहे, परवरिश पाते रहे। दिन, सप्ताह, महीने पंख लगा उड़ते रहे। साल-दर-साल तेईस साल गुजर गए...!

समय के साथ सबकुछ बदल गया। गाँव शहर-से दिखने लगे। पिच की सड़कों पर गाड़ियों की रफ्तार बढ़ गई। बिजली आई तो अन्हरिया अंजोरिया में समा गई। जहाँ फूस की झोंपड़ी थी, वहाँ पक्के मकान खड़े हो गए। पश्चिमी देशों से आया पैसा कमाल कर गया। घर को ऊँची दीवारों से कैद कर दिया गया। दुआरे का घूरा जाता रहा। उनकी जगह रूम-हीटर ने ले ली। राजा-रानी की कहानियाँ बीते दिन की बात हो गईं। सबकुछ तो बदला, लेकिन यशोदा के जीने का ढंग न बदला। पेड़-पंछी सब साथ चलते रहे। हालाँकि स्याह बाल सफेद जरूर हो गए। अब झुक कर चलती हैं...! आज फिर जब बब्बन लौटे तो वही रोना रोते आए, "देखो न, वॉक करते समय पैरों में मोच आ गई। सिर चक्कर दे रहा है। एक कप कड़क चाय मिल जाए तो कुछ आफियत हो।" "और हाँ, उसमें थोड़ा शुगर फ्री डाल दो तो मजा आ जाए!" आगे की बात मुँह से छीन माया बोली और किचन में चली गई। बब्बन बगलें झाँकने लगे। लौटकर माया चाय रखती हुई बोली, "सबकुछ छोड़ो, भागकर बैंक जाओ और वहाँ का हिसाब-किताब रफा-दफा करके आओ। आज नोटिस आया है, कल बैंकवाले आएँगे, परसों पुलिस आएगी। घर की इज्जत नीलाम हो जाएगी।" बात काट बब्बन बोले, "एक साथ इतने रुपए कहाँ से लाऊँ?" "फिक्स्ड डिपॉजिट तोड़ दो।" एक साँस में माया बोली। "वाह, फिक्स्ड डिपॉजिट तोड़ दूँ तो बेटी कैसे ब्याहोगी?" खींसें निपोरते बब्बन बोले। "तो जमीन ही बेच दो। कहीं से तो इंतजाम करना होगा।" माया ने बीच का रास्ता सुझाया। "लेकिन क्या इसके लिए भाभी राजी होंगी?" शंका हुई बब्बन को। "राजी न होंगी तो क्या कब्र में साथ ले जाएँगी? उन्होंने ही बच्चों का मन बढ़ाकर हमें इस हाल में पहुँचा दिया! अनन्या जिद धरे बैठी है, जब तक कुछ कर नहीं लेती, शादी न करेगी। बच्चे तो फोन भी करना छोड़ दिए हैं।" "तो तुम क्यों न कर लेती?" बब्बन आक्रोशित हो बोले। "कई बार कोशिश की, लेकिन मोबाइल स्विच ऑफ ही मिला। मुझे

तो डर लगता है, पता न ये पढ़ रहे हैं कि कारून का खजाना ढूँढ़ रहे हैं! साथ के लड़के आज नौकरी कर रहे हैं। लड़कियाँ सात बार ससुराल हो आईं। धत्त, शादी-ब्याह भी उमरे पर शोभता है!" बब्बन बोले, "मुझे तो घर की सेवई और ईदगाह का खुतबा दोनों जाता दिख रहा है। बच्चे कंट्रोल से बाहर हो गए। इसलिए तो हमने भी पिछले कई माह से एक पाई भी न भेजी। जब माँ-बाप से मतलब ही नहीं तो हमीं क्यों पागल-से पीछे पड़े रहें! सत्यानाश कर दिया तेरी बहन ने बच्चों को... !" पति-पत्नी का झगड़ा उग्र रूप लेता गया और आखिर में बड़ी माँ के सिर पर समाप्त हुआ। हर दिन की तरह आज भी वही दोषी ठहराई गई।

घर के पिछवाड़े यशोदा आम-अमरूद के पेड़ों में पानी दे रही थी। तभी बब्बन बीवी संग आए और बोले, "भाभी, ऐसे पेड़ों में पानी देने से क्या फायदा, जो बड़े तो हो गए, लेकिन फल देना ही भूल गए!" बिना मुड़े यशोदा बोली, "बड़ी जल्दी बावले हो गए बाबू!" बात बढ़ाते हुए बब्बन बोले, "इनके पीछे वक्त जाया करना बेकार है। कटवाकर बेच देना चाहिए। पैसे आ जाएँ तो कुछ काम हो।" माया ने सुर मिलाया, "हाँ, इन पर फल-फूल क्या, कभी मंजरियाँ तक न आईं। आप नाहक मेहनत करती हैं।" कमर सीधी करती यशोदा बोली, "फल न सही, छाया तो देते हैं। पंछियों का रैन-बसेरा तो बनते हैं। शुद्ध हवा इन्हीं से मिलती है। मुझे नहीं लगता कि ये कभी फल न देंगे। देर-सवेर इनके मीठे फल भी खाने को मिलेंगे।" पति को इशारा कर माया बोली, "समय बरबाद करने से क्या फायदा! काम की बात करो।" बब्बन इससे पहले कि कुछ कहते, यशोदा ही बोल पड़ी, "बाबू, जीते-जी दो काम मुझसे नहीं हो सकते। हरे-भरे दरख्तों को कभी कटने न दूँगी। दूसरी, बाप-दादा की मिल्कियत कभी बिकने न दूँगी। इसके अलावा सब सौदा मंजूर है। बोलो और कुछ कहना है?" वज्रपात हुआ पति-पत्नी पर। उम्मीद पाले आए थे कि भाभी को राजी कर जमीन बेच बैंक की किश्त चुका देंगे, वह क्षण भर में धराशायी हो गई। दोनों अपना-सा मुँह लिये लौट गए। उस दिन पति-पत्नी में खूब कहा सुनी हुई। रात में चूल्हा न जला... !

बब्बन बाहर गए हुए थे। माया अनन्या को फोन लगा रही थी। तभी फूलकली आई और हँसते हुए बोली, "कहाँ फोन लगा रही हो बहूरानी?" सोफे पर फूलकली को बैठाती माया बोली, "कब से कोशिश कर रही हूँ, लेकिन बेटी से बात नहीं हो रही है। मन बड़ा बेचैन है। थोड़ी बात हो जाती तो तसल्ली हो जाती।" "घबराने की कोई बात नहीं है। रात अनन्या का फोन आया था। मेरी बेटी से लंबी बात हुई।

सब तो ठीक है।" बैठती हुई फूलकली बोली। माया ने उतावली हो पूछा, "मेरे बारे में कुछ पूछ रही थी क्या?" "न, तेरे बारे में तो कुछ न पूछी, अलबत्ता अपनी बड़ी माँ के बारे में एके साँस सौ बात पूछी—'मइया कैसी हैं, ठीक से खाती-पीती हैं न, उन्हें कोई तकलीफ तो नहीं?'" माया तैश में बोली, "वाह, माँ मैं हूँ तो मेरे बारे में कुछ न पूछी। और वो...वो...बड़ी माँ है तो एके साँस में सौ बात... !" चेहरा तमतमा गया। हलक सूखने लगा। दौड़कर पानी पिया और कोसने लगी, "मति मारी गई थी मेरी कि अपने बच्चों को इस नागिन का निवाला बना दिया। न जानती थी, मौसेरी बहन ही एक दिन सौतन बन कोख कब्जा लेगी।" फूलकली ने लोहा गरम देखा तो हथौड़ा चला दिया, "बहूरानी, इससे पहले कि पानी नाक के ऊपर आ जाए, तुझे चेत जाना चाहिए। बच्चे हाथ से फिसल गए तो बुढ़ापे में नाव मझधार में डूब जाएगी। फिर तो न घर की रहोगी, न घाट की।" फूलकली तो बिरनी-सा डंक मार तुरंत निकल गई, लेकिन लहर ढेर देर टीस देती रही। उसी दिन बैंकवाले दूसरा नोटिस भी थमा गए। बब्बन लौटे तो घर में भारी बवाल खड़ा हो गया। सामने सयानी बेटी की शादी और बैंक के नोटिस ने आँखों की नींद छीन ली। रात में ही दोनों ने यशोदा का दरवाजा खटखटाया। आधी रात को बब्बन-माया को देख यशोदा परेशान हो बोली, "क्या बात है बाबू, सब कुशल तो है?" माया जानती थी कि ये भूमिका ही बाँधते रह जाएँगे, सो बिना किसी लाग-लपेट के बोली, "आप रहने दो, तब न कुशल रहे! आज बैंक का दूसरा नोटिस भी आ गया। परसों पुलिस भी आ जाएगी। फिर खानदान की इज्जत नीलाम होते देर न लगेगी। रुपयों की सख्त जरूरत है। भलाई इसी में है कि कल कचहरी चलकर जमीन बेच दी जाए और रुपए उठाकर बैंक का पावना-बकाया चुकता कर दिया जाए। मैंने तो खरीदार भी खोज लिया है।" "हाँ, इसीलिए तो आए हैं।" बब्बन भी चुप न रहे। जानते थे, अगर कुछ न बोले तो बीवी हजामत बना देगी। बाइत्मीनान यशोदा बोली, "तो इसमें आधी रात को परेशान होने की क्या जरूरत है? जाइए, अपने हिस्से का धुरे-धुरे बेच आइए। कौन रोकता है? रही बात मेरी, तो मैं पहले ही कह चुकी हूँ, जीते-जी मुझसे ऐसा न होगा। अब आगे आपकी मर्जी!" बब्बन से बर्दाश्त न हुआ, सो बोले, "क्या आपने सोच लिया है कि हमें बरबाद करके ही छोड़ेंगी? जरा खानदान की इज्जत का भी ख्याल कीजिए।" माया मक्खन लगाते हुए बोली, "आप कचहरी चल सिर्फ गवाही दे दीजिए। हम अपना ही हिस्सा बेचेंगे। समिलात जमीन है, सो मजबूरी है।" यशोदा अपलक देखती रही। बब्बन फिर बोले, "कई महीने से बच्चों को पैसा नहीं भेज

पाया। अनन्या की शादी सिर पर है। बैंक बखेड़ा खड़ा कर रहा है। ऐसे में इज्जत तो रसातल में चली जाएगी! आप कहें तो खरीददार को खबर कर दूँ?" यशोदा खामोश ही रही। माया से अब बर्दाश्त न हुआ, सो तैश में बोली, "आप कुछ बोलती क्यों नहीं? क्या आप चाहती हैं कि बनगाँव में हम मुँह दिखाने के लायक न रहें? तो साफ-साफ सुन लीजिए, बच्चे मेरे हैं तो उनके भविष्य के बारे में मैं ही सोचूँगी। आपको नाहक परेशान होने की कोई जरूरत नहीं है।" बात बढ़ गई। बब्बन आपा खो बैठे और दूसरे दिन पंचायत बुलाने की धमकी दे चले गए। यशोदा बाकी रात सो न सकी। अतीत की गठरी खुल गई। तह-दर-तह निहारा जाने लगा। जिंदगी रेत की तरह मुट्ठी से फिसल चुकी थी। यही वह बिस्तर था, जिस पर बच्चों को सीने से सटाए सोती थी। अनिया तो चमगादड़ की तरह चिपक जाती। यशोदा की छाती पकड़ दूध पीने की कोशिश करती। दूध न निकलता तो मइया को खूब मारती। दाँत से भी काट लेती। बड़ी हुई तो बब्बन ने स्कूल में दाखिले के वक्त उसे अनन्या बना दिया। रितेश-राहुल भी बड़ी माँ की पलकों पर ही बैठे रहे। छोटका राहुल दुधकट्टू था। उसे लेकर बड़ी परेशानी हुई। लेकिन नंद के गुजर जाने के बाद जीवन की रिक्तता को यशोदा ने बच्चों से भर लिया। साथ-साथ सपने भी पलने लगे। दो साल बाद जब बच्चे आए थे तो अनन्या अनिया बन उनकी गोद में सो गई। यशोदा ने बहुत समझाया, लेकिन न मानी। बोली, 'मइया, दुनिया तीरथ करने प्रयागराज जाती है, लेकिन मेरा तीरथ तो यही गोद है। मुझसे मेरा सुख-सुकून न छीनो।' यशोदा का शरीर तो सिकुड़कर छोटा हो गया था। आज वही बच्ची बन अनन्या की गोद में थी। राहुल-रितेश भी न माने। दोनों पायताने सो गए। बातों का सिलसिला शुरू हुआ तो रात छोटी पड़ गई। तीसरे दिन जाते समय बच्चे कैसे बिलख-बिलखकर रोते थे! याद है, एक दिन इन्हीं बच्चों के लिए उसने मायके को लात मारी थी। आज माया ने ममता पर लात मार बच्चों को छीन लिया। क्या बच्चों पर उसका कोई हक नहीं? एक बार देवकी ने भी कान्हा को यशोदा के हवाले किया था। वह कहाँ कभी कान्हा को छीनने गई! कान्हा तो सब दिन यशोदा के ही खूँटे बँधे रहे। आज माया ने कोख का बँटवारा कर उसका वजूद छीन लिया। जल से बाहर कर दी गई मछली और ममता की मारी माँ, दोनों तड़प-तड़पकर जान दे देती हैं। ऐसा लगा, जैसे किसी ने सीसा पिघलाकर कान में डाल दिया हो या किसी ने गरम लोहे से देह दाग दिया हो। बाबू के कहे शब्द याद आने लगे—'बेटी, सामने पहाड़-सी पड़ी जिंदगी का बोझ अकेले कैसे उठा पाओगी?' माँ ने भी कितना समझाया था! लेकिन उसने कहाँ

किसी की सुनी! सामने लक्ष्मण-सा देवर देख खुद को सीता मान बैठी। भूल गई कि त्रेता, द्वापर कब के जा चुके हैं! और, अब कलयुग में जी रही है। यहाँ पालनेवाली ही पीछे छूट जाती है। आँसू रुक न सके। सावन-भादो से बरस पड़े। सिसकते हुए दरवाजा खोला। बाहर नीरव सन्नाटा पसरा था। दौड़कर बथान की ओर गई। नाद-खूँटा खाली थे। कभी यहाँ सांभा-धनपत व लक्ष्मी का राज हुआ करता था। गले में बँधी घंटियों से नींद खुलती थी। आज सबकुछ सूना-सूना था। पास पड़े हल को देखा। यह वही हल था, जिसे कभी कंधे पर रख नंद शान से चलते और धरती का सीना चाक कर परिवार की रोटी निकालते। वह दिन भी याद आया, जब इसी हल के फाल से उनकी जिंदगी को विराम लगा था। पति की याद आज तेज हो गई। हल पर सिर रख देर तक सिसकती रही। आसमान में सताहवा डूब रहा था। थोड़ी देर बाद फरिच हो जाएगा। सबकुछ साफ-साफ दिखने लगेगा। लेकिन यशोदा के सामने तो अन्हरिया का आलम पसर गया था। भागकर दरख्तों की तरफ गई। वहाँ भी कूप अँधेरा ही था। पंछियों का पाजी सरदार कब का परवाज कर चुका था। हाँ, आम-अमरूद के पत्तों ने हिल-डुलकर अपने होने का एहसास जरूर कराया। रात अपनी रौ में खिसकती रही। यशोदा पेड़ के सहारे सिसकती रही!

दूसरे दिन चौपाल पर पंचायत बैठी। पंच-पसेरी आसन जमा लिये। फूलकली भाग-भागकर मय गाँव को बुला लाई। आज उसके पैरों की फुरती देखते ही बनती थी। पंचों के कहने भर की देर थी कि यशोदा को बुलाने दौड़ पड़ी। लेकिन यह क्या? थोड़ी ही देर बाद हाँफते हुए लौटी और जो बताया, उसे सुन सभी सन्न रह गए। यशोदा के घर का दरवाजा खुला हुआ था। सभी तेज कदम भागे। घर का चप्पा-चप्पा छान मारा गया। बर-बगीचे, तर-तालाब सब खँगाल दिए गए, लेकिन यशोदा का कहीं अता-पता न चला। पंचों के सामने ही संदूक खोले गए। जमीन के मय कागजात सही-सलामत थे। बब्बन की जान-में-जान आई। फूलकली के इशारे पर दौड़कर माया ने बक्सा खोला तो धक-से रह गई—गहने गायब थे। तरह-तरह के कयास लगाए जाने लगे। बिनसेरी साव बोले, "उफ, खानदान की इज्जत चली गई।" फूलकली खींचकर बोली, "मैं तो पहले से कहती थी—ई बुढ़िया जरूर कोई गुल खिलाएगी। लेकिन मेरी बात को हलके से लिया गया। जिसके आगे-पीछे कोई न हो, उसका क्या भरोसा?" रहमत मियाँ से रहा न गया, सो डाँटकर बोले, "तुम्हें नाहक किसी पर इल्जाम लगाने की जरूरत नहीं है। अपना मुँह बंद ही रखो।" बटेसर बाबा ने अपनी उमर और अनुभव का हवाला दे पुलिस में रपट लिखा देने

की राय दी। साँझ होते-होते बात मटिया तेल की तरह पसर गई। कई बूढ़ी औरतों ने इरखा में इनार-पोखरा धर लेने की शंका भी जाहिर की। सो सब जगह तलाशा गया। बब्बन भागकर शिवपुर भी गए। लेकिन वहाँ भी पता न चला। यशोदा जिंदा क्या, मुर्दा भी कहीं न मिली। बब्बन के अनुरोध पर खबर बच्चों से छुपा ली गई। समय का पंछी डाल-दर-डाल कई डाल पर बैठा... !

अबकी बाढ़-बुड़ाव से खरीफ खाली-खाली चला गया। दार-मदार रब्बी पर था। और रब्बी रब के हवाले से बढ़िया उतरी। किसान खुश थे। फागुन चढ़ते-चढ़ते खेतों में गेहूँ की बालियाँ झूमने लगीं। पीले-पीले सरसों के फूल आँखों को सुहाने लगे। क्यारी-किनारे छुईमुई-सी खड़ी जामुनी तीसी हवा के हलके झोंकों से लहराती तो लगता नई दुलहनिया अपने जेठ को देख लजा गई हो! तभी बड़ी खबर आई। ऐसी खबर कि सात गाँव में डंका बज गया। अनिया जज बन गई। मँझला तनिक कम नंबर लाया, सो एलॉइड सर्विस से संतोष करना पड़ा। छोटके ने बाजी मार ली। वो सचमुच कलक्टर बन गया। आयोग ने हुम्मच कर ठप्पा लगा दिया। बब्बन इलाके की इज्जत व पंचायत की प्रतिष्ठा बन गए। पाँच दिन बाद बच्चे गाँव आ रहे थे। अगवानी में मय गाँव जुट गया। कल तक पानी पी-पी के कोसनेवाले आज तारीफों के पुल बाँधने लगे। भारी भोज का प्रोग्राम बना। फूलकलिया कई गाँव नेवत आई। माया दौड़-दौड़कर हित-नात, पर-पाहुन को बुलावा भेज आई। थाना-पुलिस, हर-हुकाम सब आ रहे थे। डरते-डरते बब्बन ने बैंक को भी निमंत्रण भेज ही दिया। शामियाना-टेंट गिरने लगे। पक्के घर की खूब रँगाई-पुताई हुई। यशोदा के गायब होने के बाद खपरैल घर में जो ताला लटका, सो फिर न खुला। आज भी उसे मनहूस मान छोड़ दिया गया। चहल-पहल बढ़ने लगी।

चौथा दिन आते-आते सगे-संबंधी सभी आ विराजे। बच्चों के मामाजी पियरी पहिन मूँछों पर ताव दे रहे थे। गहनों से लक-दक मामियाँ अभी से आरती के थाल सजाए बैठ गईं। कंजूसी की हद पार करनेवाले बब्बन आज दिल खोल खर्च कर रहे थे। जो रे जमाना! दिन बदलते ही आदमी कितना बदल जाता है! मजे की बात ये रही कि इस बीच बैंक का तीसरा नोटिस न आया। और अब तो पाँचों उँगलियाँ घी में थीं। बब्बन ताल ठोकने लगे, "अब आ न जाएँ बैंकवाले बाबू! कैसा कड़क जवाब देंगे। कर्जा लिये हैं, कवनो मुलुक छोड़ थोड़े भाग रहे हैं... !" चौथी रात पलकों पर बीती। पाँचवाँ दिन भी आया। बच्चों को लाने के लिए गाड़ियाँ तैयार होने लगीं। हर कोई स्टेशन जाना चाहता था। स्टेशन कोई दूर

न था, लेकिन तैयारी इतनी बड़ी हुई कि निकलते-निकलते देर हो गई और जब स्टेशन पहुँचे तो गाड़ी आ चुकी थी। लेकिन बच्चों का कहीं अता-पता न था। कहाँ गए बच्चे? सौ सवाल मगज मथने लगे। लेने गईं गाड़ियाँ बैरंग लौट आईं। एक बार फिर कयास लगने लगे। भोजन बनकर तैयार था। बटेसर बाबा के कहने पर सब बुझे मन खाने लगे। अगली गाड़ी फिर दूसरे दिन थी, सो दूर-दराज के लोग खा-पीकर चले गए। शोरगुल शांत हो गया। दरवाजे पर चंद लोग रह गए थे। रहमत मियाँ संबलबाई से झुकी कमर लिये बैठे रहे। पास रहमत चाची भी थीं। बिनसेरी साव उलटा-पुलटा बोलते निकल गए, "धत्त, झूठे अफवाह फैला दिया। कलक्टर-कमिश्नर बनना हँसी-मजाक थोड़े है...!"

तिजरिया ढल रही थी। तभी एक चमचमाती कार आकर दरवाजे पर रुकी। जो रह गए थे, सो दौड़ पड़े। बात कानोकान मय गाँव फैल गई। जो जहाँ था, वहीं से काम छोड़ भागा। औरतों का जमघट लग गया। भारी भीड़ उमड़ पड़ी। बच्चे आ गए थे! पहले अनिया ही बाहर निकली। फिर रितेश निकला। बाद में राहुल भी आया। खबर बब्बन-माया तक पहुँची। दोनों सरपट भागे। खानदान के मुस्तकबिल आँखों के सामने थे। मामियाँ आरती के थाल लिये भागी आईं, लेकिन अनिया के इशारे पर उसे रोक दिया गया। बच्चों ने माँ-बाबू के पैर छुए। अनिया ने दौड़कर रहमत चाचा-चाची के पैर छुए। फिर राहुल बढ़कर खपरैल घर के दरवाजे पर खड़ा हो गया और ताले की चाभी माँगी। फूलकली दौड़कर चाभी लाई। दरवाजा खुला। फिर कार की तरफ पलटा। अनिया ने कार का दरवाजा खोला। लोगों ने जो देखा तो आँखें फटी-की-फटी रह गईं। सामने यशोदा खड़ी थी। पल्लू सीधा कर गाँववालों को प्रणाम किया, रहमत चाची के गले मिलीं और खपरैल घर में प्रवेश करने लगी। तभी अनिया ने मामी के हाथ से आरती का थाल लिया और मइया की आरती करने लगी। यशोदा नजरें नीची किए रही।

अनिया बोली, "मइया, तनिक मुस्कराओ न। देखो, पीछे कितने लोग देख रहे हैं।" यशोदा जानती थी कि अनिया न मानेगी, सो बरबस हँस पड़ी। फिर तीनों बच्चे मइया का हाथ पकड़ अंदर ले गए। यशोदा को याद आया, कभी वह भी डोली उतर इसी तरह दौरा में डेग डालती घर में गई थी। तब नंद आगे-आगे चल रहे थे। आज बच्चे चल रहे थे। अतीत का अक्स आँखों में उभर आया। आँखें पनीली हो चलीं। अनिया ने आँचल से बहते आँसुओं को थाम लिया। बोली, "मइया, अब न रो। तेरी तपस्या पूरी हो गई। हम कामयाब हो गए! तू मुस्करा, ताकि हम जी सकें।" "इन

आँसुओं को ताउम्र अपने दामन में छुपाकर रखूँगी।" राहुल-रितेश से रहा न गया, वे भी फफक पड़े—"ये बच्चे ही जानते थे, मइया कितनी कठोर तपस्या की थी। बाबूजी जब खर्चा बंद कर दिए तो मइया ने ही अपनी सँजोई जमा-पूँजी भेजना शुरू किया। कभी नैहर में हाथ फैलाई तो कभी रहमत चाचा से उधार ली। फूलकली की बेटी लाख मना करने पर भी सबकुछ बता दी थी। उस रात मइया शिवपुर न जाकर कहीं और चली गई होती तो क्या होता? मामा, मइया के वहाँ होने की बात छुपाकर ठीक ही किए।"

अनिया मइया को लिये आँगन में आ गई। यशोदा से रहा न गया। हाथ छुड़ा बगीचे की तरफ भागी। पीछे-पीछे सब लोग गए। उदास दरख्तों ने मुस्कराना शुरू कर दिया। पंछियों ने चहचहाकर अपनी बूढ़ी मालकिन का स्वागत किया। यशोदा ने बच्चों को बुलाकर दरख्तों को दिखाया। आम-अमरूद के पेड़ों पर फल लग चुके थे। टहनियाँ झुकने लगी थीं। यशोदा बोली, "राहुल, अपने बाबूजी को दिखा दो।" बब्बन-माया पीछे खड़े थे। दौड़कर सामने आए और हाथ जोड़ लिये। आँखें बरसने लगीं। तभी रहमत चाचा कमर सीधी करते हुए बोले, "कारज धीरे होत हैं, काहे होत अधीर, समय पाय तरुवर फले, केतों सींचो नीर।"

कहने की जरूरत नहीं, रात बातों-बातों में कट गई। लोग जाने का नाम ही न लेते थे। सुबह के साथ भीड़ फिर बढ़ने लगी। तीनों बच्चों ने मइया के साथ ही जलपान किया। कभी मइया अपने हाथ से खिलाती थीं। आज बच्चे उन्हें खिला रहे थे। नौ बजते-बजते तैयार हो तीनों बाहर निकले। बब्बन-माया दौड़कर आए और पूछा, "सवेरे-सवेरे कहाँ चल दिए, बेटा?" अनिया मुस्कराई, "बाबूजी, हम बैंक जा रहे हैं, मइया के गिरवी रखे गहनों को वापस लाने। शायद आपको मालूम न हो, मइया ने ही अपने तमाम गहने गिरवी रख बैंक का पावना-बकाया चुकाया था। अब देखिए ना, बिन गहने मइया कैसी लगती है!" फिर तीनों तेज कदमों से निकल गए। बब्बन ने देखा कि माया पक्के घर के दरवाजे पर सिर झुकाए खड़ी थी। उधर खपरैल घर के सामने यशोदा मुस्करा रही थीं!

□

पा...पा...पापा

प्रोफेसर प्रीतेश ने पत्नी प्रिया पर सरसरी निगाह डाली। अभी चालीस पार न हुई थीं, लेकिन आँखों के नीचे झुर्रियाँ दिखने लगी थीं। दो साल से बी.पी. की गोलियाँ दिनचर्या में शामिल हो चुकी थीं। बाल कब के श्वेत हो चुके थे। साज-शृंगार बीते दिनों की बात हो गई थी। सूती सफेद साड़ी में समाजसेविका-सी दिखतीं। बमुश्किल ही घर से निकल पातीं। दो बच्चों की परवरिश आसान न थी। मनु के जन्म के बाद छह महीने छुट्टी में रहीं। जब डॉली वजूद में आई तो नौकरी को अलविदा कह दिया। प्रीतेश ने फकत एक जिंदगी के लिए आधी जिंदगी होम कर दी। स्नातक के बाद दिल्ली चले गए। वहीं से एम.ए. और पी-एच.डी. पूरी की। फिर संघर्ष का लंबा सिलसिला चला। जिस कॉलेज में सहायक प्रोफेसर बने, वहीं प्रिया भी मानविकी संकाय में थी। कुछ गुण मिले, कुछ न भी मिले, लेकिन दिल मिल गया। माँ-बाप की रजामंदी मिली और शादी कर ली। संघर्ष थमा नहीं। सहायक प्रोफेसर से एसोसिएट प्रोफेसर बनने का सफर चलता रहा। अब, जबकि पचास पार करने को आए तो प्रोफेसर बन पाए। विलंब से ब्याह हुआ तो विलंब से बच्चे भी हुए। डॉली चार हैप्पी बर्थडे मना चुकी है। प्रिया के निमंत्रण पर पूरी यूनिवर्सिटी के लोग आते। उसके जन्मदिन पर भारी उत्सव होता। प्रीतेश को ये सब फिजूलखर्ची लगता, सो भारी मन से शरीक होते। मनु का जन्मदिन मायूसी लिये आता। केक पर बढ़ते-बढ़ते छह मोमबत्तियाँ खड़ी हो गईं, लेकिन वह खुद अपने पैरों पर खड़ा न हो सका। मनु का मानसिक स्तर पोखर के पानी-सा थमा रहा। जहाँ रख दो, संज्ञाशून्य-सा पड़े रहता। न रोना, न हँसना! मुँह से लार की लरी लगी रहती। ऐसे में क्या केक काटे और जलती मोमबत्तियों को फूँक मार अँधेरा करे! अँधेरा तो यों ही पसरा हुआ था। सबकुछ प्रिया ही करती। जब 'हैपी बर्थडे' बोला जाता तो बेचारा शून्य में ताकते रहता। प्रिया का दामन तो तोहफों से भर जाता,

लेकिन अंदर का सूनापन सालते रहता। माँ की ममता नहीं मानती, सो जन्मदिन मनाती रहती। दवाओं का लंबा सिलसिला चला। प्रीतेश ने मेडिकल कॉलेज के डॉक्टरों का बोर्ड भी बैठवाया। सघन जाँच हुई। लेकिन विशेषज्ञों ने समवेत स्वर में बता दिया कि बच्चा एबनॉर्मल ग्रोथ का है। अब आगे ऊपर वाला... ! तबसे बड़े मकान के छोटे कोने में उम्मीद की नन्ही किरण छुईमुई-सी छुप गई। मायके से माँ की राय आई तो प्रिया दो सावन बाबाधाम हो आई। पिछले साल ख्वाजा गरीब नवाज की चौखट पर माथा टेकने अजमेर भी गई, लेकिन मनु के चेहरे पर मुस्कान न आई। प्रिया जानती थी, अर्थशास्त्र के प्रो. पति की नजर में सब बकवास है। वे अक्सर कहते, जिस मनु के मुस्तकबिल पर मेडिकल बोर्ड मौन हो गया, उसे लेकर मंदिर-मजारों की खाक छानना कोई मायने नहीं रखता। एक दिन प्रीतेश ने प्रस्ताव भी रखा कि बेहतर होता, मनु को किसी चाइल्ड-केयर होम में डाल देते। वाजिब फी भरते। गाहे-बगाहे जाकर देख आते। सुनकर सदमा-सा लगा प्रिया को। बगावती तेवर में बोली, "इन्हीं बच्चों के लिए नौकरी निछावर की हूँ। मेरा मनु कहीं नहीं जाएगा। मैं माँ हूँ, मैं हार नहीं मानूँगी।" और सचमुच वह हार न मानी। जिसने जो भी राह धराया, नंगे पाँव दौड़ती रही।

उस दिन मॉर्निंग वॉक पूरे कर प्रीतेश पार्क से निकल ही रहे थे कि विनम्रता से एक युवक ने अपना विजिटिंग कार्ड थमाया और बोला, " सर, मैं दीनानाथ, दरभंगा से हूँ। यहीं दामोदर लॉज में रहता हूँ और कमीशन की तैयारी कर रहा हूँ। मुझे अपने मेंटेनेंस के लिए ट्यूशन की जरूरत है। अगर आपके घर बच्चे हों तो कृपया सेवा का मौका दें। मैं विश्वास दिलाता हूँ, आपको निराश नहीं करूँगा।" प्रीतेश अनमने भाव से कार्ड लेते हुए आगे बढ़ गए। वक्त बिना मुड़े बढ़ता रहा। डॉली का बड़े स्कूल में एडमिशन हो गया। प्रीतेश खुद सुबह की बस पर बैठा आते। दोपहर में लाने की ड्यूटी प्रिया की रहती। मनु छोटी बहन को आते-जाते देखता रहता। पर कोई प्रतिक्रिया नहीं... !

वह अलसाई सुबह थी। रविवार होने के कारण पूरा परिवार विलंब से जागा। प्रीतेश पेपर पढ़ रहे थे। प्रिया चाय बना रही थी, तभी डोरबेल बजी। पति के सामने चाय रख प्रिया ने आगे बढ़ कर दरवाजा खोला। सामने इक्कीस-बाईस साल का युवक खड़ा था। प्रिया बोली, "कहिए, क्या काम है?" "जी, अगर आपके घर पढ़ने वाले बच्चे हों तो मुझे ट्यूशन टीचर में रख लीजिए। मैं दीनानाथ, दरभंगा से हूँ। यहीं दामोदर लॉज में रहकर कमीशन की तैयारी करता हूँ। बाबूजी बारह सौ

से ज्यादा दे नहीं सकते। अट्ठारह सौ कमरे के किराए में चला जाता है, लिहाजा ट्यूशन मेरे लिए बहुत जरूरी है।" फिर उसने अपने कार्ड बढ़ा दिए। प्रिया देखने लगी। तभी प्रीतेश आए। "अरे, तुम वही हो न, जिसने मुझे पार्क में कार्ड दिया था? फिर यहाँ भी आ गए! हमें जरूरत होती तो कॉल न करते?" लगभग झिड़कते हुए प्रीतेश बोले।

"दरअसल मुझे नहीं मालूम था कि यह आप ही का घर है। वैसे मैंने अपना कार्ड तो बहुतों को दिया, लेकिन कहीं से कॉल नहीं आया, सो अब दरवाजे पर दस्तक देनी पड़ी। कष्ट के लिए क्षमा चाहता हूँ।" फिर उसने हाथ जोड़े और वापस हो गया। प्रीतेश तो अंदर चले गए, लेकिन प्रिया वहीं खड़ी लँगड़ा-लँगड़ाकर लौटते हुए दीनानाथ को देर तक देखती रही।

उस दिन प्रीतेश देर से लौटे तो चेहरा चमक रहा था। प्रिया बच्चों को सुलाकर इंतजार कर रही थी। आते ही बोले, "प्रिया, वर्षों की प्रतीक्षा बाद मेरा प्रोजेक्ट एक्सेप्ट हो गया। आज ही कॅन्फर्मेशन लेटर मिला। अगले हफ्ते चाइना जा रहा हूँ। लो, मिठाई खाओ।" प्रिया मुस्कराई और खाना लगाने लगी।

अगले हफ्ते प्रीतेश छह महीने के लिए चाइना चले गए। अब प्रिया की ड्यूटी बढ़ गई। सुबह डॉली को बस पर बैठाना, दोपहर वापस लाना। इस बीच मनु को जहाँ, जैसे रख जाती, वापस आने पर वह वहीं, वैसे ही पड़े मिलता। एक दिन अलमीरा की सफाई कर रही थी तो ट्यूशन माँगने आए युवक का कार्ड दिख गया। लँगड़ा कर जाते हुए दीनानाथ का अक्स आँखों में उभर आया। फिर वह कुछ सोची और उसके नंबर डायल कर दी। दूसरे दिन समय से दीनानाथ हाजिर हो गया। आते ही कृतज्ञता प्रकट की और बच्चों से बातें करने लगा। डॉली अपने बारे में लगातार बताए जा रही थी। फिर मनु से मुखातिब हुआ, "हाँ, तो आप किस क्लास में पढ़ते हैं? आपकी किताबें कहाँ हैं?" मनु अपलक ताकता रहा। "आप बोलते क्यों नहीं? मैं आप ही से पूछ रहा हूँ?" दीनानाथ जोर देकर बोला। तभी डॉली बोल पड़ी, "भैया को मुझ जैसे बोलना नहीं आता तो बोलेगा कैसे?" इस बीच प्रिया ने चाय रखा और मनु के बारे में सबकुछ बिस्तार से बताई कि वह न बोल पाता है और न चल पाता है। सुनकर मास्टरजी मुस्कराए, "कोई बात नहीं, मनु ज्यादा दिन मौन नहीं रहेंगे। मैंने सुन रखा है कि चाइना में बाँस की एक ऐसी प्रजाति होती है, जिसे लगाने के पाँच साल बाद तक उनमें कोंपले नहीं फूटतीं। बावजूद वहाँ के किसान पूरी तन्मयता व उत्साह से उनकी सिंचाई-निराई करते

रहते हैं। छठे साल के शुरुआती छह हफ्तों में ही उनमें ऐसी तूफानी वृद्धि होती है कि वे काफी मोटे तने के साथ छियानबे फीट ऊँचे हो जाते हैं। यहाँ दाद उन किसानों को दी जानी चाहिए, जो पूरी हिम्मत और हौसले से अपने काम में लगे रहते हैं। कोई चाइना जाए तो उसे उन किसानों से मिलना चाहिए।" प्रिया ने मन-ही-मन सोचा कि प्रीतेश से इस बारे में जरूर बात करेगी। उस दिन मास्टरजी बच्चों के साथ खेलते रहे, किताबें नहीं पलटीं और चले गए। प्रिया को लगा, उसके बच्चों को सही गुरु मिले हैं।

मास्टरजी ने बच्चों से दोस्ती कर ली। दोनों को सामने बैठाए बोलते रहते। कॉपी-पेंसिल मनु को भी देते। जब चित्रांकन करते तो मनु की कॉपी पर भी करते। डॉली आगे-आगे भागती जाती। चंद दिनों में ही उसे भाषाई समझ आ गई। मात्रा लगाकर शब्द बनाने लगी। दो अंकों की संख्याओं पर पकड़ बढ़ी तो स्कूल ने स्टार देने शुरू कर दिए। एक दिन डॉली को पढ़ाते हुए मास्टरजी ने गौर किया कि मनु के हाथों में हरकत हो रही है। अंगुलियाँ काँप रही हैं। वह पेंसिल पकड़ने की कोशिश कर रहा है। फिर मास्टरजी ने कॉपी थोड़ी आगे बढ़ा दी। अब मनु भी आगे बढ़ने की कोशिश करने लगा। पहले उसने एक पैर बढ़ाए, फिर दूसरे और...और काँपती हाथों से कॉपी पकड़ ली। मास्टरजी ने कॉपी नीचे गिरा दी। अब मनु के चेहरे के भाव बदलने लगे। और, देखते-ही-देखते वह जोर से चीखा। फिर जार-बेजार रोने लगा। किचन में काम करती प्रिया के कान में चीख व रोने की आवाज जा चुकी थी। वह भागी हुई आई तो देखा, मनु रो रहा रहा था। आँसू गिर रहे थे। बीते छह सालों में बेटे की यह पहली आवाज थी। वह मनु की तरफ दौड़ी, लेकिन मास्टरजी ने रोक दिया। फिर वो खुद को रोक न सकी। रोते-रोते मास्टरजी के तरफ हाथ जोड़कर खड़ी हो गई, फिर बेटे को देखा तो लगा, मनु ने अभी-अभी उसके पेट से जन्म लिया है और वह वैसी ही प्रसव-पीड़ा से गुजर रही है। आज माँ की ममता हिलोरे मार-मारकर बरस जाना चाहती थी। मास्टरजी उठे, मनु के गाल सहलाए और मुस्कराते हुए निकल गए। आज भी कोई खास पढ़ाई न हो सकी।

वक्त निकलते देर कहाँ लगती! पूरे पाँच महीने निकल गए। मनु के पैरों में ताकत भर आई। पहले सहारे से चला, फिर गिरते-पड़ते खुद चलने लगा। प्रिया को जब अ...माँ...माँ कहता तो वह जुड़ा जाती। उस दिन जब कलर-पेंसिल के लिए भाई-बहन झगड़े तो मास्टरजी ने बीच-बचाव न किया। प्रिया दौड़ी, लेकिन हर बार की तरह गुरुजी ने इस बार भी रोक दिया। देखा, बेटा बराबर का जोर लगा

रहा था। मन में आया कि इस प्यारी तकरार का वीडियो शूट कर ले और पति को भेज दे, लेकिन उसने खुद को रोका और पति को कुछ नहीं बताया। समय सरकता रहा। छह महीने पूरे हो गए।

आज मास्टरजी ने मनु को भी होमवर्क दिया था। उसने भी आड़ी-तिरछी रेखाओं से अपनी कॉपी भर ली थी और बड़े शान से उन्हें दिखा रहा था। बात-बात पर मास्टरजी शाबाशी देते और पीठ थपथपाते। तभी कार का हॉर्न बजा। प्रिया भागती हुई आई और दरवाजा खोल आगे बढ़ी। बाहर प्रीतेश आ चुके थे। फिर डॉली भी 'पापा-पापा' कहते सरपट भागी। मनु वहीं बैठा रहा। मास्टरजी बोले, 'क्यों मनु, तुम पापा से मिलने नहीं जाओगे? अगर देर हुई तो डॉली ही सारे खिलौने ले लेगी, फिर मुझे दोष मत देना!' इतना सुनना था कि मनु तेजी से भागा, बाहर निकला, दो बार गिरा, दो बार उठा और लगभग चीखते हुए बोला, "पा... पा...पापा... !" प्रीतेश ने चमत्कार के बारे में सुना तो जरूर था, लेकिन देखा नहीं था। और, यहाँ यही हुआ। औलाद की आवाज जब पहली बार कान में पड़ी तो बावले हो उठे। दौड़कर बेटे को गोद में उठा लिया और बेतहाशा चूमने लगे। कुछ देर में ही सारी थकान जाती रही। दोनों बच्चों को गोद में उठाए जब अंदर आए तो दीनानाथ हाथ जोड़ खड़े हो गए। प्रिया ने जल्दी-जल्दी सबकुछ बता दिया। बरसों का बाँध टूटा तो आँखों से गंगा-यमुना बह चली। बोले, "प्रिया, अबकी सावन बाबाधाम सपरिवार चलेंगे। और हाँ, उधर से ही ख्वाजा गरीब नवाज की चौखट चूमने अजमेरशरीफ भी निकल जाएँगे। पाँच टिकटें अभी बुक करा लो।" प्रिया टोकी, "हम चार हैं, फिर पाँच टिकट की क्या जरूरत... ?" बड़ी प्यार से पत्नी को डाँटे, "दीनानाथ जैसे देवता को छोड़कर जाना अब क्या अच्छा लगेगा... !" उधर डॉली अपनी गुड़िया पाकर खुश हो गई। मनु को मन लायक कुछ भी न मिला, सो एक बार फिर चीखा, "पा...पा...पापा... !" एक बार फिर आँखें भर आईं, लेकिन होंठों से रूठी मुस्कान भी लौट आई...।

□

रेशमा की राखी

आज आसमान साफ हुआ तो शहर की चहल-पहल बढ़ गई। चार दिन से चल रही सावन की पुरवाई और झमाझम बारिश ने सबकुछ बिगाड़ दिया था। ठप पड़ा जनजीवन जब सामान्य हुआ तो चौक-चौराहे व्यस्त हो गए। सब्जी लिये ठेलेवाले आवाज लगाने लगे। अखबार बेचते हॉकरों की चाल बदल गई। रामदीन हलवाई की कई दिन से बोहनी नहीं हुई थी। आज मौसम बदला तो मुस्कान भी लौट आई। अब दुकान पर भीड़ दिखने लगी। महज तीन दिन बाद रक्षाबंधन का त्योहार था। सड़क किनारे सजी नाना प्रकार की रंग-बिरंगी राखियाँ आते-जाते लोगों को लुभाने लगीं। स्कूल जाती लड़कियों का झुंड राखी की दुकानों पर टूट पड़ा। इसी बीच चौराहे पर शोर हुआ। लोग उधर भागे। सामने अजीब मंजर था। आठ-दस साल की एक लड़की चीखती-चिल्लाती बेतहाशा भागी जा रही थी। कुछ लोग उसका पीछा कर रहे थे। अचानक वह मुड़ी और ऑफिस जाते एक बाबू को पीछे से पकड़, रो-रोकर कहने लगी, "मुझे बचा लो बाबू, मुझे बचा लो, वरना ये लोग मुझे जान से मार डालेंगे।" फिर उसने बाबू को कसकर पकड़ लिया। बाबू ने सरसरी निगाह से लड़की को देखा—बिखरे बाल, फटे-पुराने कपड़े, एक मैली-सी पोटली, सचमुच वह पागल-सी दिख रही थी। तभी पीछा कर रहा आदमी डंडा लिये आ गया और लड़की को पकड़ना चाहा। लड़की बाबू से और चिपक गई। बाबू ने रोका, "अरे भाई, क्यों इसके पीछे पड़े हो ? क्या बिगाड़ा है इसने ?" "पूछते हो क्या बिगाड़ा ? अरे, सत्यानाश कर दिया इस चुड़ैल ने। आज छोड़ूँगा नहीं।" आदमी गुस्से में लड़की को पकड़ने के लिए लपका। लेकिन बाबू ने बीच-बचाव किया और फिर पूछा, "ऐ, ठहरो ! मत मारो इसे। पहले पूरी बात बताओ !" आदमी जरा-सा रुका, उखड़ी साँसों को सँभाला और बोला, "मत पूछो साहब ! इसने तो जीना हराम कर दिया है।" "लेकिन हुआ क्या ?" बाबू ने फिर दोहराया। आदमी

माथे का पसीना पोंछते हुए बोला, "साहब, हम ठहरे गरीब–गुरुबा आदमी। जलेबी बनाता हूँ और ठेले पर घुमा–घुमाकर बेचता हूँ। पता नहीं ये चुड़ैल अचानक कहाँ से आ गई, ठेले पर रखी जलेबियों में मुँह लगाकर खाने लगी...फिर उसी में थूक दिया। बोलो साहब, ये ठीक किया इसने?" बाबू बगल घूम लड़की से पूछे, "क्यों जी?" लड़की कुछ न बोली। वह घायल हिरनी–सी थर–थर काँपती रही। आदमी तीखे तेवर में फिर बोला, "साहब, यह एक दिन की बात नहीं है। चार दिन पहले सूरजमल कपड़ेवाले की दुकान में इसने कीचड़ फेंक दिया। आज रामू की दुकान से कई राखियाँ ले भागी। चौराहे के सारे दुकानदार परेशान हैं। ये म्यूनिसिपलिटी वाले लावारिश जानवरों को तो पकड़ कर बंद कर देते हैं, लेकिन इसका कुछ क्यों नहीं करते? हमलोग पागल समझकर बरदास्त कर लेते हैं...वरना...! आप हटो साहब! आज जान से मार डालूँगा।" आदमी ने लड़की को झपट्टा मारकर पकड़ने की कोशिश की, लेकिन बाबू ने फिर बचा लिया। उन्होंने लड़की को गौर से देखा, वह डरकर पीली पड़ गई थी। बाबू को उस पर तरस आ गया। बोले, "कितनी जलेबियों का नुकसान किया इसने?" "किलो से ज्यादा होगी। चालीस का चूना तो लगा ही गई।" अब आदमी थोड़ा शांत हुआ। चौराहे पर मजमा लग गया। सभी तमाशा देख रहे थे। बाबू ने पॉकेट से दस–दस के चार नोट निकाले और उस आदमी को देते हुए बोले, "लो, ये पैसे रख लो और छोड़ दो बेचारी को।" "लेकिन साहब, ये पैसे आप क्यों दे रहे हैं?" संकोच बस आदमी बोला। "कहा न, रख लो। अब जाओ!" आदमी झिझकते हुए पैसे लिया और पीछे हट गया। लड़की खुश होकर उछल पड़ी और झूमते हुए बोली, "तुम कितने अच्छे हो बाबू! तुम कितने अच्छे हो! मेरा भाई भी बहोत अच्छा है।" बाबू जाने को तैयार थे, लेकिन रुक गए। फिर पूछा, "तुम्हारा भाई! कहाँ रहता है?" लड़की जेहन पर जोर देती बोली, "जी, ओ...ओ...लोग क्या बोलता है साहब! अरे हाँ, जहाँ लड़ाई होता है?" बाबू आश्चर्य से बोले, "लड़ाई! कैसी लड़ाई?" लड़की खुश होकर बोली, "हाँ, याद आया, कारगिल...कारगिल...कारगिल...!" बाबू और आश्चर्य से पूछे, "कारगिल...! मतलब...?" अब लड़की मुस्कराई, "बड़े अजीब आदमी हो साहब! शक्ल–सूरत से तो पढ़ा–लिखा जान पड़ते हो, लेकिन इत्ता भी नहीं जानते, लड़ाई कहाँ होता है? पूरे मूरख हो तुम। अरे, वतन में जहाँ लड़ाई होता है, उसे कारगिल कहते हैं। मेरा भाई वहीं रहता है। फौजी है ओ, हमसे मोटा, हमसे बड़ा। बंदूकें रखता है। अरे हाँ, याद आया।" फिर जल्दी–जल्दी पोटली से एक चिट्ठी निकाल बाबू को देती हुई बोली, "लो साहब,

इसे पढ़ो। बहोत दिन हुए, मेरे भाई ने भेजी थी।" बाबू ने चिट्ठी ले ली और उसे खोलकर पढ़ना शुरू किया। लिखा था—

द्रास सेक्टर

"प्यारी बहन रेशमा, खुश रहो। 23 जून, 1999

12 जून को लिखे तुम्हारे खत के लिए शुक्रिया। हम अपने अगले मकाम के लिए तैयारी कर रहे हैं। हमारे यूनिट पर न सिर्फ हमारे रेजीमेंट और मीडिया की नजरें हैं, बल्कि हिंदुस्तान की तमाम आवाम हमारे फतहयाबी का जश्न मनाने के लिए बेचैन हैं। हम अपने जीवन के सबसे बड़े रोमांचक दौर से गुजर रहे हैं। मेहरबानी करके हताहतों को लेकर चिंता न करना। हमारे जीवन में खतरा तो है ही और उस पर हमारा कोई अख्तियार भी नहीं है। लड़ाई में जाना जीवनकाल में मिलने वाला एक सम्मान है और इसमें मैं पीछे नहीं हटूँगा। लड़ाई खत्म होते ही घर आऊँगा। आकर घर की दीवारें ठीक करनी हैं। बेकार की चिंता करके अपनी नींद हराम न करना। और हाँ, पंडित दीनानाथ चाचू से महाभारत की कथा रोज सुनना...!

तुम्हारा भाई
मेजर असलम।"

चिट्ठी पढ़कर बाबू विचलित-से हो गए। बोले, "क्या...क्या, तुम मेजर असलम की सगी बहन हो? लेकिन मेजर असलम तो शहीद हो गए!"

लड़की मारे खुशी उछल-उछलकर कहने लगी, "हाँ...हाँ...मेरा भाई शहीद हो गया। यही बात तो मैं लोगों को समझाती हूँ, लेकिन लोग हैं कि मानते ही नहीं। अब तुम ही बताओ साहब, पहले मेरा भाई फौज में सिपाही भरती हुआ...कुछ दिन बाद चिट्ठी आई कि वो हवलदार हो गया...फिर सूबेदार बना। पिछले रमजान आया था तो बोला, रेशमा, अब मैं मेजर बन गया हूँ। फिर मेजर के ऊपर का क्या होता है साहब,...शहीद...शहीद...! अब मेरा भाई शहीद बन गया है। यही चिट्ठी तो आई है। तनख्वाह तो बढ़ गए होंगे न साहब! तुम एक समझदार आदमी हो, बाकी सब मूरख हैं। जरूर दस जमात से ऊपर पढ़े होगे!" लड़की की बातें नश्तर-सी दिल-दिमाग को चीरती चली गई। बाबू ही नहीं, चौराहे पर खड़े तमाम लोग मर्माहत हो गए। कई एक तो सुबुक-सुबुककर रोने भी लगे। नीरव सन्नाटा पसर गया। फिर लड़की अपनी पोटली से भाई की एक पुरानी वर्दी निकाली। पास पड़े खंभे

पर जल्दी-जल्दी पहना, एक मोजसमे की शक्ल देकर बोली, "मेरे भाई को सलाम करो साहब! अरे हाँ, मैं तो भूल ही गई।" पॉकेट से कई राखियाँ निकाल बाबू को दिखाती हुई बोली, "मेरे भाई के हाथ में कित्ता अच्छा लगेंगी। पंडित दीनानाथ चाचू की बेटी किरण कहती है कि बहन अगर भाई के हाथ में राखी बाँध दे, तो...तो... वो जल्दी आ जाता है...! अबकी आए तो पूरी हाथ ही राखियाँ बाँध दूँ। अच्छा, अब सलाम करो साहब!" बाबू ही नहीं, चौराहे पर खड़े सभी लोग सलामी में हाथ उठा दिए। लड़की गाने लगी, "जन गण मन अधिनायक जय है...भारत भाग्य विधाता...!" इसी बीच पास स्टेशन से रेलगाड़ी आने की आवाज आई। लड़की भाई की वर्दी उठाई और स्टेशन की तरफ भागी। जाते-जाते कहती गई, "मेरा भाई इसी रेलगाड़ी से आता है साहब...इसी रेलगाड़ी से आता है। मुझे अपने भाई को लेने जाना है...!" बाबू की हिम्मत जवाब दे गई। वहीं बैठ गए। तभी वह आदमी आया और उनके दिए पैसे लौटाते हुए बोला, "ये पैसे रख लो साहब...मुझसे बड़ी गलती हो गई।" बाबू उठे और घर को लौट गए। आज ऑफिस जाने की हिम्मत नहीं हुई।

यह सिलसिला बहुत दिनों तक चलता रहा। लड़की प्रतिदिन स्टेशन जाती। सारी रेलगाड़ियों का इंतजार करती। इस उम्मीद में कि पता नहीं भाई किस गाड़ी से आ जाए...!

समय तेज गति से सरका। लगभग दशक बीत गया। कृतज्ञ शहर ने ठीक उसी चौराहे पर मेजर असलम की प्रतिमा स्थापित की। अब जब भी रक्षाबंधन का त्योहार आता है, माँ, बहन, बेटियाँ पहली राखी मेजर असलम की कलाई में बाँधती हैं। पूरा शहर उमड़ पड़ता है। लोग मेजर का नाम ले वतनपरस्ती की कसमें खाते हैं। लेकिन अब ये बीते दिनों की बातें हो गई हैं। अरसा गुजर गया, फिर कभी किसी ने रेशमा को उस चौराहे पर नहीं देखा...।

□□□